1949，

國共最後一戰

劉　錦・原著　周開慶・編著　蔡登山・主編

目次

輯一　川康易守前後／劉錦　原著

輯二　川康淪陷經過／周開慶　編著

輯一

一川康易守前後

劉錦　原著

前言

川康之戰是國軍與共軍在大陸上的最後一戰。「益州險塞，沃野千里，天府之國，高祖因之以成帝業」。這是諸葛亮對四川戰略價值的估計。兩千年以來，大家都一直認為四川是一個可為的地方。十八年前，也曾利用四川作對日抗戰的根據地，從而獲得最後勝利。這是四川在近代戰爭史上仍有可為的證明。事實上，四川是一個盆地，周圍皆有高山，而且這些高山異常險峻，盆地內河流縱橫，公路發達，空軍基地不下二十處之多，從近代戰略眼光來看，它確實是具備著軍事學上所謂「內線作戰」的優勢條件的。何況，國軍當時之雲集在四川者尚有六十萬人之多呢？所以，對於川康之戰，事先，大家都寄予厚望，至少，亦認為將有一幕精彩場面演出。然而事實告訴我們：自共軍開始踏進川境起至四川全省易守止，為時總共不到六十天。其間，簡直就沒有發生過一次像樣的戰鬥。這究竟是什麼原因呢？是國軍士兵無戰志嗎？是國軍指揮官太無能嗎？抑或其他？無論它究竟屬於那一原因，我們都值得檢討。因為國共兩軍的戰鬥，今日尚未結束，中共仍在叫囂著要解放台灣，而我們也在準備反攻大陸，那麼，為了把握未來，我們更有檢討以往的必要，所謂知己知彼，百戰不殆是也。但自從大陸易守以後，除了宣傳資料以外，雙方均無詳確戰報發表，其中真實情況，各方始終無法明瞭。為此，所以作者特別把川康這一角落易守前後的經過寫出來，以供各方的了解，作者也很明瞭，川康易守前後的情形，只是整個戰局中的局部情形。但全是由局部構成的，由各個局部的瞭解，也許可以促成我們對全部戰局的了解。

其次，是自從大陸易守以後，凡是有關中共的財經、工商、文教等情形，各方報導已多，但有關軍政方面的事項，則報導的較少，有之，亦不過戰場的轉移及若干戰場上表面事實的敘述而已。對於戰爭的內幕情況，則少之又少。因此，對於國共兩軍的戰鬥經過，許多人雖欲明瞭亦無從明瞭。本來，要了解戰爭的內幕情況，原是比較困難的，因為這不是身歷其境的人就無從得知。作者對此恰曾親身目睹耳聞，而到今天，這些內幕又還一直沒有人報導過，所以，作者不敏，特以最客觀的看法，將它一一寫出來，以供各方面的參考。雖然，在許多方面，本文也未能盡其詳。

第三是歷來的戰爭報導，都偏重於戰爭態勢的敘述，而缺少人物方面所起作用的記錄，本文則是特別注重人物，甚至在很多地方都是以人物為中心來敘述的。

第四是歷來的戰爭報導都很少談到地下工作。而國共兩軍在川康之戰的過程中，在地面上雖無激烈經過，但在地下工作方面卻有許多精彩內容，因此，本文對於中共在川康之戰中的地下工作有頗為詳細的敘說。

以上四點是作者選述本文所特別著重的地方。現在寫在這裡，作為本文的前言。

一、川康之戰的經過概略

所謂川康之戰是在廣州易守之後，隨著中共對整個西南的攻勢而來的。那時候，正是民國三十八年即一九四九年的秋天，中共派第二野戰軍司令員劉伯承指揮所屬部隊向西南區川滇黔各省進攻。第二野戰軍所轄之陳賡兵團，進攻雲南，楊勇兵團進攻貴州，陳錫聯兵團進攻重慶。攻擊重點則指向四川。中共認定西南戰役之關鍵在四川。事實上，雲南盧漢的兵力不大，很快就以「起義」名義靠攏了。貴州根本就沒有什麼抵抗力，只有四川區幅員最廣，人口最多，地方部隊及中央部隊都很多，劉伯承用陳錫聯一個兵團來「解放」四川，在兵力上講，如果真要作戰的話，當然是不夠的。因為陳錫聯兵團只有十萬人，而雲集在四川的國軍則號稱六十萬。所以當劉伯承向大西南進軍的時候，中共中央又從第四野戰軍林彪那裡撥了十幾萬人臨時歸劉伯承指揮，以加強劉伯承的兵力。林彪所統率的四野，原在中南地區，從湖北與湖南越過川鄂邊區及川湘區去攻打重慶，極為便當。除劉伯承指揮所屬第二野戰軍及所配屬的第四野戰軍的一部分進攻西南以外，中共中央當時又派第一野戰軍副司令員賀龍率領第一野戰軍的十八兵團即周士第兵團由陝西攻擊四川，對四川形成夾擊之勢。

至於國軍方面，這時候，胡宗南所指揮的三個兵團在寶雞一帶，守住川北的大門，內有秦嶺及劍閣之險可守；孫震、宋希濂、孫元良等部在川東；羅廣文兵團在重慶外圍；楊森與其他各部在重慶城內外；郭汝瑰軍駐在川南瀘州；鄧錫侯，潘文華等部隊駐川西；劉文輝軍駐西康及川康邊境；中央軍校在成都。

依理，如果單以兵員數字來說，國軍是應該足以應付劉伯承的攻擊而有餘的。因為不止國軍在數量上佔著優勢，同時地形有利，且又有空軍助戰。但自從一九四九年即民國三十八年十一月初川邊首次發現共軍蹤跡之後，為時不到一個月，十一月廿九日重慶便失守了。中間除了重慶外圍曾經有過零星戰鬥之外，根本沒有發生過一次正式的會戰。宋希濂大軍由川東退到川南，再由川南準備循樂西公路向西康撤退的時候，宋希濂本人及另一兵團司令鍾彬就在途中被俘了。羅廣文、楊森、孫震、孫元良各部紛紛循成渝公路或循遂寧到綿陽的公路撤退到川西綿陽、三台、金堂、什邡、新繁，灌縣一帶。共軍先鋒部隊只落得分成若干小組在後面追趕，如入無人之境一般。這時候，劉伯承就將攻擊重點指向樂山縣。樂山縣是川南的一個大縣。它是進入西康的樞紐。樂西（樂山到西昌）公路就是以此為起點的。劉伯承取了樂山之後，由川南退到由康省西昌縣的交通就被截斷了。國軍要想退入西康，就只有走另外僅有的一條公路——成（都）雅（安）線了。但劉伯承取了樂山之後，跟著又指揮他所屬的部隊繼續進攻，並將攻擊重點指向新津縣。新津縣是成雅公路的中點，新津被共軍佔了之後，國軍就無法入康了。當然，這並不是劉伯承用兵如神，稍有戰略戰術頭腦的人原都知道如此，獨惜它的敵人太不知道用兵罷了。否則，川康之戰，還是不會那樣快就結束的。共軍佔了樂山和新津之後，劉伯承本人才由重慶繼續前進，一直到達距離成都只有五十華里的龍泉驛大山，指揮一切。在劉伯承進入川東，佔了重慶，繼續向川西進軍的過程中，胡宗南的部隊已由陝西退入秦嶺，又由秦嶺退到劍門關。但賀龍所率的第十八兵團始終沒有對胡部採取強大攻擊，而只輕輕的保持接觸。其用意就在實現中共中央所預定的戰略計劃，故意保留川西、川北的地區給國軍，使國軍各部自動縮集在川西、川北，使之成為甕中之鼈。而國軍各部之行動，則恰巧無意陷入了共軍的安排。終而致於六十萬人一起在川西解甲投降，這真是最怪不過的事。

若干年來，西南軍政長官都是張群。迨川康之戰發生前夕，西南軍政長官一職才改由顧祝同擔任。而以胡宗南擔任副長官，並代行一切。以沒有戰略戰術眼光以至造成若干措施的不當來說，似乎應該責備顧、胡，然而事實上，西南方面，尤其川康方面對於糧食、彈藥等有關作戰條件，確實並無充足準備，這又似乎不能專責顧、胡了。

重慶撤退後二十天，國民政府的各院、部、會及國家若干高級將領都飛去了台灣。留在川西的六十萬國軍便各自通電起義投降了。於是，所謂川康之戰便在這樣沒有經過激烈戰鬥的情況下結束。一九四九年十二月廿四日午夜，胡宗南所派的成都城防部隊撤離成都，西南軍政副長官兼國軍西南第一路游擊總司令王纘緒便以早與劉伯承有接恰的名義接收了成都。五天之後，賀龍率領第十八兵團由劍門關趕到成都。成都才正式易守。兩個月後，西昌也被「解放」。胡宗南駐在西昌的少數部隊被解決，西南軍政副長官唐式遵在西昌戰死。

以上便是川康之戰的概略情形，總而言之，地面上是沒有發生過什麼激烈戰鬥的。但這其中所包括的地下性質的戰鬥卻很精彩。這裡先談羅廣文的地下活動。

二、羅廣文、王纘緒的地下活動

羅廣文拖垮了國軍的戰鬥力

羅廣文的地下活動，是一個出人意外的活動。

在說羅廣文地下活動之前，先談談羅廣文的經歷，因為他的經歷與他後來的活動方式很有關係。然後，也才知道中共是如何靈活地在指導他的工作人員。

羅廣文是四川忠縣人，畢業於日本士官學校，回國後，在陳誠所統率的第十八軍任職。最先，他當營長，後來不斷遞升，很快就由營長而團長而師長而陳誠原有番號第十八軍的軍長了。他不是黃埔，也不是陸大，但在人事派系極複雜和極傾軋的國民黨部隊中，獲得如此迅速的升遷，當然也有他的某些長處。

苦幹、廉潔、治軍嚴，是他初期所表現的長處。他的部隊也相當能打，抗戰勝利之後，在華中戰場上與劉伯承周旋得最久的就是他。把李先念從兩下店打出來，並且把李先念的部隊追趕到竹溪、房縣（都在湖北）一帶使李先念所部潰不成軍的也是他。不過，俗話所說：「殺人三千，自損八百。」在屢次戰役之後，他自己的部隊，由於不斷消耗，也就在民國三十五年之交，所剩無幾了。

於是，他奉令回四川訓練新軍，擔任編練總處的總處長。這一個編練總處是設在重慶附近的。之後，他又被派擔任兵團司令。羅廣文任編練總處是民國三十六七年的事，那時候，他本人駐在重慶，編練機構則分設在川東及川南。因為他還剩得有十八軍時代的少數基幹，所以，他那時候所需要的是大批士兵。而這大批士兵是必須在四川徵集的。

但四州省參議會那時候正極力反對國民政府再在四川徵兵徵糧，所以，羅廣文所需要的士兵就遲遲沒有著落，為了這件事，國民政府曾經對四川省政府三令五申，無如四川省參議會仍然堅決反對，重慶行轅雖然也從旁疏通，但省參議員們的反對聲浪太高，議案終於未能順利通過。但徵兵徵糧的事，是國民政府為了進行戰爭所必要的。這樣，當時負西南軍政整個責任的張群才由重慶到成都去走了一趟。他並且出席了四川省參議會。「擱平」政策的結果，是四川參議會在表面上把議案通過，但對於議案的執行和協助則仍然是不力的。後來，羅廣文兵團所需十萬壯丁的總數只徵集了五萬多人，而且這五萬多人差不多都是丁而不壯的老弱。不僅此也，當這五萬多人徵集到手之數，這五萬多人的糧食又成了問題。原來，四川軍糧連年不斷外運，鄉鎮長虧欠又多，所以，表報冊上的糧食數字雖然不少，庫存則極為稀薄。這樣，羅廣文部就天天為糧食發愁，訓練的事當然更談不到了。

對於這些事，羅廣文很焦急，後來，他終於在重慶向新聞記者正式發表他要率軍訪問豪門的談話，也許，這時候的羅廣文，內心的深處已經對舊政權發生憎恨和失望了。

民國三十八年春天，共軍渡江以後，西南形勢逐漸吃緊，這時候的四川人都對羅廣文兵團在未來的西南保衛戰中抱有很大希望。實際上，羅廣文兵團的戰鬥力，這時候，已經完全是外強中乾，不說別的，就是步槍，這五萬多人也還沒有領齊呢！

這一切情形，中共地下工作人員都早已看在眼裡，他們知道羅廣文心裡有所不滿，於是乎就在共軍還沒有踏入川東大門之前和羅廣文本人搭上了線。在羅廣文本人方面，以為自己既非黃埔，又非陸大出身，對公對私，一向廉潔，而且過去在華中戰場與劉伯承周旋最久，他的戰鬥力，劉伯承早所深知。他想：正可憑藉這些，在靠攏後謀求發展，因此，從那時候起，羅廣文便很祕密的執行中共所賦予的任務了。

中共給他的任務是什麼呢？他原準備陣前起義，但中共不要他陣前起義。中共叫他做一種專門拖垮國軍的工作。

中共當時檢討國軍在西南地區的一般狀況，及羅廣文本人的各種關係以後，已經料定羅廣文兵團在未來的川康保衛戰中一定被國軍使用為最重要的主力。所以，中共給他的任務，便是每當國軍在一定地區構成防線的時候，羅廣文部隊便相機自動向後撤退，使國軍防線發生漏洞，不攻自破，從而使國共兩軍的真面目的會戰不致發生。後來，國軍保衛重慶時，羅廣文便是重慶保衛戰中的一支主力。他暗中執行了中共給予他的這一任務，使重慶外圍保衛戰果然無疾而終。重慶撤守以後的情形，亦復如此，國軍始終沒有能夠再形成一條堅強的防線。所以，羅廣文一直退到川西才正式起義。解放後，中共高級地下工作人員，檢討川康之戰的經過，對於以上情形才有所洩露，否則，外間也還根本不知道羅廣文這一地下活動情形。中共方面認為羅廣文的這一活動對川康之戰在實質上是有重要影響的。

王纘緒自命代表中共接收成都

王纘緒字治易，四川西充人，秀才出身。曾經進過四川速成學堂；所以，在四川地方軍事派系中，他與劉湘、楊森、唐式遵、潘文華等同屬速成系。他最先在楊森手下當師長。民國十二年，他反楊跟劉湘，在劉湘手下當師長兼四川鹽運使。抗戰軍興，他由師長而軍長而集團軍總司令。民國廿六年劉湘在漢口死去之後，他回川接充了劉湘所遺四川省政府主席職務。

但他與川軍各派系很不融恰。他當省主席後不久，留駐在川境的七個川軍師長，聯名通電反對他。結果，他只好把省主席職務交出來，哼著他所作的詩句：「征車人日出西秦，蜀道艱難始覺真！」於民國廿八年初由北道出川仍到前方抗戰去了。

王所遺省主席職務，國民政府當時的明令是：「在王纘緒出征期間，四川省政府主席職務派蔣中正兼理。」看來，王的省主席職務好像仍然存在似的。但王後來回川擔任重慶衛戍總司令，省主席一職則由蔣兼理而張群兼理，張之後，由鄧錫侯擔任，鄧之後，則由王陵基擔任，對於他，就根本沒有再說了。對此，他非常不甘心。他是反對張群最烈的川籍地方將領之一，這也是其中一個原因。

民國三十八年春，王纘緒與劉文輝、鄧錫侯及省參議會議長向傳義共同籌組「川康渝民眾自衛委員會」。並且抬出川軍宿將熊克武為主任委員。但為省主席王陵基所堅決反對。認為這一組織是準備投降的張本。但這一組織頗得西南軍政長官張群的支持。於是官司就打到行政院。當時的行政院長閻錫山暗中支持王陵基，但不敢決定，就請蔣親自裁決。蔣支持了王陵基，於是這一組織流產。但到民國三十八年秋，西南形勢吃緊的時候，國民政府又同時發表了王纘緒與唐式遵為西南軍政副長官並分兼西南第一、二路游擊總司令。王又活躍了起來，並且跟著即派國軍川西補給司令曾慶集任王的副總司令。

同年十二月廿四日晚，胡宗南部隊撤出成都，王纘緒忽然大顯身手，首先，派副總司令曾慶集警備了成都。第二天又召開治安會議，推熊克武任治安委員會主任委員，王自己任副主任委員。會上，並有熊克武的代表說了話。

王自己在治安委員會議席上，報告說：他遠在三十八年初，解放軍渡江之前，他就與中共接洽好了。成都的接收，中共派他負責。他於是號召川西各部隊向他洽降。除國軍各兵團及鄧錫侯、劉文輝等人係自己直接向中共名為起義實則投降而外，較小的軍政單位如省會警察局，憲兵團等都向他投降了。他的總部設在文廟後街四川省立女子師範學校之內，他的總部在那短期間，車水馬龍，頗為熱鬧。但隔了兩天，熊克武卻又登報聲明：說他本人從未向中共有接洽，亦從未派代表出席治安會議。本人是老國民黨員，雖不能創造歷史，但也不能改變歷史云云。此外，王纘緒這時候又拒絕了劉伯承所委川西人民保衛軍總司令郭勛祺進入成都，而一個人佔據了成都。他幾次派人到龍泉驛前線歡迎劉伯承入城，但劉一直沒有入城。直到十二月三十一日賀龍由劍門關兼程趕到成都後，他才於一月八日把成都警備責任及其所連帶搜集的物資一齊交給共軍第十八兵團。

三、郭勛祺、劉文輝的地下活動

郭勛祺的偽裝忠貞

郭勛祺號翼之，四川人，原是行伍出身。因為勇猛善戰，所以在四川內戰中很有名。早在抗戰以前，他已經在劉湘部下由一個大兵而累遷到旅長了。

劉湘曾經說過：「有十個郭翼之，便可平定天下。」所以，四川軍人對郭翼之一向是很重視的。但四川人也都知道郭翼之與劉伯承、陳毅的私交極好。甚至有人傳說共軍在所謂「二萬五千里長征」路過川境時，郭曾私放了劉伯承。

抗戰軍興，劉湘舊部大事擴充。劉部師長唐式遵很快就由師長而軍長而集團軍總司令而第三戰區副司令長官，郭便也在唐之下亦步亦趨的升遷了起來，在唐式遵任戰區副長官兼集團軍總司令的時候，郭便擔任了集團軍副司令兼軍長。同在安徽前線作戰。唐為人忠厚，郭素來鋒利，所以兩人很不相恰，後來郭以軍長資格回重慶進陸軍大學特別班第五期，兩人的衝突才緩和下來。

郭在陸大畢業後，沒有再回前方。適抗戰結束，國共戰事又起，國民政府在全國各地劃分了若干綏靖區，並發表了若干綏靖區司令。康澤（兆民）也是其中之一。康是四川安岳人，與郭翼之很熟；同時，因為康澤自己自從黃埔畢業以後，就一直在搞政工和別働隊，沒有帶過兵，也沒有作戰經驗。所以就特別邀約了這一位在四川內戰中很有名的郭翼之擔任他的副司令。

殊不知，康在鄂北綏靖區與共軍作戰結果，卻是出乎意外的大敗，康與郭同時被俘。康被俘後下落不明，但郭卻在半年後由共區回到四川。據他在成都向訪問他的朋友說：他們是在碉堡裡面堅決作戰，彈盡援絕之後才被俘的。被俘後，共軍很客氣，把他們帶到將官招待所，在招待所中，他與康澤分散；因此，他不明瞭康以後的情形。至於他本人，則因為劉伯承和陳毅聽見了他被俘，就都從很遠的地方趕來看他。並且向他說：你打得很好！你打得很好！他說：打敗了還有什麼打得好。劉、陳都說勝敗乃兵家常事。於是設宴招待，並在席上勸他參加中共。他說：頭可斷，決不投降，如果兩位講交情，把我釋放好了。參加中共，我是決不幹的。因此，劉、陳終於決定把他放了。

那是郭翼之回到成都後的說法。因為郭翼之為人素來坦率，所以，大家也就不疑有它。他平時喜歡看電影和跳舞，自此就更常出入電影院和跳舞場，看來倒好像是很失意的樣子。

直到民國三十八年十二月二十五日，即胡宗南所派衛戍成都的警備部隊撤出成都之次日，街上突然貼出了「川西人民保衛軍總司令員」郭勛祺，副總司令員羅忠信，政治委員胡春圃的布告，說：奉第二野戰軍司令員劉伯承電委為川西人民保衛軍總司令員等由，之後，大家才恍然大悟，原來郭也是中共地下工作人員。

事後證明，郭早在被俘時就參加了中共。所說頭可斷，決不投降等都是假話，看電影和跳舞等也都不過是為了避人耳目。實際上，他回川後就已經在四川各地布置地下工作網。因為他有這樣一個人民保衛軍名義，又有中共黨員胡春圃擔任政委，大家又曉得他與劉伯承、陳毅的私交深，所以大家便認為他比王纘緒的資格和關係硬。那時，郭翼之也確實想從王纘緒手裡把成都的治安工作接過來。卻沒有想到王纘緒說他的西南第一路游擊總部也早駐得有中共人員，對郭勛祺並不賣賬。因此，所謂川西保衛軍總部便進不得城，只好在成都外東九眼橋側寶星紗廠內辦公了。

時當冬令，寒氣逼人，郭總部客廳經常燒著熊熊大火盆，郭勛祺更穿著大狐皮袍和客人作爐邊閒話。去看他的朋友都很詫異，後來，才知道郭專門對外接見賓客，一切事務則是由政委胡春圃處理。郭之所以穿著大狐皮袍，則在故意對人暗示共軍來了，大家的生活還是很舒服而且還是非常自由自在的。

因為郭總部阨於王纘緒的把持，不能進入成都，所以當時許多起義部隊的首長，便向郭翼之自告奮勇，願意用武力把王纘緒打出城去。郭說王纘緒能夠橫行幾天？忍耐點吧！隨即派人向王纘緒交涉，成都治安仍然由王纘緒擔任，但希望能將川西人民保衛軍總部遷入城內。而王仍然不答應。

直到民國三十九年一月八日，即共軍入城後八日，由賀龍統率之中共十八兵團接替王纘緒警備成都之後，郭總部才遷進城。共軍為了抬高郭總部的身價，曾經叫川康一部分起義部隊向郭勛祺洽降，甚至，王纘緒部隊後來要領汽油，十八兵團也叫它向郭總部洽領。而川西人民保衛軍總部政治委員胡春圃後來也一度成為成都的紅人。此是後話。

劉文輝的家庭會議

西康省政府主席兼國軍第二十四軍軍長劉文輝是一個家庭觀念極重的軍人。他一共有六個胞兄弟，他最小。遠在民國二十一年，他的侄兒劉湘把他打敗到西康以前，他當時是四川省政府主席，佔的防區最廣，在四川一百四十三個縣份當中，他佔有八十多個縣，而且都是富庶之區。那時候，他的幾個弟兄便都做了官，不是稅務局長，就是禁烟督辦，反正都是做的搞錢的事。因此，他那一家，在四川向有「田連數縣，甲第成街」的話。

因為他是么房，所以他自己的兒子雖小，但是侄兒輩的歲數卻比較大，因之，他的侄兒劉元塘便當過川康邊防副總指揮（總指揮是劉自兼），侄兒劉元瑄、劉元琮分任了他所兼陸軍第二十四軍的兩個師長，女婿伍培英則當了他的副軍長。

儘管劉文輝本人具有相當的政治頭腦，如像民主同盟就是他和龍雲一手支持出來的，但因為他是這樣一個以家庭為基礎的集團；所以，當廣州易守之後，劉文輝便召開了一次家庭會議來解決今後的動向，會議的主題是究竟走不走？在會議席上大家的意見不一致，有的主張走，有的主張不走，有的主張願意走的走，不願意走的便不走。劉文輝的意思則是不要分開，要走就大家走，要不走就大家不走。於是大家反問劉與中共的連繫究竟如何？劉說連繫當然是有的，不過中共的事情靠不靠得住就很難說，結果因為大家惰性重，有的又抽嗎啡，再加以平時看見中共地下工作人員每當有危險不能再在四川各地居留就跑到劉文輝的西康基地——雅安來避難的情形，他們就以為中共來了，最多不過像民國十五年北伐那樣打個通電，換個旗子便算了，還有什麼了不得？因之，家庭會議便決定都不走。並且決定與中共加緊連繫。

廣州市失守後不久，蔣介石到了重慶，那時候，社會上正流傳著國際間即將干涉的謠言，為了探聽虛實，劉文輝曾經在那時候不顧中共駐雅安工作人員的勸告，到重慶去見了一次蔣。回來，很失望，就與鄧錫侯、潘文華以及四川省參議會議長向傳義緊結在一起。

所謂彭縣起義

重慶失守後，蔣介石又到了成都，蔣在成都軍校召集鄧錫侯、潘文華、劉文輝、向傳義等地方將領開了一次會，第二次再開會時，鄧、潘、劉、向諸人已經不知去向了。原來他們這時候已經暗地裡偷偷的離開了成都到成都附近九十華里的彭縣去了。彭縣是川西重要地區，一向由鄧錫侯所統率之九十五軍（軍長黃隱）所轄一二六師（師長謝德堪）駐防。鄧、潘、劉、向後來便在此地拍出了所謂「起義」電報。

當彭縣鄧、潘、劉、向等起義電報拍出來之第二天下午，平靜的成都城裡，突然響起了槍聲，人們不知所以，後來才知道是胡宗南駐在成都的城防部隊正式進攻劉文輝的公館及其駐在武侯祠的衛隊。

劉公館在成都新玉沙街，佔地極廣，新落成不久，四面都有高牆，裡面有一連兵駐守，劉文輝在成都的公館本來很多，不過成都一向傳說著這一個公館有寶藏無算，所以當胡部進攻這一個公館的消息傳開之後，大家都以好奇的眼光注視它。由於劉公館鐵門堅牢，又有一連武裝兵在裡面抵抗，為了迅速解決，就由中央軍校派了一連戰車來把大門衝開，進到裡面，才發覺保險庫都埋藏在地下，不得已才又動用中央軍校的工兵隊來爆破，寶藏終於被發掘了出來。

寶藏究竟有多少？官方沒有正式公佈，事後，報紙列載共有黃金三噸，但成都有關方面所透露的則有黃金十噸，銀元百萬，另有嗎啡與鴉片若干。至於駐在武侯祠的衛隊，那是很快就被解決了的。

為了報復，同時為了向中共立功，劉文輝也就立即命令他那駐在西昌附近的隊伍，由他的女婿伍培英率領向西昌機場進攻，西昌機場只有胡宗南空運到的兩個營，劉以為伍培英統率兩個團是足以解決兩個營，迅速佔領機場進而截斷西南唯一最後的空運基地的。殊不知劉部士兵抽鴉片的太多，不抽烟的也早已在種烟販烟的事情上找了大錢，所以，伍培英的攻擊，沒有把敵人打垮，自己的隊伍反而崩潰了。伍培英逃得快，僅以身免，但已受傷。

劉文輝認為攻佔西昌機場雖沒有成功，但有這點行動表現，總比只打一個空頭通電好。

四、彭縣起義的插曲

當鄧、潘、劉、向到達彭縣後不久，他們的秘書人員便會同擬出了起義通電，鄧錫侯與潘文華對電文的措辭認為很有不當的地方，需要再加修改，但劉文輝則認為時間已遲，共軍不久就要進入成都了，再不把電報發出去，簡直就會不成為起義。所以當鄧、潘還在表示要斟酌的時候，劉文輝就很堅決的說：「即刻把電報發了吧！還修改什麼？」這樣，這通電報才倉促地發了出來。

第二個插曲是列名問題，當時鄧錫侯有一位老部下跟隨在鄧的左右，他看見起義電報只有鄧、潘、劉、向四個人署名，他想自己若能署一個名豈不更好？於是他向鄧要求，鄧說可以。鄧素來圓滑，他說可以，原是不可靠的，鄧把他要署名的事告訴了當時的成都警備司令嚴嘯虎，嚴也即時聲請要署名，鄧也表示可以，這樣一來，要求署名的人就愈來愈多，變成了一大爭執，爭執無結果，最後才又決定其他的人都不署名；所以，大家都說鄧錫侯又玩了一次狡猾。

在彭縣的另一件事是把一個真正的中共地下工作人員當成假冒，扣留了兩天。

原來，有一個中共地下工作人員叫徐伯威，他原是戴笠（雨農）時代的軍統局雅安站站長，後來叛變了戴雨農，專在四川策動地方事變，因為他與劉文輝的姪兒劉元瑄（師長），鄧錫侯部九十五師長謝德堪以及潘文華部一六四師長彭煥章是拜把弟兄，再加上重慶行轅及西南軍政長官公署政工處長張元良是他的妹夫，所以他一直得到掩護；這些人只把他當成一個好亂成性的瘋子看，卻一點都不知道他是一個中共地工人員。

當鄧、潘、劉、向等到了彭縣之後，徐也突然到了彭縣。他對彭縣駐軍師長謝德堪說他是中共地下工作人員，鄧、劉等人應該與他連絡，謝對他表示，這需要向鄧請示後才能決定。

跟著，謝就去報告鄧，鄧就與左右商量，那時候，與鄧、劉等人有連繫的中共地下工作人員也到了彭縣，潛伏在成都的民盟、民革的重要分子也到了彭縣，當鄧把徐係共方人員特來連絡的話提出來之後，現任中共四川省人民政府民政廳長民革四川重要負責人劉伯承之老友邱翥雙就站起來說：徐伯威極不可靠，一個月前，我曾經在成都街上遇見他，我問他近來幹什麼？他很祕密的向我說在幹民革，我當時很詫異，因為我自己就是民革四川省主要負責人，向來就沒有聽說他也在幹民革，我怕自己忽略，回去詳細查問，徐確實沒有幹民革。邱又繼續說：徐現在又來說他是中共地下工作人員，一定不可靠，恐怕他是國民黨特務才是真的。

於是大家莫衷一是，就去問駐在彭縣與鄧、潘、劉、向等連絡的中共地下工作人員胡春圃，胡春圃也不知道徐伯威與中共有關係，這樣，鄧、潘、劉、向等就決定把徐伯威扣留下來，直到兩天之後，中共川康特委會另一地下工作人員到達了彭縣，問明緣由，才證明他確實是中共地下工作人員，並非冒牌，徐才被釋放出來。因為有這一件曲折的事，所以，徐伯威的事，當時就轟動了彭縣。這是另一插曲。

根本說來，像徐伯威這樣事情的發生，在中共看來是並不稀奇的，不但不稀奇，而且還認為是常事。因為中共的組織，平常異常嚴密，在人事上，只有縱的關係，沒有橫的連繫，尤其是地下工作人員，所以，中共地下工作人員確實常常是彼此都不明瞭的。他們彼此間也不願意隨便探問對方的身分，以免暴露了自己的身分，這也就是王纘緒總部與郭勛祺總部各有中共地下人員而又互相對峙的原因。

真正明瞭這些地下工作人員身分的只有中共中央組織部。因為許多地下工作人員常常是從不相隸屬的許多部門中各自產生，所以他們之間，他們自己也是常常弄不清楚的，再者，中共有組織關係的地下工作人員與無組織關係而只有工作關係的地下工作人員，也有很大之差別，前者是黨的一員，而後者則只是黨的外圍工作人員而已。

鄧錫侯左右的共幹

中共的地下活動真像水銀似的。作為川康最高軍事機關——川康綏靖公署，當然也不會沒有他們的滲入。而最厲害的，則是在滲入他們之中的，有的居然早已成為川康綏靖主任鄧錫侯的心腹。

當郭勛祺準備由共區回四川，臨行時郭曾問劉伯承回川後如何工作。劉伯承告郭，回川後的一切可與韓百城商量，一切可聽韓百城的話。可見韓百城是一個中共的高級地下人員。然而韓百城何許人呢？他是川康綏靖公署的一名高參。職位雖然不高，但一直是參與鄧錫侯一切機要的心腹，他與鄧錫侯的關係，不但鄧的一般幕僚不能與之相比，就是鄧部許多軍、師長也是不能與之相比的，因為那些人只能站在自己崗位上執行自己的業務，而韓伯城則參與決策。

韓百城是一個瘦長的個子，外表相當清秀，態度溫文爾雅，不喜歡多說話，除了每天到川康綏靖公署辦公之外，他又在成都梓橦橋南街開了一家飯館，不辦酒席，專賣家常飲食，由他太太主持，據他平時向外說：他是全靠這家生意來維持生活的。所以一般人對他倒也沒有什麼惡感。他的這一家飯館名字稱做「長美軒」。

實際上，這不過是他掩護地下工作機關，飯店來往人多，通風報信非常方便，決不致像在家裡那樣引人注目。至於他與劉伯承的關係，來由已久，多年前，劉伯承在熊克武部下當中校團長時，韓百城就在一起當他少校團附了。兩人私交很深，某次，軍隊潰敗，他們兩人在川南瀘縣設法攬了一千塊大洋。平分各得五百，但一時沒有找到交通工具，兩人只好步行，但韓百城瘦小，就揹不起他那五百大洋，結果，劉伯承幫他多揹了一部分才走成路。

因為韓與劉有著這樣密切而久遠的關係，所以韓留在成都，鑽入川康綏靖公署，專替中共做地下工作，這對於中共，當然非常有利的。因為川康綏靖公署是國軍在川康「勦匪」的最高軍事機關，他鑽進了這一個勦匪大本營，自可隨時獲取各項重要情報。事實上，中共之所以完全明瞭川康駐軍的狀況以及一切行動與計劃，都是韓百城供給的。

鄧、潘、劉、向彭縣起義時，韓百城也是幕後重要策劃人之一。

「解放」後，韓百城一直沒有暴露他的共黨身分，但他所開的長美軒，則已由成都擴張到了重慶，住在重慶的那些起義將領和靠攏政客，還經常喜歡到長美軒去吃飯。許多不明瞭韓百城有共黨身分的人，與韓是熟人，見了面是免不了要發發牢騷或者透露點心情的，於是中共就從韓百城那裡掌握了這一批人的思想動態，可以說，他至今天還在做地下工作哩！

埋伏在鄧錫侯左右的另一重要共幹是前成都市長陳離。陳離又名陳靜珊，係鄧錫侯舊部，鄧當軍長時，他就是師長。民國二十六年，鄧到鄂北前線抗戰，他也隨鄧到前方。民國二十七年，鄧回川繼劉湘擔任川康綏靖主任之後，他也隨鄧回到了成都。那時鄧還兼任著四川省防空司令，於是陳便出任了四川省防空副司令。並在事實上代理了鄧的司令職務。隨後，陳又在鄧的推薦下，出任成都市長。

在平時，一般人都說陳離很糊塗，因為他鬧過很多笑話，如果請客吃飯，客來了，他忘記請了客的事，反而問老兄今天來有什麼賜教呀！如像他替人證婚，緊握新娘手不放呀！如像他太太單獨住在他所修的新生花園養病，一度以漂亮聞名全國的某男明星也單獨的長時間陪他太太「養病」，而他根本不聞不問呀！所以四川人都說四川有兩瓶漿糊，一瓶是四川省參議會議長向傳義，一瓶就是他。其實，向傳義的糊塗是真的，而他卻是假裝糊塗，用以掩飾他的若干行動，和障蔽別人對他的懷疑而已。

什麼懷疑呢？原來陳離是一個老共幹，共黨在上海所開的書局，他暗中出過八萬銀元的款子，又遠在民國二十三年四川「剿匪」時代，他所統率的那一師人當時駐在成都附近的廣漢縣。有一天，竟有一部分隊伍忽自升起了紅旗準備拖到川北共區去。不料這一部分人的行動暴露得過早，其他各事準備尚未成熟，當即被附近其他駐軍發覺，這一部分隊伍因而被其他部隊所解決。陳離一看情形不對，知道不能再動，就率性表示不知，這就是四川很有名的所謂「廣漢事變」。因為有這樣一次事變，所以陳為了避人懷疑，就率性隨時裝糊塗。

民國二十七年，陳隨鄧錫侯在鄂北作戰時，又暗中送過八百多支步槍給當時的土共李先念。鄧知道了，陳就向鄧說：送點爛槍給李先念去打日本人，免得他來騷擾我們，同時，也可以使他來呼應我們對日本人作戰，鄧聽了之後，覺得也有道理，便默然了事。

陳交卸成都市長不久，鄧又推薦他作了川南瀘州區的行政督察專員，有些人以為他不會幹，殊不知他倒在那裡幹得很起勁。但西南軍政長官公署第二處（即情報處）不久即發覺了他在那裡作各種活動，大有野心，同時，四川各地重要共方地下人員每遇風聲吃緊，就都跑到他那裡去躲避，這樣，第二處才通知省主席王陵基把他免職。

鄧、潘、劉、向的彭縣起義，他也是重要幕後人之一。「解放」後，鄧錫侯出任中共西南軍政委員會水利部長，他也以「民主人士」的資格出任偽水利部副部長。鄧很少到部辦公，一切就由他代行了。

一五、潘文華為什麼靠攏

鄧錫侯、劉文輝在彭縣投共，一般人都不感意外，因為劉文輝早與中共有連絡，川人所共知，鄧錫侯向來就是看風駛舵專門投機的人，一般人對他也早有預料。唯有潘文華，這一次也與鄧、劉一齊投靠，則是許多人所未料到的。

在四川地方部隊的人事系統中，潘屬於速成系，鄧、劉則屬於保定系，速成與保定兩系在四川內戰多年，最後才由速成系巨頭劉湘統一了四川。劉湘死後，鄧錫侯以集團軍總司令回川擔任了劉湘所遺川康綏靖主任，王纘緒以集團軍總司令回川擔任了省主席，而潘文華亦以集團軍總司令回川擔任了川康綏靖公署副主任兼陝鄂邊區綏靖主任。但他們之間，仍然極不融恰。

當時，鄧錫侯在四川只是一個空架子，因為他只有一個軍留在四川，王纘緒更空，全部隊伍都在前方，唯潘文華的實力雄厚，劉湘留川舊部都一致擁護他，這倒不是因為他有能力，而是他比較忠厚與肯花錢，所以他回川後就暗中就任了劉湘從前所搞祕密軍事組織「武德學友會」的理事長，及祕密政治組織「核心社」的領袖，儼然成為劉湘第二。當時留川的七個川軍師長聯合通電反王纘緒，也無非是想把潘擁出來接任四川省主席。殊不知國民政府當時最怕潘文華變成劉湘第二，所以蔣當時雖然不能接受七個川軍師長的意見把王纘緒去掉，但卻不願意把省主席交給潘文華。劉湘死後，中央之所以不把劉湘所遺各項職務交給一個人，而把所遺各項職務分別交給鄧錫侯、王纘緒等人同時分擔，也無非是為了達到人事上的制衡作用。然後再從而謀之的意思。假如不是劉湘在四川的潛勢力太大，中央可以根本不顧忌，假如不是因為要起制衡作用，以作進一步解決川局的準備，那麼，這些問題倒也比較簡單，而當時的四川是抗戰的最後根據地，國民政府對於這最後根據地的人事是不敢馬虎的。在當時，蔣的真正打算是派張群任四川省主席，但蔣不敢貿貿然發表，以免引起川康將領的反對，這樣，才在去掉王纘緒的省主席職務時，新創了一個由軍事委員長蔣中正兼理四川省政府主席的先例。在這以前，蔣的兼職雖多，但從來沒有兼任過任何一省的主席職務，這一次之所以如此，也無非使潘文華輩不敢反對而已。

在蔣兼理四川政府主席期間，蔣當然是無法到成都省府辦公的，這樣，就委屈了當時的成都行轅主任賀國光來擔任四川省政府秘書長了。實際上，蔣兼主席的一切職務是由秘書長賀國光來代行的。

等到七師長反王的事告一段落，張群與川康地方軍政首腦人員的私人關係逐漸較前改善，中央各部隊逐漸控制四川各要點之後，蔣兼理才又變成了張群兼理。而潘文華呢？自始至終沒有拿到四川省政府主席的職位。這是潘文華心裡所一向積恨的。也就是後來投共動機之一。

不過，潘與中共的關係，主要的卻還是程潛拉的。程與潘素來毫無關係，程怎麼會拉潘呢？這中間有一段很曲折的原因。

原來，潘自從四川暗中繼續掌握劉湘的一部分實力以後，潘即在成都辦了一家日報叫做《華西日報》。言論左傾，時常抨擊政府，為中共張目，潘是這一家報社的董事長，社長則是羅忠信，羅是潘所兼任的川陝鄂邊區綏靖公署的參謀長。（潘的參謀長有幾個，向中央報案的則只有一個，羅不是報案的參謀長，但在內部名義上則仍為參謀長）羅忠信是擁護張瀾的，也是民主同盟的中央委員之一。總主筆楊伯愷也是一個老共產黨員，楊的表面身分則是第三黨的中委。那時候，國民政府非常討厭這一家《華西日報》，屢次示意潘應該加以改組，但潘都沒有接受，及到抗戰勝利前夕，潘才把《華西日報》改組，楊伯愷被捕，羅忠信另外自己單獨創辦《華西晚報》。一秉《華西日報》的作風，時常發表左傾言論。抗戰勝利以後，中央要想削弱潘甚至取消潘，曾經把他的川陝鄂邊區綏靖公署取銷，改派他為川黔湘鄂邊區綏靖主任，公署設在川東黔江，交通不便，地方貧瘠，潘知情不妙，才經由潘的兄弟四川金融界巨子潘昌猷之手，走上了當時武漢行營主任程潛的路，由程潛向蔣要求，在宜昌設置一個綏靖公署，歸武漢行營指揮，而以潘文華當主任。這樣，潘才脫離窮苦的川黔湘鄂邊區，到達了鄂西，而程與潘也就從此發生密切關係。程後來競選副總統，潘公開替他拉票，並擔負了競選費用。及至程潛投共，程便將潘與中共的關係拉上，這是潘投共的另一主因。

潘一向以玩女人著名，後來娶了一個姓張的很漂亮太太，這個太太對潘的影響力很大，因為潘非常愛她。有人傳說她是國民黨特務。不管如何，她很反共，倒是真的。為此，潘就在西南吃緊時把她送到了香港，僅僅自己留在四川。潘自己也曾經一度想離開四川到香港，但經不起共幹的誘惑，於是他轉而想替他一個當時正在當師長的兒子潘清洲在中共方面謀出路了。

潘文華是四川仁壽人，抽鴉片烟，搞的錢也很多，他在到彭縣之前，曾經把他手邊所存的三萬兩黃金運到仁壽家鄉，埋在他的住宅內，並且派了一營士兵駐守，但事機不密，被他的一個打反共游擊的舊部率兵把衛兵解決，並把黃金拿走了。

潘本人後來只得到全國人民政協一名特邀代表的空名，而所有黃金、權勢、軍隊、美人都失掉，不久之後他就在成都憂鬱死去。

向傳義糊塗致死

在四川，向傳義是一個以糊塗著名的人，但自從抗戰初期，他擔任四川省臨時參議會的議長以來，雖然歷經遴選與民選，他那議長寶座，在十幾年中，卻始終沒有動搖過。

這一點，很多人引以為奇怪，其實，如果先明瞭了川康內部各種矛盾，再明瞭到糊塗就恰巧常常是正好被別人利用的一種條件時，那麼，向傳義之長久保有議長席位，自然也就不成為什麼稀奇的事了。

在川康，支持向傳義最力的是劉文輝與鄧錫侯，其中尤以劉文輝為甚。劉之所以一向竭全力支持向傳義是因為劉、向之間，素有交情，同時，當民國二十一、二年，劉文輝任四川省政府主席兼陸軍第二十四軍軍長的時候，向就在劉部任副軍長。並且向傳義還擔任過當時駐在成都的：劉文輝的二十四軍，鄧錫侯的二十八軍，田頌堯的二十九軍的三個軍的聯合辦事處處長，負責成都治安。迨劉文輝被劉湘打敗，退到西康，向傳義才沒有隨著一齊退到西康罷了。劉退到西康以後，野心未死，經常仍在伺機返回四川，這樣，向傳義便變成劉文輝在四川運用各種手法一枚重要棋子了。

至於鄧錫侯之所以支持向傳義，一方面固然因為他們是保定同學，一方面也是因為鄧身邊也沒有一個適宜於出任四川省參議會議長的人，再加上向傳義願意與他合作，所以鄧樂意支持向的。事實上，川康綏靖主任公署與四川省參議會之間，在若干有關問題上，也確實起過很多互相呼應和互相支持的作用。

反對向傳義而且與向傳義競爭最劇烈的是國民黨四川省黨部。他們為了強化黨在四川的作用，很想控制四川省參議會，向傳義雖然也曾經是國民黨中央委員，但國民黨中央委員也有你我親疏之分，國民黨中央和國民黨四川省黨部是從沒有把向傳義看做黨人的，所以，他們曾經屢次支持他們是認為黨方面的議長候選人，但都失敗。甚至連省參議會的副議長也被親近劉文輝的人所取得。

而在共產黨方面呢？他們卻是在暗中全力支持向傳義的。因為近五六年來，他們已經在暗中能夠強有力的影響向傳義了。這強有力的影響力就是向一內姪。

向傳義的太太姓王，這位內姪就是她的親姪兒，名叫王彥立，曾在復旦大學畢業。在大學時就一直在攪學運工作。是一名共產黨員，而且是中共大學學運書記。畢業後，就到成都依傍他姑母，並且住在向家。

這位王太太是向傳義的續絃，酉陽人，因為向傳義排行第二，所以一般人都稱他為二嫂。她能夠控制和左右向傳義，她雖無政治的頭腦，但卻有名位野心，她曾經憑藉向傳義在省參會的力量，由省參會選為國民參政員。其後，又在向傳義的家鄉仁壽縣當選為國大代表，仁壽縣有一百多萬人口，依法，應有兩名國大代表，一名是她，另一名就是唐式遵。她也像其他許多婦女一樣喜歡自己娘家這個姪兒，一切都聽這個姪兒的話。

民國三十二年，向傳義聽他太太的話，把王彥立介紹到成都啟明電燈公司當副經理。這個啟明電燈公司是成都惟一的一個電燈公司，成都市有人口七十萬，所以這一電燈公司的規模也不小。它除了在成都發電廠部分擁有若干工人而外，它為了供應煤炭的需要，又在川西彭縣海窩子開闢得有相當規模的礦場。他到公司不久，就把原任經理擠掉，再經過向傳義的支持，就正式當起啟明電燈公司的經理來了。這前後，他不但已經把全部工人組織了起來，同時，更把許多重要的中共地下工作人員引進了公司，在公司掩護下進行各種活動。前面提到過後來出任郭勛祺的川西人民保衛軍政委員的胡春圃，當時也就是由他引到公司去的人員之一。

在一段時期，他雖然已經在啟明電燈公司當經理，但卻仍然住在向家。以便多方面影響向傳義。如像民國三十七年，四川省議會反對徵兵徵糧，以及民國三十八年王纘緒、劉文輝、鄧錫侯等所發動的組織所謂川康渝民眾自衛委員會，也是經由向傳義通過四川參議會提出來的。其他大小案件如學潮之處理，皆故意作成有利學生之言論。此外，每當中共地下工作人員有被捕時，他也總是在向傳義面前想辦法，由向傳義具函有關軍政機關擔保，或者前往解說，把他釋放出來。如像前面所說的胡春圃，便也是被捕過多次，而由向傳義保釋過兩次的。

以向傳義的太太本人來說，她對中共原無好感，不過，後來她被這一個姪兒說服了，等到西南吃緊的時候，他又和他姑母一齊把向傳義說服了。在她想來，將來通過這一個姪兒的關係，向傳義一定是仍然有辦法的。殊不知向傳義後來沒有得到任何報酬，不但沒有得到任何報酬，而且還要清算他在民國二十年左右在成都擔任三軍聯合辦事處長時曾經殺掉許多共黨學生和共黨幹部的血債。共黨說：「血債必須血還。」向傳義本人和他太太才著慌，但逃又逃不掉，幾個月後，向傳義終於被捕了。她還以為她那姪兒可以替他想辦法，因為她那姪兒這時候已經出任中共全國工商聯會的委員和四川省工聯副主席以及成都市人民代表並仍兼電燈公司經理，殊不知她姪兒並沒有辦法替她幫忙，結果向傳義被槍斃了，自愧無以對向，自己吊死，所生一個兒子，雖然還只十四歲，看見父親慘死，便也跟著服毒自殺了。

六、郭汝瑰的陽奉陰違

郭汝瑰的地下活動

二十幾年前，在四川內戰期間曾經有一個當過軍長的軍人名叫郭汝棟。郭當軍長不久，就跨了，所以他沒有鄧、潘、唐、王這一些軍人著名。但他有一個兄弟名郭汝瑰卻仍一直在軍隊裡面工作。在抗戰期間，曾經當過國軍第二十六師的師長，隨後，因為他讀過陸軍大學，所以，得以進入國防部工作。他在國防部的職務是第三廳長，直到最後，他才又從國防部出來擔任國軍第七十一軍軍長。當時七十一軍的駐地是四川瀘州。

瀘州是四川南部的重鎮，後來中共所置川南行政公署即設在此，並曾一度擬議為川南省的省會。在四川軍隊中，對於重慶和瀘州，素有一句俗話，叫做「天生重慶，鐵打瀘州。」瀘州何以如此重要呢？原來瀘州位居重慶上游，而又接近川南之敘府、宜賓、自貢市以及川中之內江等縣，所以，如果共軍控制了瀘州，那麼，即使國軍能夠握守重慶？則瀘州方面的共軍是很快就可以迂迴自貢市和內江縣而將重慶到成都之後方交通完全截斷，使重慶的守軍成為甕中之鼈的。但重慶的守軍究竟能不能握守重慶呢？雖然中共對此已有若干地下性布置，如像前面所說叫羅廣文不戰自退以拆毀國軍防線等，但以重慶外圍地形之險要，和以國軍在川康兵力之眾多，共方是仍然不能絕對斷定國軍不能在重慶作持久戰的。於是，中共的另一枚棋子，便在這種認識下，很惡毒的放下來了。這和陳離（靜珊）當瀘州區專員正有異曲同工之妙。這一枚棋子是誰呢？就是郭汝瑰。這一枚棋子放在何處呢？就在瀘州。因為共軍已經進一步預防國軍萬一能夠握守重慶的局面。

而中共之所以能夠很順利的把郭汝瑰這一枚棋子放置在瀘州，基本原因，當然還是國府過去的軍政組織太脆弱，社會狀況太腐爛，中共乃能以其有計劃的行動，和明確的方法得以橫衝直闖的緣故。加以郭汝瑰身為國防部廳長，人緣廣，關係多，以國防部的一個廳長活動外放一個軍長，在當時，實在是並不困難的事。而共方在國防部所布置的間諜，事後證明並不僅是郭汝瑰一人，所以中共當時便叫郭汝瑰來擔任這一枚棋子，而郭汝瑰也終於達到了中共要他出任軍長的目的，同樣，由於他是一個四川人，設法把他這一個軍的駐地劃在四川瀘州，卻也是並不困難的。因此種種，所以郭汝瑰便在西南吃緊的當兒，以四川人願意保衛四川的口號，出任駐紮瀘州的第七十一軍軍長了。

為了要切實掌握瀘州這一地區，以便必要時能夠藉以迂迴重慶的後方，以解決重慶戰局，所以中共叫郭汝瑰不動聲色的坐鎮在瀘州，以待次一行動的來臨。

在國軍方面，當然也是非常重視駐紮在瀘州的這一個七十一軍的。因為國防部認為郭汝瑰是國防部的廳長外調任軍長，這一位軍長既完全明瞭國軍的一般態勢，和國軍作戰方面的一般需要，那麼，這七十一軍遷後的行動就必定可以符合國防部的要求，成為重慶守軍的主要助力，何況郭汝瑰是四川人，在四川境內作戰，當然就可以更得人和。他們以為郭汝瑰是國軍的一枚重要的棋子，因為那時候，許多人正感川籍國軍將領不多，而川籍地方將領又不可靠，誰知他倒不是國軍的一枚棋子，而是共方所布置的一枚棋子哩！

後來，重慶方面戰事之演變，沒有共軍所顧慮著的事實發生，即是說：國軍並沒有能夠長期確實握守重慶，所以，中共在瀘州布置的這一枚棋子，便無需乎發生作用，因之，郭汝瑰的叛變，便也沒有什麼有聲有色的表演了，但我們卻不可忽視，中共這種做法，實在相當惡毒。

郭汝瑰與共方的關係是怎樣的呢？原來郭汝瑰是在中學生時代就已參加中共了的。後來，又與中共脫了節，但等到徐州會戰前後，中共挾其在東北與華北迭次勝利的威勢，為了充分運用其原有的人事關係，所以便在和談期間，把曾經與中共脫節的許多黨員，尤其是在國民黨政軍方面負重要責任的脫節黨員，用甜言蜜語，加以誘惑，以重新建立其工作關係，並許其戴罪立功，這些人，見大勢已去，紛紛投靠，郭汝瑰便也是其中之一。當然，凡是這種與中共脫節過的黨員，中共終久還是要把他們整肅的，對於他們，甚至比對其他的人還要整肅得厲害，因為中共固已知道：這些脫節黨員，都是最不可靠的分子，只是被中共的勝利形勢所逼，因而回頭而已。但這些脫過節的人當時是紛紛上當的。他們上當並不可惜，但他們對中共的貢獻和國民黨在大陸迅速崩潰所起的作用可就大了。

曾慶集破壞的活動

曾慶集曾經作過軍令部的發言人，徐州會戰後出任川西補給區司令。所謂補給區，原是國軍改制後的一種新設施，專管後方勤務，直屬聯勤總部，不受當地駐軍長官的干涉，而聯勤總部是與陸海空三軍平行的。權力極大，關係亦極要緊，諸如槍彈的補給，金錢薪餉的發放，兵員數字的查核，被服裝備以及糧食的調配、保管、發給諸事宜，都屬聯勤總部所管，而所謂補給區，則係聯勤總部就全國領域而分劃的，其任務則在擔負各該地區的補給責任，所以，可以說，所謂補給區，就實際上控制著各該地區駐軍的經濟命脈。

川西補給區司令部設在成都，掌握川西數十縣駐軍的補給事宜，當國軍雲集川西，且以川西作最後根據地的時候，此一補給區關係之大，不言可知。但使人吃驚的是這一位補給區司令曾慶集卻早已暗中靠攏，專替中共做各種破壞和妨礙國軍的工作了。

曾慶集的靠攏，是因為曾慶集有一個叔父，在中共方面擔任高級幹部，和談期間，共軍還沒有渡江的時候，共軍的地下工作就已紛紛渡江，許多地區，都被它所伸入，四川也是它所已經伸入的地區之一。中共也是在這個時候通過他叔父把曾慶集吸收的。

不消說，由於曾慶集的靠攏，中共就從他那裡得到了川西國軍的許多寶貴和可靠的情報，例如，川西國軍總數究竟有多少？別人不清楚，補給區當然最清楚。川西各部隊的調動情形如何？別人不清楚，補給區最清楚，因為任何部隊一有調動，都要通知補給區，以便補給區準備糧食；部隊的火力及配備情形如何？這些也只有補給區才真正清楚，因為一切武器由它撥發。

不僅此，中共還透過曾慶集作了許多破壞國軍的工作，舉一個例子，當胡宗南還沒有退入秦嶺時，他就已經有意在西康建立一枝新部隊，以對付和代替劉文輝的力量，因為胡當時已經知道劉文輝不可靠，所以，便打算利用西康的民眾力量來建立一枝新軍。

如何建立呢？研究結果，決定找西康的老紳士羊仁安來擔任這一枝新軍的首長。羊仁安是西康的一個很著名的幫會領袖，年紀已近七旬，但身體還很健壯，在辛亥革命時，他曾經當過管帶，後來專講袍哥，為人重然諾，廣交遊，仗義輕財，不只蜚聲川康，並且對於康屬夷人具有無上號召力，只要說是羊大爺，夷人是沒有一個敢說「不」字的。論對夷人的號召力，本來還有一個鄧秀廷，鄧秀廷是很有名的靖邊司令，但羊仁安作靖邊司令比鄧秀廷更早，後來鄧秀廷死了，能夠號召夷人的，便只有羊仁安一人了。

而羊仁安又是與劉文輝向來對立的。雖然劉文輝也曾經多方面籠絡過羊仁安，胡宗南找羊仁安來建立一枝新軍在那一個混亂的局下，當然很對，而且也比較有作用。胡宗南總部最先準讓羊仁安建立一個軍，但後來形勢緊迫，便決定成立三個軍，即胡宗南後來所發表的新九軍、新十軍、新十一軍。但這三個軍究竟建立起來沒有呢？確是一直沒有能夠建立起來的，儘管胡總部的命令已經發布了許久，而且一催再催，但實際上，這三個軍是一直沒有建立起來的。為什麼？主要的就因為這三個軍都根本無法向川西補給區司令部領取任何東西，甚至它的開辦費都沒有能夠領到。當然更不必說什麼槍枝彈藥了。這基本關鍵，就完全是因為川西補給區司令部控制了一切，而曾慶集又從中予以阻礙和破壞的緣故。

當王纘緒被委西南第一路游擊總司令的時候，王纘緒便把曾慶集拉在一起，作了副司令，等到胡宗南所派成都城防部隊於十二月廿四日晚撤退出城，王纘緒就發表了他的這一位副總司令曾慶集兼任成都警備司令。

川西補給區司令部本來指揮著一部分勤務部隊，再加之它控制著各部隊的經濟命脈，因此，他便很容易的調動了成都附近的部隊來擔任警備工作。王纘緒當時之所以敢於不顧一切的拒絕郭勛祺的人民保衛軍總司令進城以及王纘緒敢於命令四川省會警察局及憲兵團，並且叫他們都聽曾慶集的指揮，而他們也竟然接受曾慶集的指揮，原因之一，也就因為曾慶集是川西補給司令，掌管著糧食、薪餉、服裝、槍枝、彈藥等之補給的關係。

曾慶集兼任成都警備司令之後，首先就在成都四門設置了警衛，並且派出巡查隊到街上巡查，又派出了許多便衣人員四處調查物資，例如汽油輪胎等可作軍用又可作民用的東西，一概指為國民黨遺留物資，予以查封，保留這一批物資的人，多半被帶到他所設的軍法處去審訊，說他們勾結國民黨官員，企圖隱匿公物，這樣一來，弄得所有握有物資的商人，都惶惶不安。其實，在那個變亂時期，幣值極不穩定，許多爭著購存物資，以求保值，而汽油輪胎一類東西，當混亂時期價值極低，雖然流入市場的這一類東西，其中不無公物，但其中係市場老貨亦不少。曾慶集這樣皂白不分，其結果，當然就使得一般正當商人，在共軍還沒有來之前，就受到洗劫了。

而曾慶集之所以要這樣做，則完全是想藉共軍沒有入城之前，先把物資集結起來，等到共軍到達之後，再恭恭敬敬的用雙手把這所有搜集來的物資貢獻過去，以邀功於共軍而已。因為，他知道：共軍最缺少的是物資，「解放」後，共軍所急需的也是物資，同時，物資的散失是共軍所注意的。所以，他就藉此邀功，至於正當商人的血本，那就根本不在他的考慮之內了。而這許多正當商人呢？當然是誰也不敢在刺刀尖下爭論自己財產的，根本說，爭論也等於零。說不定更會被關上十天八天，乃至加上一個國特的頭銜把命送掉。

一七、殺人魔賀龍入成都

劉瞎子為啥不來成都

在共軍進向西南地區之初，川康各方面就已風聞中共已派劉伯承指揮共軍攻打西南。同時，並已風聞劉伯承即將主持中共的西南軍政事務。這些消息傳到川康各地之後，對於川康人民來說，確實具有攻心作用。因為劉伯承在四川內戰時代，薄具聲名，雖然，那時候，他還不過只是在川軍第一軍當團長，但是他的老朋友很多，川康人民差不多都知道他，通常，四川人稱劉伯承為劉瞎子，又稱他為獨眼龍，因為劉伯承曾經在四川內戰中帶傷，壞了一隻眼睛的關係，所以，說起劉瞎子，大家都不陌生。

尤其是與劉伯承有相當私交的一批人，這批人大概都是從前川軍第一軍的所謂熊系人物。如但懋辛、張仲銘、邱翥雙、余際塘等，都無不喜形於色，因為這些人，有些是與劉伯承共過患難的，有些是曾經和劉伯承一起打麻將，打過幾個通天夜的。因此，這些人都只以為除非劉伯承不來，來了的話，他們自己準有辦法；甚至就是劉文輝，也是常常在口頭上說著伯承如何如何的。這一件事，曾經引起關麟徵在軍校紀念週上大罵，關當時正是成都中央軍校的教育長，他罵劉文輝的原因，是因為頭一天，關與劉曾經一齊參加過一個宴會，在宴會席上，劉就當著關一再說伯承如何、伯承怎樣。言談之間，表示他與劉伯承非常親密的樣子，關麟徵氣不過，當面不敢發作，只好第二天在紀念週上大罵，實際上，這種強調我跟劉伯承如何如何，或強調某人跟劉伯承如何如何的事，在當時，實在幾乎已經成了一種風氣，有如說：「我的朋友胡適之」一樣。人心墮落，戰志動搖，於此可見一斑！

其後，共軍攻川，消息傳來，指揮攻川共軍的果然是劉伯承，這一下，這批人心裡的高興，當然就更不必說了。在這時候，某些將領，甚至就到處探聽究竟誰與劉伯承有真關係，以便於去走這一個與劉伯承有交情的人的路子，以求將來有所攀援，一句總話，這批糊塗蟲是準備仍然把官僚手法去對付未來局面，並且準備在新貴的陣營中去鑽空子的。

劉伯承的攻勢很快，共軍從民國三十八年十月初進入川境，不到一個月，就把重慶拿下來了。拿下重慶時，跟著又把攻擊重點指向樂山縣，並在十二月中旬把樂山拿下。本來，川康交通幹線，只有兩條公路：一條就是樂西路，一條就是成雅路，樂西路就是從川南樂山縣通到西康西昌縣的一條公路；成雅公路就是從成都通到西康雅安縣的一條公路，拿下樂山，樂西公路便被截斷了，川東川南的國軍，要想再退到西康，便不可能。幾天之後，共軍又把攻擊重點指向新津，並且又把新津攻佔了，新津當成雅公路之衝，那裡有大型飛機場，抗戰時候的新津機場，已經就是中國最重要的空軍基地之一，此地一失，成雅公路又被截斷，川西川北地區的國軍便再也休想整隊退到西康去了。因之，國軍雖不欲成為甕中之鼈，又安得而可能？而劉伯承本人呢？這時候，則在距離成都約一百里的簡陽縣境指揮共軍作戰。

與劉伯承有關係的這批人，聽說劉伯承已經到了簡陽，當然更是欣喜若狂，許多人都在暗中儘早覓取連絡，以期捷足先登，劉伯承亦暗中叫人再三向他們致問候之意，等到十二月二十四日晚，胡宗南的城防部隊撤退，王纘緒於二十五日在智育電影院召開所謂治安會議時，大家就爭著籌備如何盛大的迎接劉伯承入城了。

第一次派到簡陽前線洽辦如何迎接劉伯承入城的代表回來說：劉伯承還沒有準備入城，於是派第二批代表去。第二批代表回來說：劉伯承還沒有準備入城；於是，又派第三批，第三批照樣回來；於是，派第四批，等到第四批代表回來，才曉得劉伯承已經由簡陽前線回重慶去了。他已經決定不到成都來了。對於這批人，這倒有點像晴天霹靂，何所為而來？又何所為而去呢？而且，他不來，又誰來？多方探聽，才曉得劉伯承不來賀龍來，賀龍是湘西土匪出身，也曾經在熊克武部下做過事，但他與川人有情感的較少，而且他曾經騷擾過四川，殺人不眨眼，四川人記得很清楚，「好傢伙，他來！」大家都駭了一跳，自以為是劉伯承舊友的一批人，固然害怕的了，成都的老百姓，也都有點膽寒哩！

這時候，大家都很奇怪成都是四川省會，而四川又是西南的重心，劉伯承既負責整個西南軍政事務，而且已經到達簡陽前線，為何過門不入，竟自轉回重慶去了呢？

同時，大家又在互相問訊，在這一次戰爭中，一直沒有聽見賀龍入川的消息，只聽見說賀龍在西北，正擔任著中共第一野戰軍副司令員，為什麼又忽然會在四川出現，而且就由他入成都呢？

再者，大家又問：即使賀龍進城，為什麼劉伯承就不進城一趟？

當這些問題沒有得到確切回答以前，大家疑團滿腹，劉伯承的一批舊友，固然都像冷水澆頭，就是劉文輝、鄧錫侯、潘文華、王纘緒等人又何嘗摸得著個中玄妙。他們都像頓失憑藉，若有所失呢？

但不管如何；中共既派賀龍入城，四川人誰敢說一個「不」字。懷疑也好，恐懼也好，失望也好，害怕也好，大家還不是非得籌備盛大的歡迎儀式，把賀龍恭恭敬敬的歡迎入城不可嗎？

後來，許多人才曉得賀龍是從北道入川的，他奉命率領中共第一野戰軍所屬第十八兵團從山西陝西南進，越秦嶺夾擊川康，不過，中共軍事首腦部門的戰略計劃是把國軍逼到川西平原，截斷川康交通，以免國軍進入西康，致使戰爭曠日持久，所以，中共解放軍總部就限令劉伯承從湘鄂兩省進入四川，並極力向西打，賀龍則僅在西北保持壓力，不要迅速前進，以抑留國軍於川北和川西地區，進而達成圍殲或逼降的目的。戰局的一切演變，果如共軍所料，因此，四川人便只看見劉伯承從湘鄂而來的猛攻和銳進，而看不見賀龍在西北方面所起的抑留作用，因而大家熟知劉伯承的動向，而看不見賀龍的行跡了。

事實上，當十二月二十四日晚國軍撤出成都的時候，賀龍所率第十八兵團的前鋒，確實是還遠在劍門關以外的，因為他們嚴格的遵守著中共的最高戰略指導，並沒有輕舉妄動的關係。

劉、賀矛盾與封建思想

當國軍自成都撤出後，賀龍率領中共第十八兵團於五天後到達成都。他們於民國三十八年十二月三十一日正式入城，入城之日，曾舉行盛大的入城式。第十八兵團屬於第一野戰軍，在這以前，成都人只知道中共派劉伯承主持西南軍政，劉伯承所率領的是第二野戰軍，所以都以為劉伯承縱使不入城，第二野戰軍總是要入城的。殊不知第二野戰軍儘管早已到達成都城郊，在成都五天真空中，卻從沒有一個第二野戰軍的士兵入城，入成都的卻是第一野戰軍。第一野戰軍本在西北，何以會到成都，一般人起初弄不清楚，後來才曉得那是由於前面所說：因為中共派賀龍率領第一野戰軍第十八兵團來夾擊川康的緣故。（作者按：「日本大陸問題研究所於一九五二年八月份在『大陸研究』上發表的研究報告，其在中共兵力估計方面，於人民解放軍野戰軍編製表」一欄，曾將第十八兵團誤列在第二野戰軍之內，想亦因為沒有明瞭第十八兵團之來源及中共使用第十八兵團由西北到西南來夾擊川康這一戰略之故。）但大家仍然奇怪，中共派第一野戰軍到西南來夾擊川康固然有道理，但既勝利之後，何以不把第十八兵團調回西北，是因為劉伯承的第二野戰軍兵力不夠嗎？又未見得，因為貴州無需乎駐一個兵團，再者川東和川南也無需乎要一個兵團，何況，彭德懷第一野戰軍的人數原本少，西北地區又極大呢？

再退一步說，即使因為人數問題，那也沒有理由叫劉伯承不入城呀！一方面不叫劉伯承入城，另一方面又一定要叫賀龍入城，這在成都人看來，無論如何總是不可解。

是的，這確實不可解，也就是他們在人事上確有問題，證之其後的若干行動，正顯見得這問題不僅存在，而且並不簡單。

這裡，我們先來看看十八兵團的情形，和它入城後的動態，以說明這一問題的性質。

首先，我們應該明瞭的是第十八兵團的組成及指揮系統。

第十八兵團是在山西成立的，所以它的兵士都是山西老鄉，它成立後的首次戰役是太原攻擊戰。參加太原戰役之後不久，它就經山西移到了陝西，到陝西之後，就一直與胡宗南的部隊保持接戰態勢，由西安而秦嶺而劍門關，從成立起就一直歸彭德懷指揮，屬於第一野戰軍，直到西南戰役開始，十八兵團才由第一野戰軍副司令員賀龍率領，與劉伯承配合作戰，但這並不是說它已經脫離了第一野戰軍，相反，在編制上，它是仍然屬於第一野戰軍的。在指揮上，它也並不受劉伯承指揮，而實與劉伯承平行同受中共解放軍總部的指揮的。

第十八兵團共轄三個軍：即第六十軍，第六十一軍，第六十二軍。當時的兵團司令是周士第，（周後來調中共駐日軍事代表團團長，未能到日，又調中共全國防空司令員。）兵團政委是李井泉。

（曾經作過毛澤東的秘書）。

第十八兵團於十二月三十一日進入成都後，隨即成立了軍管會，由李井泉任主任，周士第則任成都市長。擔任川西及成都警備的則是第六十軍。至於第六十一軍及第六十二軍則隨即開往西康與西藏。

依理，成都及川西既屬於西南地區之範圍，成都軍管會及川西地區就該受劉伯承所主持的西南軍政委員會指揮，這是以常識都能判斷的。但很奇怪的是成都軍管會成立以後，跟著又在成都成立了一個川西軍政委員會，這一個委員會由賀龍出任主任，王維舟出任政委，而將成都及川西與川北的軍政事務劃歸這一個委員會指揮，而不由劉伯承所主持的西南軍政委員會指揮，而川西軍政委員會也不受西南軍政委員會管轄，反而與西南軍政委員會平行，同時隸屬政務院。這樣一來，就更引起許多人的猜疑了，大家都在想中共向來強調公事公辦，決不因人設事，那麼，為什麼要將川西及成都特別劃分出來，是不是劉伯承與賀龍之間有矛盾？抑或還是毛澤東故意如此安排以起制衡作用呢？

八、西南地區劉、賀平分天下

毛澤東的制衡運用

事實上，當時的川西及成都都是第一野戰軍的天下，在名義上，當然又算是賀龍的天下，因為一切事情都由「賀老總」的名義處理，劉伯承對那一地區毫無權力，也看不見劉伯承在那一地區行使權力的跡象。不只在所謂川西軍政委員會設立著的期間，就在後來，也許因為這種辦法太不像樣，川西軍政委員會算是撤銷了，但權力現象則仍係如此。劉伯承只能偶而派一兩個人來視察一番而已。

尤其值得玩味的是西南地區的兵力部署，事實上，自從第十八兵團到達成都之後，其所轄之第六十一軍及第六十二軍就開進了西康及西藏，作為駐康及駐藏的主力，雖然，後來中共對駐康駐藏的兵力續有增加，而且第二野戰軍的交通兵團及工兵團也曾經調到康藏地區幫同修築康藏公路，但那是臨時性的，配屬性的，主力仍然是第六十一軍及第六十二軍。這兩個軍，每軍約三萬人，兩軍共有六萬人。

賀龍到成都不久，中共中央跟著又任命賀龍為西南軍區司令員，西南軍區與西南軍政委員會及第二野戰軍平行，當時，在西北，彭德懷是以中共人民解放軍副總司令員兼第一野戰軍司令員又兼西北軍政委員會主席，又兼中共中央政治局西北分局第一書記，又兼西北軍區司令員的。可謂集黨、政、軍大權於一身，在華中，林彪的情形與此相若，但在華東，則陳毅就只以第三野戰軍司令員資格兼著上海市長而已。至於華東軍政委員會為主席等職，則陳毅未能染指。而劉伯承也是如此，他只以第二野戰軍司令員兼任著西南軍政委員會主席而已；至於其他，像陳毅一樣，他也未能染指，如像中共中央政治局西南分局第一書記不是劉伯承而是鄧小平，西南軍區司令員不是劉伯承而是賀龍，何況，所謂西南地區，在兵力部署上，還根本沒有完全劃歸第二野戰軍駐紮，第二野戰軍所駐紮的地區，只是雲南全省（陳賡兵團），貴州全省（楊勇兵團），川東及川南（陳錫聯兵團，陳後來調任中共砲兵司令員），而川西及川北與西康和西藏則屬於第一野戰軍駐地，在西南地區，真可謂賀龍與劉伯承平分天下，以進軍西藏的命令來說：就是劉、賀兩人共同署名發布的。由於以上種種原因，所以很多人便推斷劉、賀之間有矛盾，其實，這並不表明劉、賀之間有矛盾，因為這些問題都不出於劉、賀本身，相反，他們兩人中的任何一個人都是沒有權力來安排自己和對方的，作此安排，不是劉、賀本人，而是毛澤東；所以，這並非表示著劉、賀之間的矛盾，而是表示著毛澤東有一種制衡性的人事安排，這

的。雖然那種態度，也只是僅存在於瞬間。但瞬間的態度，也就足使老好而天真的老百姓對他熱烈而親近了。這怎能說中國老百姓不是好百姓呢？

關於老百姓熱烈而親近的表現，這裡不妨舉一個例子來說明一下：

當十八兵團的入城行列正在春熙路南段行進的時候，在少數的騎兵部隊中，一個大約十七八歲的青年士兵騎在馬背上，大概因為那一匹馬沒有走慣夾岸人潮中的慢步；又因為那一個年輕士兵的騎術也不很高明，馬就時常發生毛病，那一個青年騎兵，既怕自己的馬影響行進中的行列，又怕自己的馬踏入或衝進參觀的人群中，所以，當那一匹馬想快跑或突然停腳不前進的時候，那一個年輕士兵就有點窘起來和慌起來。正在他窘和慌的時候，人群中忽然發出了一個女人的嬌聲：「呀！這一個解放軍好年輕、好漂亮啊！」事實上，在入城行列中，年老的與年輕的士兵都有，而這一個騎兵，不過長得比較俊美一點罷了。他在馬背上，聽見這一個女人這樣一喊，兩隻耳朵立刻通紅，他就更加窘和更加慌起來了。附近的人看了，都為之哄然。

像這種女人，當然是比較愛說話的女人，同時，這種情形，當然也不是每街都有，但是這一鏡頭，也就已經足可說明中共宣傳寬大所收的效果，因為，在過去，對於軍隊，除了北伐時候和抗戰時期以外，一般人是不會而且也不敢流露這種熱情的。

在那一個時期，在那樣一個人群中，當然也不完全都是這種對中共很熱切的人，其中，至少還有兩種人是用著另外的眼光和另外的心情在看這些行列的。一種是具有政治經驗和深刻了解中共本質的人，他們始終懷疑這些軍服上佩帶著「中國人民解放軍」字樣的共軍，是否真正馴善，他們只覺得中共又在做戲而已。他們看見賀龍坐在轎車裡，於行列前端緩緩前進的時候，他們是把他當成一隻「老虎進城來了」似的來看的。尤其可怕的，是這一隻老虎正被許多人如此熱切的歡迎著。

另一種人，那就是像作者這樣的一種人，當時是用著絕對冷靜的頭腦來觀察一切的。其目的，在了解共軍的真相和實況，無論是它的長處或短處，也無論是作者自己所喜歡的或不喜歡的，都在觀察。不只對共軍觀察，且對其有關的一切都在觀察。

「解放軍」的樣子

要看「解放軍」的各種情形，入城式是一個最好的機會。因為它這一次進城，不是零碎的部隊，而是全部軍隊。而且因為它是初次入城，所以它的全部傢俱都無法不擺在我們的眼前，要仔細觀察它，沒有比這更好的機會了。

如像很多人一樣，我是極想知道所謂「人民解放軍」究竟是什麼樣子的。入城行列一列一列的向我面前走來，它給我的第一個印象是他們較國民黨一般軍隊活潑，但體格的結實和鍛鍊的程度卻不及某些國民黨部隊。

譬如胡宗南的部隊，當他們由西北退入四川時，我們看見其中許多部隊就訓練得很好，不但身體結實，而且很有紀律，走在街上，幾乎都是目不斜視的，每一個士兵都顯得很規矩，所以，我當時就覺得：如果拋開胡宗南的用兵和帶兵不談，專以這些士兵的訓練來看，也就比我們原來所想像的好得多了。但是胡部為什麼沒有特別戰績呢？是指揮不行嗎？抑或還是其他問題？及至我在入城式時看見這大批共軍之後，我的答案就出來了。什麼答案呢？原來共軍士兵在體格方面雖不及胡部士兵結實和有鍛鍊，但卻帶得有一種自發性的活潑，而胡部士兵則較共軍士兵顯得呆板，雖然他們也是很規矩的。

關於活潑與呆板問題，其形成的原因，正如中國最著名的軍事學家蔣百里所說，一個是「內打出」，一個是「外打進」。「外打進」當然是比不上「內打出」，而這是精神訓練及政治工作的有無、及成不成功的問題，在兩相懸殊的情況下，假如再加上政治、經濟、社會、人事以及指揮上的問題，那麼，勝負之數當然就很不同了。

一九、東方紅與東方黑

入城式裡暴露的弱點

共軍給我的第二個深刻印象是他們的服裝。

他們那時候穿的是棉軍服，棉軍服裡面所鋪的棉花顯然比國民黨軍隊所穿的軍服要來得厚實得多。布料也很堅牢，決非國民黨偷工減料所製成的衣服可比。

不只堅牢，就是縫製工夫也很有講究，所有容易脫線的地方，用線很密，兩肘及兩膝更縫得結實，大小也都很稱身。

最能表現他們後方勤務做得踏實認真的是那每人都有的兩雙布鞋，無論指戰員（共軍當時稱軍官為指揮員，士兵為戰鬥員，合稱指戰員）都一雙穿在腳上，一雙揹在背包上。鞋面所用的布料很堅牢，鞋底尤其厚，不僅厚，而且所用的針線也是緊緊密密的。看了他們這兩雙布鞋，再回想有些國軍連草鞋也沒有穿的情形，雙方練兵帶兵式的優劣如何？真是可以思過半了。

除了好印象之外，我也得著一些惡劣印象。

最主要的是共軍中，除少數馴善以外，許多士兵都帶著奸狡兇惡的樣子，不說別的時候，就在入城式的當兒，他們的眼睛也是把你當作敵人來看的。這種奸狡兇惡的人大抵都是共軍的幹部，所謂黨員和積極分子。

其次是年齡參差不齊，老弱都有，年齡最輕的只有十三四歲，年齡最大的已超過了五十歲。

第三是武器陳舊，而且極不統一。即在同一連或同一排當中，有些用的是漢陽槍，有些用的是蕈造步槍，他們幹部身上雖然佩帶著短槍，而且他們都一律用紅綢繫著，以表示他們的英雄氣概，但那也掩飾不了槍枝種類的參差。至於炮兵，那更是種類不一，而且炮兵和自動武器以及馬匹都很少。

如拋開其他戰鬥條件而單以武器與體力來看，國軍是不應該吃敗仗的。假如國軍更進一步把握著對方的弱點，並充分發揮自己的長處，盡可能的採取持久而穩重的戰術以抵消對方那一活潑的長處的話，勝負之數，應可改觀。然而共軍畢竟沒有經過激烈戰鬥就勝利入城，這不能說不是國軍方面人謀之不臧。

對於這一點，不僅作者認為如此，就是國民黨方面許多敗軍之將以及起義將領看過了共軍這一次入城式之後，也感同一的歎息。他們何以到那時候才曉得呢？因為他們過去雖然與共軍在戰場上作戰多年，但共軍的實際情形，他們一直不明瞭。在這一次入城式當中，他們才第一次把共軍的情形看清楚了。

但這又怪得誰呢？事前不多做一些知己知彼的工夫，等到敵人舉行入城式的時候才曉得，為時實在已經太遲了。

時間固然是已經太遲，但這種了解，對後來川康兩省反共游擊隊的蠭起，卻又起了一定的作用，因為許多人看了共軍的入城式之後，在戰鬥力方面，就有點輕視共軍，於是這就使得反共游擊隊敢於大膽的鬧起來。這是後話，且留待後面再說。

這裡還應該附帶一提的是共軍中常常夾有便衣。有些連裡有一二十個。他們都很精幹兇狠。另外一個很有趣而為國軍中所看不見的，那就是他們之中，很多部隊都餵得有猪。入城時，猪也被炊事員趕著一起入城，在大隊伍後面緩緩前進，一直趕到他們的駐營地去。

入城時，有蘇聯塔斯社記者提著攝影機到處拍照，但也只看見一個。其他各國的記者當然是沒有的，甚至，就連新華社的攝影記者也沒有。

東方紅與東方黑

舉行入城式的當天晚上，中共黨、政、軍及文工團人員開始在各處扭秧歌，久已聞名的扭秧歌就這樣第一次公開到了成都，在國軍未撤退前，也有人扭秧歌，但那是祕密的，而且規模很小，扭的人多半都是四川大學及華西大學的左傾職業學生，所以，許多人雖然久聞扭秧歌的大名，實在還沒有見過面，這一次，如此大規模的公開扭出，無怪乎老幼男女都要爭著去觀賞一番了。

成都是一個以農業生產為主的城市，保守氣息極濃，這些共產黨人，無分男女老幼，手牽著手，邊唱邊扭屁股，說來很怪，就是這一扭，一般人幾乎就把白天參觀入城式時候所具有的熱誠扭掉了一半，有的擺頭；有的倒抽一口冷氣；有的甚至就開始憂慮自己和自己的子女將來也要來扭這種難看的玩意了。許多婦女，看過後，回到家裡，都說：「呦！好難看！好醜啊！但是也有婦女當場就去參加的，男子當場去參加的倒絕少，偶而有幾個，也是些年輕學生，一卡車一卡車開到春熙路農民銀行前面空地來參加扭秧歌的人則是那些大學生，尤其是女生，對於當場參加的人，有些人簡直就在背地裡罵他們不要臉。扭的人卻認為反對扭秧歌的人是「太落後」，「太不前進」，「封建餘孽太反動」哩！

但，不管如何，扭秧歌之風從此大盛則係事實。

扭秧歌盛行之日，也就是新的歌曲高唱之時。許多即使不願意或者看不慣扭秧歌的人也都在學唱新歌了。唱得最普遍的當然要推「東方紅，太陽升，中國出了一個毛澤東……」這一首歌，風行草偃，小孩子比大人唱得更熟，因為唱，許多小孩子都在許多反對扭秧歌的家庭內堂屋中或空地裡開始扭起來。不知怎的，這個時候，卻發生了一個意外問題，就是許多小孩子在唱這「東方紅……」之後或同時，又突然唱起「東方黑，中國出了兩個大捧客，一個毛澤東，一個是朱德……」，「捧客」兩個字是四川諺語，亦即土匪的別稱，小孩子原不知道這兩首歌所表示的意思有所不同，只圖唱得好玩，居然風行全市，連許多共幹的小孩子也唱起來了。大人們連忙封嘴，不准小孩子唱。但小孩子卻不懂得其中厲害。據中共方面說：這完全是「美蔣特務」乘機破壞和造謠，真相究竟如何？當然無從查檢。凡不利共黨的事情，中共方面照例認定那是「美蔣特務」造謠或支使的。這一件事情當然也不例外，對於類似的許多事情，共產黨照例是要追根的，所謂追根，就是「你聽見誰說的？你把他說出來！」一個追一個，一直追到底，但因為唱「東方黑」的小孩子太多，沒有辦法查，因此也就沒有追根了，好在沒有一個家庭敢再讓小孩子唱，以後也就沒有人再唱了。

迎接賀龍

前面說過，許多人原都希望劉伯承入城，因為與劉伯承有舊交的人較多，後來才知道是賀龍進城。賀龍進城是中共決定的，誰敢說一個「不」字？所以，賀龍率領第十八兵團正式入城的那一天，川康綏靖主任鄧錫侯，西康省主席劉文輝，宜昌綏靖主任潘文華，四川省參議會議長向傳義，兵團司令裴昌會、陳克非、李振、董長安等前國民黨高級將領及其他人士都不得不遠遠地跑到北門外五華里的駟馬橋邊去迎接賀龍。

賀龍本來坐在大轎車裡，看見劉、鄧、等人列隊迎接，便停車下來。鄧錫侯站在最前面很卑恭的向賀龍敬禮，劉文輝站在第二，也許他不願意像鄧錫侯那樣卑順，就走上去準備和賀龍握手，賀龍卻沒有理他，劉很難堪，但敗兵降將，又敢如何？不過旁觀的人都看得很清楚，所以入城式完結之後，賀龍不理睬劉文輝的消息立刻就在成都城裡播開來。一般人聽了，倒也覺得很痛快，因為劉文輝及其子侄在川康兩省橫行霸道，魚肉鄉民，種植和販鴉片，流毒西南，是盡人皆知的事，賀龍這樣對他，大家都認為罪有應得。

不過，那些以起義為名的降將們，對此卻有點寒心了。他們都知道劉文輝與中共的關係最深，民主同盟和民革都得過他的支持，他與劉伯承的密切關係更為他所自恃，他的遭遇尚且如此，其他的人那能不膽怯。

有人說：賀龍之所以如此，是仿效丁宮保到成都的往事。原來，滿清末年，四川官場很混亂，丁宮保奉派作四川總督，當他抵達成都東門外，百官趨前迎接時，丁宮保沒有說別的，首先就問：「成都殺人在那裡？」「跟大人回，在蓮花池」。一個官員回答。丁又問：「蓮花池是殺普通人的地方？還是殺官的地方？」「殺普通人的地方。」「我是問殺官的地方。」「啊！殺官的地方，以前沒有，要殺官，大人說在那裡，就在那裡。」「嗯！那就好！」丁宮保說了這一句話之後，把眼睛向百官看了一眼，沒有再說，就逕直入城了。百官都為之震懾。賀龍從前在四川很久，也許知道這一個故事，國民黨敗兵降將這樣多，不顯點威風怎麼行。拿劉文輝來做一次榜樣，不是很好嗎？事實上，賀龍早在四川就以殺人著名，懾於他的人正自不少，經此一來，大家當然更有戒心了。從另一方面說，國民黨這批降將，以為自己已經起義，在心理上，有些人確實自以為了不得哩！

不過，賀龍的作風，後來是不是一直如此呢？那又不然，他也還是一個有軟有硬的，何況他的作法也必須服從政策。

賀龍的作風

賀龍的作風是軟硬兼施的，關於他的這種作風，這裡拉雜的談一些，以見一般。

賀龍入城之後，住在商業街勵志社，勵志社是宮殿式建築，國民黨時代，多半用來招待外國人，賀龍住在那裡，很喜歡接見賓客，時當冬令，成都的天氣尚不十分冷，但勵志社已經升起熊熊的火爐了。賀龍經常和來賓圍爐談天。他的談興很濃，一談就是三四個鐘頭，天南地北，幾乎無話不說。

有一次，有人和他談起劉文輝的侄兒劉元琮橫行霸道的事情，他說：「他算得什麼，老子從前當軍閥的時候，酒、色、財、氣，要怎樣便怎樣，這些小軍閥怎比得上我：不過，我現在不再那樣罷了。」言下，還很有餘勁。

他曾經向人說：蘇聯的幫助中共裝備一個飛機製造廠，中共屆時就可以自己製造飛機了。一個高級中共地下工作人員當時也在坐，聽了之後，就說：「那恐怕沒有美國飛機好吧？」賀龍聽了，立刻就說：「你是中共黨員，怎麼也中了毒，以為美國飛機好？」這個地下工作人員很難過。

因為賀龍喜歡和來賓閒談，於是就有些起義將領去趁機包圍他，等他談得高興的時候，就相機把自己所要解決的問題提出來，請他解決，殊不知賀龍卻回答這一個人說：「啊！我們只談天，你有公事，你趕快去找王委員解決好了！」所謂王委員，即是指的王維舟。王維舟是四川人，係現任中共中央候補委員，到成都時，是政委。

一〇、座談會鄧錫侯劉文輝受窘

賀龍把酒論人財，哼！哼！

賀龍之所以不親自處理日常事務，據說因為賀龍正患著很嚴重的心臟病。但大的集會和對外接見賓客的事，他是來的，以他初到成都，成都及川康方面的各種業務百端待理，但他卻把許多時間用來與賓客閒談，或者到處遊覽名勝，患心臟病的說法，應有相當可靠性。

關於賀龍出席大的集會的事，可以從下一事例來看：他進成都不久，曾經請起義軍官吃飯，所有國民黨在川西起義部隊團長以上的單官都在被請之列。一番應酬之後，他就跑到側邊一桌和幾個原在成都幹地下工作的人談天，他問這幾個工作人員：「你們看這些起義的高級將領當中，誰最窮？」有人答覆他：「董長安最窮。」他又說：「你們看那一個將領最好？」有人說：「董長安最好。」董長安何許人呢？四川仁壽人，保定軍校出身，家窮，母親改嫁，原姓宋，後隨母下堂改姓董，董本人不諱言這一段事情，曾在其故鄉建立了一個「董宋大本堂」，以示董宋兩家的關係，這是他比較開明的地方。他本人初隨田頌堯，後來一直在川軍將領孫震（德操）部下，孫作第廿二集團軍總司令的時候，董任廿二集團軍副總司令，孫任宜昌綏靖主任的時候，董任副主任。董從前在四川內戰中任旅長的時候，也曾經搞過錢，不過用度大，加之，久任副職，所以比較窮些，平時不拘小節，在四川軍人中也算是比較有頭腦的，當川西緊急時，孫震與孫元良均奉命飛往台灣，（孫元良係孫震之侄），這兩位姓孫的部隊及陳書農的部隊就由董長安統率，孫元良那時的番號是國軍第十六兵團司令，所以後來董長安便也以第十六兵團的名義起義。他起義時，共有士兵六萬人，是川西起義部隊中最多的一個，加以上述他比較窮及比較有頭腦的關係，一般人都估計董長安起義後可能有前途。所以，賀龍一問，馬上就有人提起他，但是賀龍卻說：「董長安固然不錯，但這些人以裴昌會最好。」裴又是何許人呢？原來他是胡宗南所屬的一個兵團司令。論訓練、紀律和作戰，他都比一般人強，賀看中他，那是不錯的，賀之所以了解他，那是因為他們彼此對戰有年，從戰場上及從其他情報得以知道的關係。

賀又問：「你們看那個最有錢？」有人告訴他：「劉文輝最有錢。」他說：「鄧錫侯部下有一個師長叫謝德堪，聽說很有錢，而且聽說還做得有許多生意，是嗎？」大家都說「是的。」本來也是的，於是大家又把謝德堪指給他看，他看了之後，說：「當一個師長，居然攬這許多錢，哼！哼！」經過賀龍這一「哼！哼！」大家總以為謝德堪將來一定會大有問題，那裡知道，從來裴昌會董長安也僅只被派擔任成都市人民代表大會的代表，（等於市參議員，裴昌會後來雖當選為全國人民代表大會代表，但謝德堪也並沒有吃虧，他的職位不但沒有被撤銷，而且反被編入第十八兵團第六十軍正式當起「解放軍」的師長來了。川西六十萬起義的部隊中，以國軍師長職位而仍然編入「解放軍」作師長的只有三個人，一個是謝德堪，另外兩個是劉文輝手下的伍培英和劉元琮。

由此可見賀龍並不意氣用事，同時說明瞭中共的事，並不全由任何個人如賀龍者所能單獨決定，而且根據他們的整個政策和路線以及政治運用上的厲害來決定的。至於一般天真老百姓所意識的公理與是非，與過去一樣，那是根本沒有的。

不過，賀龍到成都以後，也曾經有一件事情很得到人們的讚美。這一件事情就是整修都江堰。

都江堰是川西灌縣的一個大水利工程，乃秦李冰父子所開闢。至今已二千二百餘年。它一直灌溉著川西的溫江、新繁、崇寧、崇慶、雙流、仁壽、郫縣、彭縣、成都、華陽、灌縣、新都等十六個縣所屬的農田五百多萬畝，是世界最古而且最有名的水利建設之一。但這一個都江堰每年必需加以整修。二千餘年來，就一直如此，而其歲修工程必於每年枯水季節，即每年農曆十月以後開始，次年春天完成，但一九四九年冬到一九五〇年春的這一枯水季節，卻因戰事關係，把歲修工程影響了。賀龍入城後，首先就召見水利局的負責人諮詢歲修狀況，工程人員向他當面說明歲修工程已因戰事有所影響之後，他馬上就叫水利局迅即擬出歲修計劃來，計劃擬來之後，他一看，所需人數、糧食、現款當時還用銀元數目都很少，就說：「這個數字夠嗎？」水利局的人說：「夠」。他說：「讓我們研究研究再說。」他和有關人員研究之後，知道所列各種數字都太少，於是，就把原計劃所列數字一律加多批核，並限期立刻開辦。對於這一件事消息傳出之後，一般人是很稱讚賀龍的，其實，賀龍也並不是為老百姓，不過，一般老百姓當時只以為是為他們罷了。這種稱讚直到後來他們在成都開始殺人，才烟消雲散。

共軍初到時，一般人都特別喜歡打聽共軍首長們的生活狀況。關於賀龍，大家知道他常常跟一個名叫楊尚能的人一路，楊尚能的年紀不過三十幾歲，何許人呢？探詢之下，才曉得他是現任中共中央政治局秘書長楊尚崑的兄弟，而他的大哥就是楊雁功，楊雁功是重慶三三一事件時被王陵基派隊伍當場擊斃的老共產黨員，楊雁功當時是中共四川負責人，楊雁功的兄弟輩中一共有十四個人是共產黨員，不過，楊尚能卻不是。楊尚能之所以接近賀龍是因為賀龍未入川前，楊尚崑曾經托他到成都看一看他的家庭情形，賀到成都不久，就親到楊家去拜訪，這樣他就隨時叫楊尚能常常一路。楊尚能卻有點藉此招搖，以致引得許多靠攏人士都去走他的路子。中共黨務人員不得已，才在口頭闢謠說楊尚能根本不能影響賀龍及中共方面的任何問題。楊尚能不能影響問題是事實，許多鑽他路子的人只是過去的習氣使自己徒勞罷了。但就在許多人鑽楊尚能的路子的同時，卻無意中發現了一件事，即中共方面已經把成都最有名的一家餐館「榮樂園」一個廚子用飛機送到北平去替楊尚崑弄飲食去了，於是，大家說：「原來他們也講享受！」

也許是因為賀龍怕楊尚能招搖，也許是因為其他原因，經過了一個短時期之後，賀龍就沒有要楊尚能在一起，這時候，繼楊尚能之後，時常陪同賀龍到華西壩、望江樓、草堂祠、武侯祠各處去遊玩的是前國民政府參軍長呂超（漢群），呂與賀從前都是熊克武一軍系的老幹部，雖屬舊交，但大家知道呂不能起什麼作用，加之，後來各種問題越來越緊，大家也就不再去注意中共首長們的生活狀況了。

人民座談會

共產黨以歡喜和善於開會著名，入城後不到幾天，「成都市人民座談會」果然開起來了。

參加座談會的人，都是中共成都市統一作戰部邀請的，座談會的地點即在賀龍所住的勵志社，事先，大家都不知道參加這一次座談會究竟有好多人？也不知道被邀參加的是那些分子？所要座談的又究竟是什麼題目？及至開會的時候，大家才曉得統一作戰部一共邀請了兩百多個人來參加，範圍包括：工人、商人、學生、川劇員、農民、解放軍幹部、中共幹部、民盟、民革、民建的成都市負責人以及起義將領等。鄧錫侯、劉文輝、潘文華、向傳義等當然也都在被邀之列。

多到兩百餘人的座談會，能夠個個說話嗎？當然不可能。那麼，那些人說話呢？別人不必擔心，統戰部早已布置好了。

屆時，說話的人倒真是很多，各階層都有，談話內容當然是離不開——罵國民黨——捧共產黨。其中，以工人和學生的談話最激烈，他們除了照例的捧與罵以外，工人的說話對象，立刻轉到了劉文輝的身上，說他多年來就在四川橫行不法，既在西康種植鴉片，又在西南廣大地區從事製毒、販毒、賣毒的行為。其兄弟子侄又皆無不魚肉鄉民，最後結論是劉文輝完全是一個軍閥。

工人之後，學生又起來繼續發言，這些學生當然都是在國民黨時代即在各學校從事學生運動的左傾職業學生，過去既冒過種種危險，今天勢必要出一口氣了。他們的攻擊對象是鄧錫侯，他們說鄧錫侯前後擔任川康綏靖主任及四川省主席等職務，十年來，一貫迫害學生，某一次為何？某一次又為何？激昂處聲淚俱下，把個會場說得異常緊張。

之後，鄧侯錫才站起來說話。他說：「剛才有位同學說得很不錯，我過去確實是軍閥，但我現在決定不再作軍閥了。」劉文輝也稍微自我辯護了一番，但工人和學生的意氣似乎還沒有平息。賀龍才站起來說：「過去一切罪惡是與國民黨反動派的整個統治分不開的。對於鄧錫侯和劉文輝兩位先生的問題，我們也應該從國民黨反動派的整個統治去看。」這樣，會場上才再沒有人攻擊鄧錫侯與劉文輝兩人了。

事後，有人說：鄧錫侯畢竟奸滑、畢竟受得氣，但也有人說，再受得氣也得要賀龍出來支持才行呀！賀龍究竟支不支持他們呢；問題還像謎一樣，事實上，這時候，賀龍及有關幹部，無論在口頭或文件上，都只說鄧、劉等已經「脫離了國民黨反動陣營」，並沒有肯定說他們已經「起義」啊！

二一、快樂日子短；報紙查封快！

鄧錫侯挨打

市面正在傳說中共並不承認鄧錫侯、劉文輝等人是「起義」的時候，鄧錫侯本身發生了另外一件事情。事情發生於一九五〇年一月八日解放軍已從王纘緒手裡把成都的警備工作接過來之後。什麼事情呢：就是鄧錫侯在成都東門口挨了衛兵一頓打。

要說明鄧錫侯為什麼會跑到東門口去，需得從鄧錫侯的日常生活說起。這裡不妨先來談談。鄧錫侯是保定軍校第一期炮兵科學生。個子矮小，但身體結實。每天早晨起來得極早，在以前，他照例天明即起，洗臉之後，就騎馬到城外去跑一趟。直到八點半鐘，才回去吃飯見客。而成都城外，仍然保持著古來的市集制度。在成都，對這種市集，俗稱「趕場」。各門的場期不同，譬如東門，場期一定是農曆每旬一、四、七。南門是二、五、八。西門是三、六、九。北門又是一、四、七。鄧錫侯每天清早就是按著這一個場期分別到各場去趕場的。在鄧錫侯自己看來：這是一方面可以鍛鍊身體；一方面可以表示與老百姓親近的事情。所以，除了因病或大雨以外，自民國廿七年回川擔任川康綏靖主任以來，一直維持不斷。即使偶而因為身體稍差，不能騎馬，他也得坐汽車到場上去走一趟。

這樣，對於他，當然也很有收穫，因為鄧錫侯原本就是一個有相當聰明而且具有滑稽天才的人，說話很有風趣，態度尤其圓滑，所以，他向有「水晶猴子」之稱。他每次趕場，總要下馬或下車來與一般老百姓很親熱的隨便談談，因之，一般老百姓不但對他比較熟悉，而且也比較好。

解放後，他依然每天如此。也許是因為中共討厭他這種與老百姓故示親近的行為吧，有一天早晨，就突然發生意外了。

那一天，鄧錫侯預定要到東門外牛市口去趕場，他的吉普車開到東門城門口時，解放軍所派的衛兵就用旗子命令車子停止，鄧錫侯的坐車見衛兵用旗子命令他的車停止，就停下來。衛兵過來要檢查，鄧錫侯的侍從就向衛兵說：「這是鄧主任的車子。」衛兵見侍從說話，就說，「什麼鄧主任，我不認得，我要檢查，就得檢查。」侍從不敢再說，衛兵卻走到車旁，這時候，鄧本人還坐在車上，衛兵就指著鄧錫侯說：「為什麼還不下來？」衛兵說畢，就打鄧錫侯幾槍托。鄧連忙下車。衛兵又叫鄧把衣服解開檢查，鄧只好遵從，檢查後，侍從來替鄧扣衣服，衛兵又給侍從一頓打，並邊打邊說：

「你還替他扣衣服。」認識鄧的人很多，事情立刻傳遍全市，有人說這是誤會，也有人說這是中共有意安排。但衛兵後來並沒有聽說受處分，從此鄧錫侯便不再趕場了。

快樂日子

「解放」初期，那真是一段快樂日子，「解放軍」幾乎不管任何一個人和任何一件事。在成都，早有一個傳說，說「解放軍」抓住土匪都要放。放的時候，還要問明有沒有搶到東西，如果沒有，就勸被搶的人給他們一些東西，如果搶得太多或搶光了，就勸土匪退還一半。這一個傳說，說明瞭「解放軍」是如何的寬大與如何的不管事了。大家聽到，半信半疑。及至後來，成都果然出了幾次搶案，這些搶案的發生，究竟是人民鋌而走險呢？抑或還是受了這一傳說的鼓勵，無法得知，但頭幾次，解放軍把所有已經捉住的土匪統統釋放了則係事實。

說他們多少受得有一點鼓勵，也不能說毫無根據。因為這時候，抽鴉片烟的人照常抽沒有人管；打牌賭錢的人照常打，沒有人管；妓女也照常存在；就是販賣海洛英和嗎啡的人，被檢查出來之後，他們也原物退還，絲毫不加過問。至於說不准坐黃包車的話，更是無稽。只要你有錢，一切都由你高興。為了女人搽口紅和化妝問題，民革派回四川協助賀龍的一位中央委員杜重石還特別為此發表談話，說：女人有愛美的完全自由。因為這樣，所以，大家都說解放後的日子真是歌舞昇平，無拘無束。

但好景不常，自從鄧錫侯挨打的新聞傳出來以後；跟著又在街頭髮現了清算官僚資本的標語；中共川西區黨務委員會所組織的成都市工作團也宣布成立，而且到處祕密活動；說「美蔣特務」仍然潛伏，希望大家提高警覺的警告也由《川西日報》提出來了；各種調查，都在暗中活動，表面上看，雖還沒有什麼特別情形，但空氣已經逐漸緊張起來了。於是，就有人私自去問中共方面的人員，何必把空氣弄得太緊張，不讓大家自由自在的快樂下去。中共方面的人說：「這種自由生活，原本不正常。我們既對人民負責，我們就不能讓這一個社會長此的這樣鬆弛下去的。你要曉得：這種自由而鬆弛的生活，原不是人民所期待的解放生活啊！目前之所以有這樣一段生活，這是因為我們初來，一切情況，尚未明瞭。毛主席說過：『不明瞭情況，不能發言。』何況，我們還必須先做各種接收工作。等到接收工作有頭緒，各種情況也逐漸掌握，我們就要向既定目標前進了。你應該知道，我們原就不是主張自由，而是主張鬥爭，我們今後的一切，都將從鬥爭著手。」

這一個中共人員說的話，一點也不假。對於那些憧憬自由的人，我們雖然認為這就是人性，但他們認為這都是小資產階級的意識和個人主義以及自由主義在作祟。中共認為這類意識都是應該排除而且根本不值得考慮的。共產黨之不近人情，往往就是如此。

軍管會與市政府

十八兵團入城之後，中共即著手籌備成都市軍管會。不過十天，成都市軍管會就正式成立起來。從中共的理論上講，任何新解放區，都是要經過軍管時期的。軍管會便是軍管時期的最高管制機構。軍管會設有主任及副主任，其內部更設有辦公室及行政、交通、公安……各處。成都市軍管會主任一職，一般人都以為將由十八兵團所屬的第六十軍軍長出任，再不然，就會由十八兵團司令員周士第出任。殊不知，後來出任主任一職的並非第六十軍軍長，亦非十八兵團的司令員，而是十八兵團的政委李井泉。至於周士第則反而不過出任在軍管時期不佔重要地位的成都市市長而已。

在國民黨軍隊裡，大家總是看不起政工人員的。但在「解放軍」裡，政工人員最有權，亦最受人重視。由李井泉出任軍管會主任而不由周士第出任軍管會主任，可以想見一切。

李井泉出任主任之後，大家都很留心他的出身和背景。多方探聽，才知道李井泉是湖南人，曾經在毛澤東身邊作秘書多年。個子是矮矮的，甚至背還有點駝，但是他有背景。在人事上，他不但無需仰承周士第的鼻息，就是賀龍，他也不甚賣賬。

至於周士第，到成都以後，出風頭的日子倒還很少。因為市政府的組織規模小，而且權力不高，所以大家都常常談起李井泉，而少於談到周士第。其實，周士第在中共方面也還是很有戰功的人。他是黃埔二期畢業的，海南島人，到成都不久，就被派為中共的駐日軍事代表團團長。但中共既沒有能夠取得到日本參加盟總的資格；所以，周士第這一個代表團團長便沒有能夠到差。後來，就轉任中共降落傘部隊司令員；最後，復轉任為中共全國防空司令員。這是有關周士第的後話，且不談他。再說中共當時除在成都成立了軍管會之外，又在川西各縣分別成立了軍管會，對於整個川西，則設置了一個川西軍管會來統制它。川西軍管會之外，又設置了一個川西行政公署。而這兩個機構又都由李井泉出任主任。一九五三年九月中共成立四川省人民政府，李井泉復出任省主席，兼四川省軍區政委。前面說過，「解放」初期，中共曾經在成都設置過一個川西臨時軍政委員會與西南軍政委員會平行，由賀龍任主任，王維舟任政委。統一指揮川西軍管會及行政公署，但這川西臨時軍政委員會實際只是一個空架子似的機關，真正權力，卻還在李井泉手上。仔細分析中共的四川人事布置，說李井泉是當時毛澤東放在四川的一枚重要棋子，那是不錯的。

報紙的滄桑

軍管會成立之後，許多工作跟著就開始推動了；其中，最使人覺察到的是許多家報館被查封。因為市民們每天必須讀報，尤其是時局有變化的前後一段時間，這些報紙突然停刊，市民們當然立刻就知道了。

在成都，第一家被查封的是《新新新聞》。軍管會新聞處貼在《新新新聞》大廈的布告說：「國民黨反動派CC四川頭子陳斯孝所主持的《新新新聞》……」其實，陳斯孝不過是該報三個股東之一，說他個人親近國民黨是真的，但如果說該報是CC的報紙則絕對不確。事實上，該報是劉啟明、馬秀峰與陳斯孝三個人在民國十幾年的時候，以報人自己辦報逐漸起家的。後來的銷路每日到達了三萬多份，成為成都市第一家大報館。論資本，它實在算是民營。不過，中共對報紙很重視，管制亦極嚴，除了他們自己的黨報或他們所控制的報紙以外，無論你是民營抑或國民黨方面所營，都是一概不可能存在的。所以，除了早已由中共方面掌握了的成都《工商導報》以外，其餘大小報紙約二十家，都一律自動或被動停刊了。就是陳銘德在成都所辦的《新民報》也不例外。繼之而起的是中共川西區黨務委員會所辦的《川西日報》。《川西日報》係中共接收成都《中央日報》所改辦。雖然是一個地方性質的黨報，但形式和內容都和北京人民日報與重慶新華日報差不多。所不同的是《川西日報》社長田一萍的表面身分是民主同盟中委而已。

關於這一點，有人認為中共的手法很高明，因為它居然讓一個民盟的人來主持中共的黨報。但也有人認為這個足以暴露中共黨員滲透到民主黨派內部而且用偽裝的身分來操縱民主黨派。因為許多人都知道田一萍是中共黨員。

成都各家報紙停刊之後，又加上《川西日報》才出來，所以，在開初，大家都爭著買《川西日報》來看。及至看到《川西日報》盡是一派黨八股，既無國際消息，又無社會新聞，讀之興趣索然；

於是，大家都輕而去看《工商導報》了。

在以前，除了要看商業行情以外，一般人是不喜歡看《工商導報》的，因為它登的都是枯燥無味的金融消息，副刊的篇幅很小。但《川西日報》比《工商導報》更枯燥，《工商導報》就因之反而走紅起來。

《工商導報》本來是成都元昌猪鬃公司董事長藍堯衢出資創辦的，但後來為中共黨員所掌握，藍已不能支配該報，「解放」後，藍脫離該報，但隨後被槍斃。在成都第一個被槍斃的新聞記者是唐澤陵，因為他偷聽收音機，聽見美國之音報告麥克阿瑟指揮仁川登陸，他把這消息告訴朋友，終於給中共的工作人員知道了，說他造謠惑眾，結果被槍斃。

一二、調查情況人人膽戰心驚

工作團的工作

報紙起著滄桑變化的時候，也正是中共川西區黨務委員會組織的工作團開始活躍的時候。

活躍些什麼呢？顧名思義，它是在做工作。什麼工作？它在名稱上沒有指出一定的範圍，但正因為它沒有一定的範圍，所以它的工作範圍就異常廣泛。最主要的工作卻是調查。它所要調查的項目極多；諸如：人事動態；物資狀況；官僚資本；學校及學生情形等等都是。

工作團的內部組織是祕密的，團員也都是便衣人員，所以，它的組織規模究竟有幾大？人員有幾多？一般市民都不知道，但由於他們的調查工作在很廣泛的展開，因而知道它在每一個行業，每一個地區，都有一個分團，分團之下有支團，支團之下又有若干小組而已。

關於調查工作，他們是深入下層的，他們尤其喜歡從你的內部著手。譬如：他們調查物資的屯集問題，他們多半是利用堆棧內的小工或職員來向它報告。報告之後，他們把它暗中登記起來，如果是普通物資，它可能暫時不過問，要一直到清算、鬥爭或徵稅、買公債的時候，你如果自己不坦白，它才向你指出。因此，很多貨主，自己的物資早已被工作團暗中登記了，自己還不曉得。如果物資的來源不明，或者這種物資可作軍用；那麼，它就認為你有勾結國民黨反動派替他們掩護物資，或串通他們盜竊國家資產的嫌疑，而要受盤查及偵訊了。

對於這類物資，他們都通知有關的接管委員會來辦理。譬如：輪胎、汽油一類東西，就通知交通接管委員會；黃金、白銀一類的東西就通知財經接管委員會。由這些接管委員會出面來查封、訊問以至處理。當他們認為你的物資有某種嫌疑而他們又提不出證據來時，他們常常就叫你提出你沒有犯罪的證據，而這是使得很多人啼笑皆非的。膽小的人，只好把物資放棄了事。但商人們還怕他們硬說你有罪，以至損失了物資不說，人的安全還會成為問題。

他們掌握情況，很少根據當事人的正面報告，他們通常都是利用內部矛盾來掌握實情。譬如：這一家銀行是否有官僚資本？現存金銀若干？他們都不相信這家銀行經理或董事會所提出的報告，而總是從職工當中去了解，等到他們拘捕你或者六七個幹部用六個鐘頭輪流問訊你的時候，他們大概早已把你的情況掌握得很清楚了。假如你可以為你可以隨便說，那就是你自己愚蠢了。他們的作風是先暗中切實掌握情況，在不動手之前，決不打草驚蛇，這一點，說來，他們真是做到了的。

調查官僚資本

工作團展開工作以後，使一般起義將領和資本較雄厚的工商業者感覺最不安的事，是調查官僚資本。

所謂官僚資本，其解釋權完全操縱在中共手中。同時這一個名詞的含義也很含糊，許多商人，對於自己的資本究竟算不算官僚資本，自己也不明瞭。他們最不安的地方，是自己公司之內，誰是官僚？誰不是官僚？自己無法確定。譬如：鄧錫侯：潘文華、劉文輝等人的資本大概是官僚資本，這是較易確定的。但他部下的某一個軍長或師長的資本又是否是官僚資本呢？想來，大概也是。如果某一個軍長或師長的資本是官僚資本；那麼，某團長某營長某連長某排長的資本又是否官僚資本呢？這就比較難於劃分了。因為中共對於所謂官僚，並沒有定明官職的高低和大小。如果都是，那麼，從前當過官的是否算是官僚資本呢？如果從前的不算，現任官僚才算，那也比較容易區分，但中共對此也沒有定明。假如也都算是官僚資本；那又上溯到何年何月為止？再者武官如此，文官又是否如此？較高級的文官如此，小公務員又是否如此？如果都是，範圍是未免太大，如果並不都是，則界限究竟如何劃分？這是從人的方面來說的話。再說是他的來源與數字問題，因為有人說；關於官僚資本，可以從他的錢的來源看是否由當官得來而確定。但誰知道別人的錢是當官得來或從什麼地方得來呢？至於數字，其大小也無明文規定；所以，關於官僚資本，處處都是問題。由於處處都是問題，於是，各銀行、公司、商店都著起慌來。就是那些自己的祖父或父親曾經作過官而已去世，或者自己在十年二十年之前作過軍政人員，現在雖然早已洗手不幹，也個個誠惶誠恐。所幸工作團的工作人員，最先還只特別著重調查鄧錫侯、潘文華、劉文輝等一般大官僚的資產，所以一般市民得以苟延了一時。據工作團方面透露：他們在開始工作的一個月以後，即已將官僚資本的調查工作基本完成，單以劉文輝一家人所擁有的農地來說：即有良田四十萬畝。算是四川的第一個大地主。這可能沒有錯，因為遠在民國二十年四川內戰時，別的軍人指責劉文輝的電文，已經有「田連數縣，甲第成街」的話。中共現在不過透露了他的一個確數吧了。

以調查工作的嚴密而論，那真是非常詳盡的。譬如：有關鄧錫侯的調查，許多工作人員就曾經分別到可能與鄧錫侯有關連的每一機構去研究。如像鄧的同鄉所開的一家小旅館以及鄧舊部所開的一家僅有二輛汽車的某運輸公司，他們都曾經詳查；於此，就可見一斑了。

地下性的調查工作

對於中共在四川方面的調查工作，如果我們以為它是到了成都之後，組織了所謂成都市工作團才開始的話，那就仍然不算深刻了解中共對調查工作的重視和積極，尤其沒有了解到中共地下性質的調查活動。事實上，它的地下性質的調查活動是開始得非常早的。這裡，不妨舉兩個例子——一個是關於物資的；一個是關於人事的來說明。

關於物資方面的例子：事情遠在民國三十七年冬天，那時候，徐蚌戰役（中共稱徐蚌戰役為淮海戰役）雖已結束，但共軍尚未渡江。西南大後方，在表面上，還處在完全平靜狀態中，國民黨駐成都的空軍司令部，曾經照例的標賣了一批破爛飛機和汽車，那一批破爛飛機和汽車，當時是由成都東方鐵工廠出面以一百二十條黃金（每條十兩）標購了的。實際上，這一筆買賣並非東方鐵工廠一家所做，而是若干商人共同集資承購的。購買下來之後，這些商人就把這批東西分別堆集在成都東門外及南門外的倉庫中，準備整修一部分車輛來出賣。其餘不能整修和不能拼湊的東西，再作其他用途。據標購的人估計：這一筆買賣，大致可以賺一百五十到二百條黃金。只是必須花費一年的時間才能處理完畢而已，那裡曉得民國三十八年（一九四九）七月，即承購後的七個月，亦即「解放」前五個月，參加東方鐵工廠標購這一批東西的各股東即分別接到「中國共產黨成都市特別工作隊」發來的信，說這批商人串通和勾結國民黨官員盜取國家財產，然後警告他們，立即停止處理這批物資，並應好生保管，俟「解放」後，聽候發落。

關於人事方面的例子：原來四川省會警察局，有兩個大隊，一個保警大隊；一個是偵緝大隊。偵緝大隊的大隊長余聞翰是四川隆昌縣人，成都易守後，軍管會公安處成立，該處即向其內部人員提出了一個四川全省國民黨各級特務機構，及其人員的名單。其中，關於余聞翰名下，除階級成分、出身、年齡、家庭等記錄甚詳外，並另外註明「人矮、鼻子大，在原籍時，綽號佘小娃。」等字樣。而成都方面是不知道佘聞翰有此綽號的，後來問隆昌人，果然無誤。

於此，可以知道中共是如何的早已在積極進行調查工作了。不僅成都方面如此，西康及重慶方面也是如此。據公安處的人說；他們是在山西奉到命令將要向四川進軍時，就已開始搜集了的。其中一部分，係中共中央公安部所供給。而每一個共產黨員又都是有義務和責任搜索這一切資料的。雖然他們每人另外還有戰鬥和組織工作要做。依照共產黨的規定，每一個黨員都必須是一個情報員。

會師典禮

「解放」後不久，中共就在成都商業街勵志社舉行了一次「會師典禮」。所謂會師典禮，一般不明瞭它的真正含義的人，總以為這是「人民解放軍」所屬第一野戰軍與第二野戰軍在川西會師所舉行的一次典禮。其實，它的內容卻不是那樣的。原來，他們所謂會師，指的是進入成都的「解放軍」與中共在成都原有的地下工作人員會師而言。

在那一次會師典禮中，雙方出席的人很多。「解放軍」方面的賀龍、王維舟、李井泉、周士第等都出了席。地下工作人員方面則胡春圃、羅紹漁、郭勛祺等也都出了席。中共川西區黨務委員會的黨委們也都出了席。場面是十分親切和熱鬧的。他們互相祝賀和互相勉勵了一番。第二天，《川西日報》也正式公開而且強調的登載了這一件事。

他們為什麼把這樣一種會聚看成是一種會師呢？依照共產黨的組織，每一個黨員都是組織員、戰鬥員、情報員、宣傳員，所以，中共中央就一直把它在某一區的地下工作看成在某一區的戰鬥工作。這一地下組織，亦即是一個戰鬥組織。它與「解放軍」的區別，僅僅是：一個在地面上而且公開的，另一個是在地面下而且是祕密的而已。其同為戰鬥組織，同為戰鬥隊伍則相同。以其同為整個黨的一部分之故。因此，「解放軍」到達了某一地區之後，地下人員即正式出來和地面上的「解放軍」會師。依據共黨主義看來，這本是必然的。僅因國民黨統治時期，從來沒有這種事；所以，大家不免奇異罷了。

因為會師典禮是這樣一個內容，所以，會師典禮舉行之日，從前的地下工作人員就該一律把面具正式揭開了。而成都市民，對於究竟誰是中共地下人員？誰不是中共地下人員？大家都是很有興趣的。於是，大家都很留心究竟那些人會去出席。

事實上，是否所有地下工作人員都一律會去出席呢？出席典禮的人，其身分固將證明無疑，但是我們必須明瞭的是每一個地下工作人員，卻並不一定去出席。這是因為中共儘管在宣傳上說他們將在「解放區」公開他們的黨，而實際上，則仍然要保持它組織上的某些祕密和人事上的祕密。同時，它還要繼續進行它的地下工作啊！

那一天，許多重要地下人員都沒有出席。出席的人則都是經過中共組織方面的安排和決定，準備不再保留身分的人。那些並不出席和並不露面的人，則是中共有意叫他們隱藏身分，以便扮演其他角色或繼續作地下工作的人員了。

一三、分贓職位幹部衝突起暗流

深水炸彈

對於不出席會師典禮，以及不在任何場合暴露中共黨員身分的人，中共方面，對於這種人，有一個名詞，叫做深水炸彈。

深水炸彈的作用，顧名思義，不言可知。

在成都方面的深水炸彈，有的埋在工商業方面，他們的表面身分是廠商或是普通商人，可能擔任的職務，則為成都市或川西區人民代表大會的代表，工商聯合委員等一類名義。埋在民主黨派方面的人，他們的表面身分是民盟或民革的中委、省委、市委，可能擔任的職務則有人民代表、政府委員一類名義。此外，也有藉某種職業作掩護，繼續作生意的人。如前面說過的前川康綏靖主任公署少將高參韓百城就是一個例子。他原本在成都開得有一家飲食館名「長美軒」，「解放」後，中共高級方面曾一度考慮派他充任行政專員，但終於還是決定讓他繼續潛伏，作深水炸彈。於是，他的長美軒就由成都擴張到了重慶，因為他與川康各方人士本來很熟，所以，他的長美軒，座上客常滿，所有起義將領，民主黨派和靠攏人士都愛到他那裡去談天和吃飲食。酒後露真言，韓百城就很不費力的坐在那裡收集這些人的情報。有人說，「解放」後，劉伯承來了，韓百城仍然沒有做到官，可見韓百城不是真正的中共分子，其實，他倒是一個不折不扣的深水炸彈。

在辨別某人是否深水炸彈的時候，切不可把中共外圍地下工作人員誤認為黨員，及見這些外圍地下工作人員沒有出席會師典禮，便以為這些外圍地下工作人員一定是深水炸彈了。其實，工作關係與組織關係，在中共看來，完全是兩種關係。其主要原因，是中共一直把工作上的人事關係區分兩種。一種屬於它的組織以內的，換言之，即是說這些人都是它的正式黨員或預備黨員；一種是與黨的組織無關，即是說他既非黨員亦非預備黨員，但卻在替它做工作。這種人，無論其位置的高低，任務之重要與否，他都只是地下性的外圍工作人員，而非黨的組織中之一員。對於這種人與中共的關係，中共通常稱之為工作關係。

有這種工作關係辨人，在「解放」前，為數極多？譬如王纘緒，也可算為其中之一。但因為這類的人也曾經做過地下工作，所以，很易被人誤認為中共黨員。實際上，他是沒有黨的組織關係的。而這種只有工作關係而無組織關係的地下工作人員，是沒有資格出席會師典禮的。他們不但沒有出席資格，後來，正和其他異黨的對象一樣，仍逃避不了鬥爭和清算。須知，中共的敵我劃分原是極嚴的。

軍管會的人事問題

在成都市軍管會成立的時候，關於會內各廳處主管人的人事問題，中共內部也曾經發生過爭執。這爭執並不是賀龍與李井泉之爭，也不是李井泉與周士第之爭，而是軍管會的人事由那一方面產生之爭。在一般人想來，中共內部是不會有什麼人事問題的。其實，它還是有。不但有，甚至還很厲害。

在成都，他們的主要爭執點是軍管會內部各廳處的負責人由那一方面的人來擔任的問題。在新到的「解放軍」與地下工作人員之間，是全由十八兵團的人來擔任呢？還是全由地下工作人員來擔任？在地下工作人員方面意見，認為十八兵團的幹部，差不多都是山西人，對於成都的情形根本不熟悉，因此，軍管會各廳處的主要負責人應該派原在成都地下工作人員來擔任才對；但另一方面的意見，則認為地下工作人員在成都太久，雖然熟悉當地情況，卻具有相當濃厚的小資產階級意識，而且對於馬列主義的書籍讀得太少，（因為有關馬列主義書籍在「解放」前被列為禁書，因之他們不易讀到）無法掌握政策和原則。所以，認為軍管會各廳處的負責人應由新到的「解放軍」來擔任才是。兩相爭執的結果，十八兵團方面的意見佔優勢，於是，地下工作人員方面開始讓步，他們主張：雙方人員，配搭使用，譬如：行政處處長是十八兵團方面的人，則交通處處長就使用地下工作方面的人，公安處處長的人是地下工作方面的人，則財經處處長就使用十八兵團方面的人。但這一意見也未被接受。於是，地下工作方面的人再讓步，主張各處處長都由十八兵團方面的人擔任，但各處的副處長則由地下工作人員方面的人擔任，以收配合之效。這一意見，仍被否決。結果，只把軍管會秘書長一席派三年前曾經在成都作過地下工作人員，這一次才隨十八兵團回到成都來的杜佛生擔任，以敷衍地下工作人員這一方面。但近三年來，杜佛生一直沒有在成都做地下工作，嚴格說來，他已經不能算是地下工作人員，所以，地下工作人員方面對此很不滿意。也只好算了，因為中共中央曾經有一個決定，就是在新「解放區」，「解放軍」與地下工作人員會師之後，如果新到「解放軍」與原在該地的地下工作人員對於工作人事有衝突時，應以新到「解放軍」的意見為標準。中共中央之所以曾經有此決定，這是因為其他地區，如像武漢初「解放」時，就曾經發生過同類爭執的關係。這一種衝突，這一次又在成都發生，自應依照前例辦理。其實，在地下工作人員與「解放軍」的爭執中，地下人員，後來打的敗仗還很多，事實上，地下工作人員之中的許多人，後來簡直就被鬥爭得一塌糊塗，許多有十年以上的黨齡的老黨員的黨籍，即使曾經為工作被囚禁過多次，甚至也幾乎都被否認其黨籍，其殘酷一至如此。

但這裡應該一提的是成都軍管會與重慶西南軍政委員會之間的微妙問題。

前面說過，成都市軍管會是由第一野戰軍第十八兵團的人所組成的，其行政系統也是接受賀龍的川西臨時軍政委員會的命令和指導，與重慶方面劉伯承所主持的西南軍政委員會無關。但是所謂川西，在實質上，當然應該屬於「西南」範圍，如果在人事上對劉伯承西南軍政委員會完全不理，那也未免太難看。共產黨雖然不大講面子，但他們還是懂得敷衍，何況他們一直注重所謂策略或運用呢？

這樣，成都方面就特別把軍管會辦公廳主任一席，請劉伯承推薦，劉伯承答應了，他把他的一位姓廖的親戚推薦了來。這位姓廖的是四川開縣人，係劉伯承的小同鄉，到職以後，即是後來一般人所稱呼的廖主任。

廖主任當然也是中共黨員，不過，也許因為年紀輕的關係，看起來，大致只有二十六七歲吧？很注重氣派和裝束，所謂裝束，他當然不能自製什麼奇特的服裝，穿的也還是一般幹部所著的棉軍服，但他把它燙得很挺，而且洗得很乾淨，不像一般幹部那樣滿身油膩，骯髒不堪的樣子。平時出來，喜歡挺著身子走路，一出軍管會大門，前後四個警衛員佩著卡賓槍扶著腳踏車相隨，他走在中間，做出很威武的樣子。

在「解放軍」中，一般主管人都有警衛員，高級一點的，就有兩個乃至四個。但像廖主任那樣特別注重自己氣派的幹部卻還比較少。

西南軍政委員會對於成都方面，也曾經派人來過，不過，報紙上對此卻並沒有作過什麼渲染，因此，知道的人也不多。他們不過四五人，默默地的到了成都，又默默地回去了重慶，不能說他們在視察，只能說他們在側面了解而已。而劉伯承本人呢？自從一九四九年底到達簡陽前線，沒有進成都就突然回重慶之後，就一直沒有到成都。依理，成都是四川省會，川西且為西南的穀倉，成渝兩地距離匪遙，他是應該到成都來看看的。然而他畢竟一直沒有來，這其中，說沒有人事關連，許多人都不相信。但如果說西南軍政委員會與川西第一野戰軍所組織的各級軍政機關，有明顯而一定的衝突，則又缺少事實作根據，說他們的關係很微妙，那倒是較為恰當。總之，認為他們沒有人事問題，那是錯誤的，認為他們的人事問題很嚴重，嚴重到非起衝突的地步也是一種錯誤。

警衛員

說起中共的首長，馬上就使人想起隨時跟在他們後面的所謂「警衛員」來。

警衛員是甚麼呢？這是中共特有的一種制度。拆穿來說，所謂警衛員實在也就是軍閥時代和國民黨時代所謂的勤務兵。僅僅是：勤務兵雖然也可以見之於編制，但卻沒有像中共那樣自成一套人事系統，以至成為一種制度而已。

說警衛員是一種制度，並不過份。主要原因是中共對它所屬的黨、政、軍各方面負有相當職位的幹部，它都替他配屬得有一定數額的警衛員。他並非私人，他也並不是組織上給你一個名額，由你自己去找，有如過去一樣，而是所有警衛員都由黨調派。平常一般幹部都說這是由「組織派」。最特殊的一點，就是所有警衛員，無論他是否完全適合你的需要，他都只能在你左右幹三個月，三個月以外是例外。三個月之後，他就到別處去了。那裡去了呢？你不能過問。因為這是屬於整個組織的一種調遣，黨的方面，是有專人負責這種調遣的，你無權過問。

初「解放」後，老百姓看見共幹們隨身帶得警衛員，都很奇怪，但還只以為他們喜歡使用勤務兵，當初，老百姓只以為警衛員就是勤務兵，後來才曉得這是一種規定。而且警衛員與勤務兵也大有區別。

普遍的看，所有的警衛員都很年輕。一般都只十七八歲。最大的也不過二十歲。他們都是從各方面挑選出來，受過專門訓練之後，才派來充當任務的。在表面上，他們的任務是警衛被警衛者的安全，附帶的任務，則做點雜務，甚至幫同帶帶小孩。而中共方面所宣示的另一意義，則是讓這些警衛員能夠隨時向首長和幹部學習，在他們的理論上講：警衛員並不比任何人低，也不此他所警衛的人低，僅僅是分工和階段不同而已。有很多警衛員，稱呼他所警衛的人，如果他姓張，就稱呼為「老張」，姓魏，就稱呼為「老魏」。作者曾經親自聽見軍管會行政處趙處長的警衛員稱呼趙處長為「老趙」，但是他們是否稱呼賀龍和李井泉一類人也叫「老賀」或「老李」呢？卻沒有。他們以及其他幹部，都稱賀、李等人為「首長」。

事實上，因為他們負有學習的任務，所以，他們都得留心他所警衛的人，絕不隨便離開，對於他所警衛的人的言行和生活，警衛員每天都有日記，專司警衛人員人事的組織機關，是要核閱這些日記的。據說：這就是考核。因為這樣，所以有人認為這簡直就是中共內部的一種特務制度，一種內部監視制度。使主要幹部一點都不敢亂說亂動。

一四、徹底剝削厲行兩繳一禁

指戰員的一般生活

中共在沒有制訂軍官服役制度以前，「解放軍」的軍官稱為指揮員，「解放軍」的士兵稱為戰鬥員，從前，國軍合稱軍官與士兵叫全體官兵。共軍則合稱為全體指戰員。

指戰員的一般生活情形是怎樣的呢？這裡從衣、食、住、行各方面來約略談談。在當時，幹部與士兵的衣服是完全一致的。無論職位高低，也無分男女。都是一套棉軍服。走在街上，你要分別他們是男是女？只有看看他們八角帽底下有無頭髮。因為女幹部，如像普通婦女一樣，都還是留著頭髮的。

指揮員與戰鬥員的衣服雖然不同，但飲食方面就很有區別了。高級首長如賀龍、李井泉、周士第等人吃的都是「特灶」。所謂特灶，便是首長想吃什麼？廚房便供給什麼的意思。其次是「小灶」，這是軍長或師長吃的雞、魚、鴨、肉都有，而且讓你在家裡單獨吃。再次就是住在機關裡或住在軍營裡的團級人員吃的，四菜一湯或六菜一湯，四個人或六個人一起吃。至於一般下級幹部與士兵所吃的則叫「大灶」，這種大灶，通常都是八個人吃一大盆類乎雜燴一樣的東西，其中的主要材料包括：猪肉、豬肝、白菜、豆腐、青菜、黃豆等。每餐都有肉，份量也相當多。如果與國軍士兵所吃的伙食相比，那麼，共軍的伙食是好得太多了。這是解放軍的戰鬥員很少有面黃飢瘦的原因。他們所謂「支前」，所謂「一切供應前線」，是確實做到了的。至少，他們是做到了盡量供應的程度。這與士氣很有關。因為懂得馬列主義，信仰馬列主義乃至願為馬列主義奮鬥犧牲的人畢竟不多，不說是戰鬥員，就是一般指揮員又何嘗不如此！雖然許多共軍戰鬥員被迫參軍的情形，與許多國軍士兵徵兵被綁的情形並無本質上的差別，但那些來自田間的農民，只要比在家裡還穿得暖，吃得好，指揮他們，驅策他們，當然就更較容易了，何況共軍中的政工人員還比國軍中的政工人員善於運用群眾和麻醉群眾呢？

在「解放軍」沒有定出什麼元帥、大將、中將、少將、上校、少校、中士、下士、一等兵、二等兵一類軍階以前，共軍中是沒有國軍中那種久已存在的階級區別的。但他們也有所謂「師級」、「團級」、「營級」、「連級」等類似的階級存在，事實上，他們的伙食就是按照這種區別來劃分的。而且，在黨、政方面的幹部，也通常以相當於此類「級」的標準來作供應。而所有供應，無論特灶、小灶、大灶，則都是公家開支的。發給幹部及士兵個人的，只有少數零用和紙煙等配給物而已。當時，幹部的零用費是每人發給人民幣二萬五千元。

事實上，在供給制之外，中共也在施行一種薪給制。即發給較多的人民幣作為薪水，而在衣、食、住、行各方面則不予配給。

一般說來，供給制只施用於它的核心組織及「解放軍」。而薪給制則施行於它的一般外圍組織，比較臨時性的組織以及一般公務機關和學校。

在「解放軍」及軍管會方面，因為它所實行的是供給制，所以，他們的日常生活，就發生了另一個現象，這另一個現象，就是他們的幹部常常吃館子。他們出來吃館子，當然不是丟下已經預備好的飲食不吃，而是因為外出或因事延誤時間才出來吃的。而他們的事情，又是那樣多，再加上有些幹部有時候也想藉故出來吃好點，所以，這出來吃館子的情形在當時就隨時可以看見了。他們吃館子，因為可以實報實銷，所以他們也就借此大吃特吃。四川人本來講究吃，館子原本很多，在從前，商人及國民黨的軍政人員是常常吃館子的，但也沒有他們來得多。「解放」後，一切大小館子，幾乎都是他們的天下。事先，許多做館子的人，都擔心「解放」後沒有生意，那裡曉得，走了和跨了一批食客，卻又來了更多的食客呢？在他們吃館子的時候，館子方面只需要替他們打一張條子讓他們回去報銷就行，手續既簡單，而且決無拖欠或打折扣等事情，於是，飲食店的老闆，皆大歡喜。一直到徵稅和捐獻時，才曉得算來算去也並沒有什麼收益。

除了館子生意好以外，娛樂場所的生意也很好。「解放軍」及軍事機關的幹部，常常大批大批的看戲。他們看戲多半都是集體購票，而他們之所以這樣踴躍的去看戲，差不多都是黨的組織及宣傳方面所發動。購票費用，各機關部隊都可以報銷，所以，不愁沒有錢。在中共的看法，看電影與看戲都是一種文娛活動，而其意義不僅可以調劑幹部們的身心，同時，它也有一種教育和學習的機會，因此，對於共軍幹部來說，看電影與看戲不僅是一種權利，同時，也就成為一種義務了。說他們沒有不看戲的自由，那也並不過分。

幹部們，平時自己掏錢，個別的去看戲的人很少。大批幹部集體去看戲時，首長們也常常帶著他的太太，警衛員則抱著首長的小孩一路坐汽車去看戲。因此，戲院門口，通常都擺著大批汽車，比國民黨時代更多。所不同者，以前純粹是個人行為，「解放」後，則係由於組織與宣傳部門所發動而已。此外，一般幹部平時也很愛打牌，公開的打樸克，不過，他們不敢公開賭錢，通常都僅僅賭一點紙煙一類的東西，據說這不是賭博，是文娛活動。

第一個行政措施

川西臨時軍政委員會成立不久，繳糧、繳槍、禁用金銀的布告，就在成都街頭各處和川西各縣及所屬各鄉鎮上貼出來了。

這是「解放」後，中共對川西方面在統治上所表現的第一個行政措施。所以，大家都爭著去看，這第一個行政措施包括三個大問題。即：繳糧、繳槍、禁用金銀。

關於繳糧部分，中共要追繳一九四九年度國民黨統治時代的糧。它規定所有農民都要繳納。未向國民黨反動派繳糧者應繳，已繳或尚未繳完者都一律全部重新繳納。

關於繳槍部分，中共說：國民黨反動派退走時，遺留、暗藏、流落在四川民間的槍非常多，限令所有持鎗或埋槍的人立刻繳出。

關於禁用金銀部分，是禁止金銀繼續流動，銀元應按照每元換人民幣六千之比率向人民銀行兌換；黃金則按每兩七十萬人民幣向人民銀行兌換。

一般老百姓看了之後，議論紛紛，民情激動得立刻高漲起來。不願意把自己的金銀拿出來兌換，是人之常情，自不必說，最主要的，是一般人認為中共不應該追繳一九四九年度國民黨統治時代的舊糧，因為國民黨已經走了，中共不應該承襲它的做法。再就是貼布告的時間已經是一九五〇年二月，根本不應該追收國民黨時代的舊賬。何況許多農民都早已向國民黨完了糧，現在中共不管已繳未繳，已完未完，都一律要重新追收，更屬不合。

關於繳槍問題，一般農民認為二三十年以來，四川民間即因購置自衛武器等原因而有很多的槍，並非國民黨敗退時所遺留，況且，四川各地的鄉鎮長，大多都是靠它所擁有的槍枝多寡而當選；平時，或者因為治匪，或者因為人事派系鬥爭，每一個鄉鎮長都有仇人，而「解放」以後，「解放軍」逢匪即放；那麼，所有鄉鎮長如果把槍枝繳出來，便無異於先自解除了武裝，給自己的仇人或土匪以報仇和出事的機會。為了社會秩序和個人生命安全，他們堅決反對繳槍，至少，應該先將土匪肅清，並把地方秩序重建之後，他們才能繳。

而在中共方面呢？要建立人民幣的信用，要集中民間財富，使這些個人財富，變成所謂國家財富，實即共黨財富，非禁止金銀流通，並設法使之向人民銀行兌換不可。關於繳槍問題，中共認為不盡繳民間所有槍枝，則政權不能鞏固，而且會發生游擊隊等反動武裝，大而言之，危害共黨安全，小而言之，亦足以阻礙政令的推動，至於繳糧問題，則國軍撤退時，庫存糧食已經不多，而「解放軍」及川西起義部隊的軍食，再加上其他許多開支，又計劃運糧接濟華東等地區，在在所需要大批糧食，非立刻徵收不可。無論中共的觀點和需要如何？總而言之，這就在金銀問題上暴露了個人與階級財富在共產黨政權下的一定的矛盾；在繳槍問題上暴露了個人安全與共黨安全的一定的矛盾；而在繳糧問題上，則暴露了中共只講需要不講情理的矛盾。由於一般人的議論和指責，中共自已檢討，也覺得自己既認定國民黨舊統治是反動政權，而又承襲他的做法去徵去年度的糧，實在說不過去。於是，幾天之後，他們貼出了另一布告，不再追收一九四九年國民黨反動派統治時代的糧食，而改徵一九五〇年度糧食。並且重新規定必須繳納實物，不得以金銀折繳。

這一布告出來之後，一般農民仍然不繳納。因為農民們認為現在才是一九五〇年二月，本年度糧食必定要到本年八九月間秋收以後才能收穫得起來，從二月到八月，尚有六個月的時間，現在小春（雜糧）尚且沒有收起來，何來一九五〇年的糧食可繳？

中共方面則又認為說時間，現在固然還是春天，沒有到秋收的季節，但農民手上尚有去年的存糧呀！

農民則說他們手上沒有存糧，為什麼呢？因為中國一般農民平時最怕戰亂。一遇戰亂，不但農村秩序被破壞，生活不安定，生命無保障，而且所有實物都將受到損傷，同時，糧食的市價，在農村裡也將急劇跌落。所以，每遇戰亂，一般農民總是儘快的把他握存的糧食拋售，買回金銀，避免損失。這是中國農村一向如此的情形。對於這一次國共兩軍在川西所發生的戰亂，農民們也是如此來處理的。所以，他們所有的糧食，早在「解放」前就賣掉了，而當時的米價是曾經跌落到每石只售二三塊銀元的。它平時的正常價格雖然應該是每石十元。但在這種情況下，假使某一種農民在「解放」前出售白米二十石，曾換回銀元六十元。「解放」後，白米的最低價是每石二十萬人民幣。最高時且曾到達每石百餘萬人民幣，即以每石二十萬計算，以原來售得之六十塊銀元到人民銀行兌換所得之三十六萬人民幣，已只能購回一石八斗白米了。這時候，銀元雖然有很高的黑市，但只有零碎交易，且尚須以身試法，因為中共對於銀元黑市買賣曾經抓過很多人來槍斃，於此，可見農民手上確無存糧，因為他們早已把存糧在解放前賣了。「解放」後，又無法將其原來所售之銀元換回從前那樣多的糧食，而僅及其十分之一，這樣，就使得一般農民雖欲繳糧，亦不可得，如果他們根本不想繳糧，那就更不必說了。

一一五、反抗暴虐農民風起雲湧

七十幾縣的民變

儘管農民所說的都是實在情形，但中共是不管這一套的。於是，所有遭遇同一命運的農民，不僅川西，也包括全川各地，就都突然進行全面的武裝反抗了。他們的口號是「繳糧繳槍就等於繳命，要繳命就不如拼命」。

怎麼一下子就有七十幾個縣同時進行武裝反抗呢？前面不是說過，很多人都以為得到解放了嗎？這主要原因，就是為了繳糧、繳槍和禁用金銀的事。而其所以竟至同時全面揭開，則是由於這些農民所感受的威脅和遭遇都完全相同的緣故。

既然如此，四川全省共有一百四十三個縣；那麼，為什麼又只有七十幾個縣同時起來反抗，而其

置著天羅地網了。

四川省的人口比較多，雖然四川全省分成一百四十三個縣，但是各縣的人口仍然相當多的，有的縣份，如仁壽、簡陽等縣的人口都超過一百萬。一般較小的縣也有四五十萬。各縣所劃分的鄉鎮多的有百多個，少的也有四五十個。因此，中共能夠派到各縣各鄉鎮的幹部不多，有些鄉鎮只得一人，多亦不過數人而已。因為這樣；所以，「拍！拍！拍！」這一鄉幾槍，那一鄉幾槍，所有下鄉幹部幾乎沒有一個人能夠逃脫農民武裝的襲擊。幾天之內，七十幾個縣的下鄉幹部就幾乎被殺得乾乾淨淨，漏網之魚，雖然並不是完全沒有，但那是少之又少了。而這時候同時被槍殺的則還有許多新近加入中共各級文工團的女團員。為了繳糧、繳槍和禁用金銀，中共曾經叫她們下鄉宣傳，保守氣息濃厚的四川農民，看不慣她們那些秧歌舞，早就氣憤在心，這一次，也就順便把她們幹掉了。由於這一反抗是以這樣大的規模揭開，所以，無分一野、二野，也無分重慶、成都，都震動起來了。

不同的看法

農民武裝反抗在全川七十幾個縣揭開之後，西南軍政委員會及川西臨時軍政委員會立刻分別在重慶及成都開會檢討。重慶方面認為事情是由川西方面開始的，成都的中共黨政當局應先尋出事情發生的基本原因；但成都方面對於這一個問題卻有兩派不同的看法，雖然這兩派都承認事變的最先發難是華陽縣石板灘。這所謂兩派：一派就是「人民解放軍」第十八兵團；一派就是地下工作人員。他們的意見不同之處，則在前者認為這完全是美蔣特務乘機暴動。地下人員則認為事變之起因是多方面的：第一、前後兩次所出繳糧、繳槍、禁用金銀各條款，其本身都含有嚴重錯誤。第二、十八兵團及軍管會都太不明瞭本地情形。第三、不該同時要求老百姓既繳糧又繳槍並且禁止金銀流通。第四、下鄉幹部不應該只求達成任務，甚至只求超額達成任務，而絲毫不顧慮農民的實際困難。有此四大基本原因，再加上袍哥的策動與特務煽惑；所以，才釀成重大反抗。但第十八兵團方面則認為地下工作人員的意見，是根本忽略了敵人的陰謀活動，這也就充分說明瞭地下工作人員的警覺性不高；同時，更證明瞭小資產階級的妥協意識業已侵蝕了地下工作人員的頭腦。地下工作人員方面當然否認，他們說：美蔣特務如果真有如此強大的潛伏能力以及煽動能力的話；那麼，整個川康的「解放」，便也根本沒有這樣容易了。同時，起義部隊也不會有那樣多了。

以這一件事來說：地下工作人員方面的意見，儘管相當正確。但十八兵團及軍管會方面卻堅決的否定了地下工作人員的看法。認為這種民變原是新「解放」後必然發生的事情。因此，也是共產黨在新「解放區」必然要經過的一次戰鬥——一次對大批潛伏著的美蔣特務的戰鬥。我們客觀而冷靜的說，「解放軍」的看法實在完全是一種偏見。但因為中共中央早有一個決定，即：「解放軍」與地下工作人員在新「解放區」會師後如對於某一問題有不同意見發生時，應以「解放軍」的意見為最後標準。因此，根據「解放軍」意見而來的下一步處置便是所謂「大力鎮壓」了。所謂大力鎮壓，實在就是用部隊去硬打的意思。但這在川西有一個特別困難，就是十八兵團所屬六十一軍及六十二軍的戰鬥任務在康藏。以六十軍這一個軍來鎮壓川西則兵力顯然不足。怎麼辦呢？他們就決定把兵力集中使用在重點方面。即使用到最先變亂的地方。因為他們覺得最先變亂的地方一定就是美蔣特務的重要策源地。如果能夠先把這一個策源地摧毀，其他地方自將隨之偃旗息鼓。

最先發動變亂的地方是那裡呢？是東山五場尤其是華陽縣所屬的石板灘。於是，他們就從各處抽調了兩個加強團，由六十軍的一個師長和一個師政委帶到東山五場去大力鎮壓。

「解放軍」的最初估計，不說區區五個鄉場，就是整個華陽縣也是經不起兩個加強團的集中使用的。到達石板灘一看，他們覺得他們的最初估計並沒有錯。因為，在那裡，根本看不見有組織的反抗隊伍。雖然有少數農民，身上是帶著武器。於是，他們就在東山五場分散的駐紮下來。有些地方是一營，有些地方是一連，有些地方是一排一班。到達之後的那一個白天，一切情況都很平靜，但當天晚上，卻發現四面都有槍聲了。當天晚上，「解放軍」派在各個隘路和交通要點的哨兵都被槍殺。一營或一連駐紮的地方倒沒有什麼大問題，雖然他們已經聽到了別的地方有密集而且較猛烈的槍聲，他們不以為有特別情事發生；加之，他們不明瞭情況，也不熟悉地形，自己完全處在黑暗中，武裝農民則對他們的情況瞭如指掌。而「解放軍」是向來不打無把握的仗的。惟恐隨便出動，反而遭遇襲擊；所以，這些一營一連的駐地，就都坐以待旦，卻沒有想到那些兵力單薄，只有一排一班人的地方已經在當天晚上早已全部被農民武裝圍殲了。

第二日白天，他們才完全明瞭。但為時已經遲了。不得已，只好再向成都請援。另一方面就利用白天出動，檢查行人，盤問住戶，但對於昨天晚上的事，一般農民都說只聽見槍聲，不敢出門來看，不知道究竟是怎麼一回事。

「解放軍」看見僅僅盤問和檢查，得不出一個結果，就採取拘捕和拷問方式，但這樣一來，卻迫使當地農民，為了保衛自己的安全，和為了繼續進行抵抗，不得不由個別的分散變成正式的結集了。

一般說來，農民隊伍的戰鬥情緒極高，射擊技術也很準確，他們尤其善用手槍，其中少數，實有百發百中的能力。這與四川多年來的內戰當然有著連帶關係；但他們也有弱點，就是他們雖長於各個作戰，但卻缺少戰術的指揮能力。好在他們地形熟悉，消息靈通；同時，又都穿著老百姓的普通衣服，對方常常無法分別他們究竟是已經參加了反抗的農民，抑或還是沒有參加反抗的農民；所以，他們的傷亡極小，而「解放軍」的傷亡則很大。據《川西日報》事後報告，已經奉派前往蘇聯擔任陸軍武官的某一師政委，本來即將動身，因為參加這一次鎮壓，也就在石板灘這一戰役中被打死了。

一六、義軍化零為整圖取成都

在東山五場的鎮壓過程中，最激烈的一次戰鬥曾經在陣子場發生。陣子場屬於簡陽縣，距離石板灘不遠，場上有一千餘戶人家，是四川有名的大型鄉場之一。它控制著成渝公路，背後又有綿亙的山嶺；所以，東山五場的許多農民，都曾經到那裡去結集。「解放軍」知道了之後，對陣子場實行了一次極猛烈的攻擊。結果三千居民之中死傷及被殺的達兩千之多，而反抗隊伍則除少數後衛以外，都跑上山去了。在東山五場戰役發生的同時，其他各縣也有零星的小衝突；其後，凜於陣子場被攻擊的教訓，各縣的農民武裝也都不得不紛紛結集起來，準備戰鬥。這樣一來，從前本來只是分散的個別的民變，就在「解放軍」的武力鎮壓之下，普遍的演變成為有組織的隊伍了。

那些有組織的反抗隊伍，初時，本只在原地活動。但為避免「解放軍」的進擊，他們不得不開始游動。在他們開始游動的過程中，「解放軍」還以為參加變亂的只有這些已經結集起來的農民，其他老百姓是並未有參與的。因此，「解放軍」估計這些隊伍的戰鬥力並不大，而且，也不能持久。於是就決定作進一步的鎮壓。以期將他們徹底擊潰。但情況的發展，仍然逸出「解放軍」估計之外。參加反抗的並不止於已經結集的人，未參加的老百姓實際上是與已經結集的人暗通消息互相呼應的。「解放軍」走到一個地方，表面上毫無問題，但一有個別行動時，就一定遭到奇襲。而已經結集的隊伍則更不等「解放軍」到達就已聞風遠颺了。結果，就使得「解放軍」的大隊伍到處撲空。

至於解放軍的另一估計，以為這些老百姓既是本地農民所組成，料定他們不能持久，也被事實所粉碎。因為，經過了一段時間之後，農民隊伍不但沒有星散；相反，由於他們互相接近，乃由小變大，許多小單位都互相合併，逐漸變成很龐大的隊伍了。其中，以華陽縣的曾鄉長，綿竹縣的趙鄉長，雙流縣的劉大麻子（鄉長），邛徠縣的喬子君，永川、璧山一帶的黃氏弟兄聚眾最多，曾部有四千多人，活躍在郫縣、灌縣一帶，與他呼應的有楊森舊部曾任國軍第二十軍軍長的夏斗樞等人。但在那一個時期，軍人出身的人都反而不及這些曾當鄉長的袍哥大爺有號召力。因為，這些聚眾最多的人，無論曾、趙、劉、喬及黃氏弟兄皆是著名的袍哥大爺。曾有四千多人，趙有二千多人，劉有兩萬人，喬有兩萬多人，黃氏弟兄亦有兩萬多人；其他，或者三百，或者一千，沒有合併到這幾個人之內的還很多。當曾、趙、劉、喬及黃氏弟兄的大隊伍形成以後，他們就乘聲勢浩大的餘威，進而正式轉守為攻了。

農民武裝的反擊

在所有農民武裝隊伍中，向「解放軍」反擊最烈的首推劉大麻子與黃氏弟兄。其次，就是喬子君。

劉大麻子不但在成都到新津縣之間，截斷了成雅公路的交通，而且就在一九五〇年三月正式向成都城進攻。那時候，距中共二月初在各處貼出繳糧、繳槍、禁用金銀的佈告為時還不過一個月，而其所已經結集的隊伍則那樣龐大，這可想見反抗隊伍的發展是如何的迅速了。劉大麻子進攻成都的隊伍，距離成都最近的地方是成都南門外紅牌樓。那裡，距成都南門只有五華里。距成都有名的名勝——武侯祠更只有兩華里而已。當時，無論白天或夜裡，成都市民都可以聽見清晰的砲聲和機關槍聲。雖然，「解放軍」是已經憑藉強大火力在紅牌樓等處將農民武裝隊伍的進攻阻住，但駐在成都市區裡的「解放軍」都呈現著異常的緊張。城門口和城牆上都堆著沙袋，許多交通要點都已經構築了機關槍和平射砲的掩體。看來，倒很像是要準備進行巷戰似的。其實，劉大麻子的隊伍始終沒有能夠開入成都。不但沒有能夠進入成都，就是雙流、新津等縣城，他們也是沒有能夠進入的。劉大麻子的隊伍既有二萬人之多，何以不能進佔任何一個城市呢？這就與武器有關了。原來這二萬人所使用的武器，都是步槍與手槍，彈藥又不多，個別的射擊技術儘管很好，但射程不大，火力不夠猛烈，整個隊伍的戰鬥力仍弱。以之與從「起義」國軍中得來的戰車、大砲、機關槍、卡賓槍的「解放軍」相比，他們是仍然要弱得多的。所以，那時候的「解放軍」雖然已經有點像國民黨軍隊當年一樣只握有城市和據點，但由於火力優勢，是仍然可以確實守住這些他所要守的據點的。再加上，農民武裝，究竟沒有經過嚴格訓練，也沒有適合現代戰鬥的基本組織，更沒有可以攻城略地的戰術指揮，當然，這種湊合攏來的隊伍，分散在廣大地區，根本不容易集中使用，也確實是事實上的困難，所以，以之破壞交通，阻撓中共政令的推動則有餘，佔領城市，擴張戰果則不足了。

黃氏弟兄所加於共軍的損失與威脅亦很可觀。他們經常截斷成渝公路，使得共軍只好每隔兩天集合一二百部汽車前面由武裝車輛開道，後面由武裝車輛壓尾，並在沿途各縣及各要點配置重兵，而仍免不了受到襲擊。

至於喬子君，他是在邛琛、蒲江、大邑一帶。他隨時截斷由新津到雅安的這一段成雅公路，因而使得共軍無法迅速進入康藏地區。民變的發展如此，中共已經認識到非僅憑武力鎮壓所能解決。於是，轉而採取政治瓦解這一方法了。

政治瓦解

這不能說這不是共產黨的一個長處，也是它的一個厲害處。當它發覺情況不對，需要另換方法的時候，它就另換方法了。至少，對於如何制伏敵人，只要能夠獲得勝利，方法如何？它是並不固執的。

中共怎樣對農民隊伍進行政治瓦解呢？它的一個方法是派許多能言善辯的政工人員，尤其是女政工人員到一般農民家裡去。他們用最親切的態度和一般農民家屬閒談，到談得比較投機的時候，他們就下說辭。勸她們把自己的丈夫子弟找回來，不要再打游擊了。他們說：解放軍的力量非常龐大，國民黨反動派的軍隊幾百萬人都被打跨，何況這一點點反抗隊伍。對於反抗隊伍，並不是解放軍把它打不跨，而是人民政府愛護一般農民，決定給予他們一個自新的寬大機會。這寬大辦法是：「首惡必辦，脅從不問，立功受獎。」現在，他們特別來告訴大家，希望大家趕快把自己的丈夫或子弟找回來。回來後，把槍繳出來，解放軍一切都不過問。說過這一番話之後，如果看見農民家裡沒有飯吃，他們就送米來；如果農民家裡有病人，他們就找醫生來醫病。許多人半信半疑，許多人不信，也有一些人相信。事實上，那些已經參加了反抗隊伍的農民，有時候，為了思家心切，是免不了暗中跑回來看看的。他們回來之後，聽見自己的妻子或母親把政工人員的話一一轉述給他，他們就比較鬆馳，不再那樣害怕。偶而有些撞著共軍的人，共軍也沒有對他們怎樣，雖然，共軍是明知道他們已經參加了反抗隊伍的人。這樣，那些思家心切意志不堅的就真的跑回來一些。有的繳槍，有的沒有繳槍，但都得到寬大處理；於是，回來的人就更多了。

共軍對這些回來的人，是不是真的永久不過問了呢？當然不是。現在不過問，僅是一種手段。事實上，民變問題告一段落之後，他們就紛紛被捕了。有些被槍斃，有些被送去勞動改造（即做苦工）。這是後話，且不說他。而反抗隊伍在這種情況下被瓦解了一部分，卻是真的。

對於上述政治瓦解，我們可以暫名之曰個別性質的政治瓦解。這種政治瓦解，當時是確實收了效的。在此同時，中共另外進行了種團體性質的政治瓦解。並且，還對反抗隊伍作過一種釜底抽薪的處置。

所謂釜底抽薪的處置，是指它對「起義」部隊的調動而言。那時候，「起義」部隊的下級官兵已有一部分與反抗隊伍相結合，但中共故作不知道，以免他們叛變。只以川西糧食缺乏為詞，為了便於糧食供應把他們分調到川東去了事。

劉伯承的對策

當「起義」部隊調動時，劉伯承又在重慶想出了一個辦法。就是他發覺用共軍去打成渝公路沿線的反抗隊伍，不但毫無效果，而且損失重大。他就想倒不如利用「起義」部隊來代替共軍進行撫剿兼施的辦法。他勉勵他們藉此立功。並且叫他們利用私人的鄉土關係對反抗隊伍進行團體性質的政治瓦解。首先，接到這一任務的是羅廣文。羅廣文與劉伯承曾在華中戰場作戰多年，但兩人從未見過面，這一次在重慶，劉當面把羅廣文誇獎了一番。劉估計羅廣文可以勝任成渝公路沿線的瓦解工作，羅也很自信。於是，羅的部隊不再開往西充，而進駐成渝公路線上的重要城市內江。但羅廣文的招撫工作卻全無結果，相反，羅廣文的士兵反而零零碎碎的走了一萬多人，差不多都走到反抗隊伍中去了。少數士兵則係逃亡。這是劉伯承和羅廣文都始料所不及的。

成都方面，中共又利用較有聲望而又沒有參加這一次民變的袍哥大爺出來擔任進行團體性的政治瓦解的工作。冷開泰是擔負過這一任務的人之一。

冷開泰是四川有名的袍哥，也馳名於長江流域各地的幫會。三十年前，他年輕時曾在上海搶人，事敗，同夥的人都逃亡了，他單獨被捕，屢經拷打，他都一個人負責不肯招出同夥的人，江湖上認為他是硬漢，有義氣，因此，聲譽大起。民國二十一年四川大軍閥劉湘把他的叔父劉文輝打退到西康統一四川的時候，曾經起用他作中將情報處長。劉湘死後，他組織了一個蜀和公司，向糧食部訂有大批合同，並且也領得到大批資金，專替抗戰時期的國民政府在四川各縣運輸糧食。蜀和公司的分支機構遍布四川各縣，儼然執著川康內地陸上運輸的牛耳。因之，他在袍界的聲勢就愈來愈大。抗戰時期，川西曾經發生兩次民變，都曾經由他出面調停而得到迅速解決。「解放」後，他正在成都，於是，中共就決定利用他。他也自告奮勇。他以為這一次民變，仍然可以由他出來「拿言語」就會得到解決。解決之後，它還以為自己可以與中共發生關係有如過去與國民政府發生關係一樣。他完全不懂得中共根本不會容許他這一類袍哥大爺存在，他也不知道這一次民變決非他所能解決。所以，各處的袍哥雖然沒有拒絕和他來往，但中共所給他的任務，他卻無法完成。最後，終於還是被中共把他槍斃了。理由是說他：「勾結土匪」。

一七、正氣凜然，唐式遵為國犧牲

以上所說，是中共利用羅廣文與冷開泰等人對反抗隊伍進行團體性的政治瓦解沒有成功的情形。那麼，中共所進行的團體性政治瓦解就完全失敗了嗎？那又不然。另外，中共還進行得有一個方式，什麼方式呢？原來，他在地下工作人員中起用一個姓徐的人。這一個人從前也是講袍哥的，他並且從前在戴雨農時代做過軍統局雅安站站長，成都軍管會特別把他抬出來，並且給了他一名義，由他派出私人代表分向零反抗隊伍的首領進行瓦解活動，他憑什麼來進行活動呢？完全憑私情，他與許多著名的袍哥大爺都曾經有八拜之交。袍哥是講私交和義氣的，再加上他一個真真實實的地下工作人員，與冷開泰的身分根本兩樣，更益之以若干技術上的方法，所以，他的瓦解工作進行得很有效，如像：本在成都袍哥界很有名的袍哥大爺黃亞光，黃曾經在國民黨時代私放過他，黃這一次本來已經在簡陽方面參加了反抗隊伍，經過他派人前往解說，並且願以私人性命擔保黃亞光回來決無任何問題之後，黃就率領少數幹部回來了。黃回來之後，彼此相見甚歡，他把黃親自帶到公安處，公安處極力表示：只要是徐同志保證的人一切都無問題，過去所有的事，都概不過問。因而，黃就得以優遊於成都各處，照樣過其舊有的舒適生活。黃的情況如此，一傳十，十傳百，其響影力量果然非常的大，除了少數了解中共處理問題決不是任何私人所能真正起作用，而必須取決於黨的組織和策略的反抗首領，仍然繼續其反抗活動，毫不動搖以外，許多不明瞭其中的道理的人就都爭著來請他幫忙，或者自己來，或者派人來商談，在姓徐的這一位地下工作人員本人，恐怕也只以為自己就可以替朋友保險，而許多反抗人物；他們之所以揭開反抗活動，原本就是為了求生存，現在，有了生存的路，他們就放下武器，這雖似乎是可憐和愚蠢，但這也只是說明人的常情罷了。這樣，由於一部分反抗隊伍的被瓦解，於是，那另一部分仍然堅持戰鬥的反抗隊伍就左右失掉依托，陷身於一種孤立態勢中了，這時候，共軍再予以攻擊，他們就不得不從此開始游擊活動了。

這些流動性的游擊隊，有些是由國民黨舊有人員統率的，如周迅予。有些是由民、青兩黨的人統率的，如羊仁安。有些是由地方士紳統率的，不論他們的出身如何？卻沒有一個不是袍哥，他們的名義，有的叫做「反共救國軍」，有的叫做「解放人民軍」，什麼叫做「解放人民軍」呢？他們的意思，是說中共「人民解放軍」，並不是真正的解放，只是對人民的一種奴役，他們反對中共，他們才是以解放人民為目的的軍隊，所以他們取名叫「解放人民軍」，實際上，他們後來的命運都很艱苦，曾、劉、喬、黃等人都被打死或自殺。其餘少數也都流動到了大雪山和夷區，至於那些被瓦解回去的人，最遲也不過在一九五一年三月大逮捕時就統被中共抓來槍斃了。

唐式遵與趙老太太

說完了曾子欽、劉大廠子、喬子君、黃氏弟兄等人之後，也該略為談談唐式遵、趙老太太、羊仁安、木理土司、諸葛土司一班人。因為他們在「解放」前後所遭遇的情況，也部分的反映了川康「解放」前後的一部分事情，同時，這其中，也有一些值得一談的地方。

先說唐式遵，唐式遵原係劉湘舊部，當民國二十一年劉湘任國民革命軍第二十一軍軍長的時候，唐就在劉部任第一師師長，唐與劉湘、楊森、潘文華、王纘緒等在四川地方派系中屬於速成系，即劉鴻逵所辦四川軍事速成學堂所畢業出來的同學，與劉文輝、鄧錫侯、向傳義等保定系是相對立的另一系，所以，劉湘統一四川之後，除楊森以外，所有速成同學都飛黃騰達起來。抗戰發生之初期，劉湘以川康綏靖主任兼四川省主席的資格出任第七戰區司令長官兼南京衛戍總司令等職，唐式遵亦隨之升任第二十一軍軍長、第二十三集團軍總司令、第三戰區副司令長官等職。唐式遵是四川仁壽人，向有「唐瘟猪」的綽號，其實唐的本性是誠樸厚實，並不奸滑的。譬如：抗戰初期，四川一共編組七個集團軍出川抗議，由鄧錫侯、楊森、王陵基、潘文華、唐式遵、王纘緒、李其相等七人所率領，出發的時候，照例有一個很隆重的誓師典禮，在那一個典禮中，他們都照例要來一番演講，他演講時，也像別人一樣的說：不打敗日本，決不回川。對於這種口頭禪式的話，有些人說了之後，照例就忘記了的，但是他卻信守不渝。經過抗戰八年的時間，他都一直在前方，沒有回到過四川，就是劉湘死後，中央徵求他的意見，準備要他回四川作省主席，他也沒有幹，反向蔣推薦王纘緒。這在他本人，是行其心之所安，而在別人，就覺得他是瘟猪了。

抗戰勝利後，他很想當省主席，但已不可得，因為那些決定誰可以當省主席的人也認為他太瘟了。直到成都「解放」前兩個月，他才獲得了一個職位，就是西南軍政副長官兼西南第二路游擊總司令。（另一西南軍政副長官兼西南第一路游擊總司令是王纘緒）在別人，對於這種副職和什麼游擊是根本不會認真的。如像王纘緒，他就利用他那職位來替中共進行地下工作，使之成為向中共投靠的一種資本，而在唐式遵，則忠忠實實在準備打游擊，儘管他那時候只有四五百個基本隊伍。

成都解放時，鄧、潘、劉、王各川籍將領及國軍董、羅、裴、李各兵團司令都忙著起義的時候，他卻帶著四五百人同趙老太太一路跑到距離成都附近的什邡縣去準備打游擊了。劉伯承所委川西人民保衛軍總司令郭翼之原是他的舊部，（唐任二十三集團軍總司令時郭任副總司令兼軍長）聽見唐式遵去了什邡，就笑著對人說道：「唐老總未必還以為我會記舊仇嗎？現在大家都爭著起義，他還跑到那裡去？喊他趕快回來吧！他不要顧慮，他的一切事情，我都可以負責。」但唐式遵畢竟沒有回來，不但不回來，他還更進一步跑到西康和羊仁安一路去打游擊去了。西昌危急時胡宗南曾勸唐式遵坐最後一架飛機到台灣，但他拒絕了，後來，他卒在西昌附近被打死。

唐式遵被打死以後，許多人都說他愚蠢，中共方面的人說他愚蠢，那是事之必然，國民黨方面也有人認為他愚蠢，那就太奇怪了。事實上，川康淪陷的前後，以國民黨的高級將領而死難的，還只唐式遵一人哩！

其次，應該談到趙老太太。她是東北人，即抗戰時有名的「游擊隊之母」，「解放」後，她同她的第二個兒子一齊在川西打游擊。最初，她同唐式遵一路到什邡，隨後就有她在什邡被活捉的消息登在《川西日報》，其實，那一次被捉的那一位趙老太太卻不是「游擊隊之母」的這一位趙老太太而另有其人。其人是綿竹縣趙鄉長的老太太，趙鄉長參加民變後，因為在什邡附近受到共軍的強大攻勢，就率部離開了什邡，趙鄉長的母親適在病中，無法隨隊伍離開，遂爾被捉。不過，這位游擊隊之母後來也還是被捉了的，但那是半年後的事，她的兒子先在郫縣附近被捉，並且被押到成都去公開槍斃了。不久，她也被捉，也被押到成都槍斃了。

至於羊仁安，他是西康漢源縣人，在川康袍界中極負聲望，雖然年近七十，但對於夷仍具特殊號召力。劉文輝曾委他作靖邊司令，但他與劉文輝不和，「解放」前，胡宗南委他作新十一軍軍長，原準備利用他的地方勢力來推翻劉文輝，但因為受到川西補給區司令曾慶集（中共地下人員）的牽制，所以，新十一軍一直沒有領到一枝槍，甚至於連開辦費都沒有領到。他自己由成都偷偷渡過劉文輝的防線回到漢源成立了一個師和一個旅。師長是西康第二個大土司諸葛紹武，旅長是他自己的孫兒。西昌淪陷後，他被俘，半年後，他被槍斃，諸葛紹武在稍後的時間也被打死。

西康的第一個大土司是木理土司，其轄區在冕寧縣。縱橫數百里，盛產黃金，人口較多，武力也較強，外國人曾著有《木理王國》一書，即是指的這一帶，他與羊仁安有連繫。據一九五二年新華社消息，說木理土司的母親已被俘，並且發表了談話，但沒有木理土司本人被俘或被擊斃的消息，可見他本人在母親被俘之後，仍在進行游擊活動。

一一八、靠攏分子的下場

劉文輝的遭遇

既談到很多人在淪陷後的遭遇？是不可以不略為談談劉文輝一家人的情況的。

在民變發生之前，成都方面已經在調查官僚資本和準備清算官僚資本，成都市工作團把劉文輝的田產數字透露以後，又適逢鄧錫侯挨了一頓打，那時候，中共一直沒有乾脆承認鄧、劉等人是「起義」，而只說他們是「脫離國民黨反動陣營」。所以在當時，很多人都預料著鄧、劉等人即將受到無情的清算。那裡曉得民變的發生，卻幫了他們一個忙，原來，民變發生時，市面上就流傳著一個謠言，說：這一次民變是鄧、劉等人暗中策動的，中共一聽到，馬上就轉變態度對鄧、劉等人表示得很客氣，不僅調查官僚資本的事，暫時停止進行，就是「起義」兩個字，也開始表現在賀龍、李井泉等人的口中了。不只對鄧、劉等人如此，中共並且立即在成都開辦了一個「將領高級學員班」來安撫「起義」部隊少將以上的軍官，讓他們心頭高興一下，而且防止他們參加民變。說來真怪，這些「起義將領」居然也就因此高興起來。他們都爭著去受訓，惟恐自己不能進去，有如當年爭著到廬山軍官訓練團和中央訓練團去受訓一樣。

跟著，鄧錫侯、劉文輝、潘文華三人且被派為全國人民政協的特邀代表。除潘文華病留川未能前往以外，鄧、劉兩人都被催請於一九五〇年三月三十一日北上。在中共看來，鄧、劉兩人的離開，對於民變，總是一種釜底抽薪的辦法。其實，鄧、劉兩人何嘗能夠策動民變呢？假如他們真有如此力量的話，那麼，川康整個形勢，便早已改觀了。

為了對海外及台灣軍政人員進行心理戰，鄧、劉等人後來還獲得一些表面名義，如鄧錫侯就獲得了西南軍政委員會委員兼水利部長的頭銜，劉文輝甚至還獲得了西南軍政委員會副主席的頭銜，但民變曾經緩和了他們初期所處的困境，卻是無可否認的事實。

民變問題告一個段落之後，許多人所臨時獲得的緩和形勢，當然也隨之告一結束。在形勢上鄧錫侯、劉文輝兩人，所得的頭銜儘管依舊，但鬥爭和清算的激浪，暗中向著他們身上衝擊的情形，與其他的人所遭遇的命運，在根本上，卻並無二致。

這裡，我們先來談談劉文輝和他的一家。

從表面上看，劉文輝在靠攏後，一直到現在，是有相當光彩的。除了他本人外，原在他手下當師長的侄兒劉元瑄當了成都市人民代表大會的代表；原在他手下當師長的另一姪兒劉元琮當了「人民解放軍」第十八兵團第六十軍的師長；原在他手下當副軍長的女婿伍培英也當了「解放軍」第六十一軍的師長。看起來，這不能說不有點炫耀人。但究其實際呢？不但不能保產保家，而且還不能保命，不等大清算和大鬥爭的浪潮到來，他們全家就在減租退押的這一個階段中紛紛的倒下去了。

劉文輝本人是有相當聰明的，在減租退押初期，他看見形勢不好，就首先自動向中共表示，他說：原先在老玉沙街所新修的華麗大廈，不再住了。同時，更願意將全家大小，包括兄弟子姪的全部田地一齊交出來。但賀龍卻向他表示：這又何必呢？還是等到減租退押的時候，照正規算吧！賀龍給他這樣一個軟釘子，他只好忍受，等到減租退押的工作推展到自己門口的時候，他知道這事情不簡單了。試想：全家大小，既一共擁有四十八萬畝農田，其退押的數字是如何巨大？劉家儘管有錢，但不動產多，如像：滙通、成益、聯成等銀行雖然是劉氏弟兄所單獨經營，但經過「解放」前後的幾度金融變動，庫存金銀，實在也沒有好多了。即使還有一些物資，但所有物資都不容易賣出去。房產當然更不容易找到買主，現在要他拿出巨大數字的現金來辦理退押，實在也是拿不出來的，他們全家所要拿出來的數字，假如每一畝田，曾經收過二十塊銀元的押，那麼，四十八萬畝田就得退出押租九百六十萬塊銀元，何況，退押之後，還有剝削賬，那剝削賬是一年又一年的計算的算下來，可能比押金還要多。所以，面對這一個問題，劉氏弟兄是無論如何解決不了的。這樣，劉文輝才放棄替他兄弟子姪一齊向中共想辦法的打算，而只要求把他本人名下的問題解決，對於劉文輝本人，中共因為早已知道他原先存在老玉沙街華麗大廈地下祕密庫裡的十頓黃金與百萬白銀在成都淪陷前半個月已被國軍城防部隊取走，因而特別准許他把他本人名下的全部產業交出來了事。他原先在成都老玉沙街所建的華麗大廈，後來中共就把它作了西南民族學院。其他各處，也都由中共和平接收，但他的兄弟子姪輩名下的退佃問題，則仍須照規定辦理。在劉文輝的子姪輩中，以劉元瑄的態度比較乾脆，他把他的全部金銀攏出來之後，仍然不夠，他就去找他三哥（即劉元琮）借。因為他知道他那一大家人中，劉元琮所儲存的金銀比較多。但劉元琮不答應，而中共幹部仍然追逼劉元瑄，劉元瑄無可奈何，就說：那我們就只有鬥爭三哥了。這樣一來，所謂鬥爭，便也在劉氏弟兄輩中開展了起來。跟著，農民協會又有通知：要劉元琮回大邑去出席農民大會，由於劉元琮那時已經當了「解放軍」的師長。他以為家庭內部弟兄間的鬥爭尚可忍受，農民協會的鬥爭，就不能忍受了。他想：自己既已作了「解放軍」的師長，未必農民還敢對他如何的，因此，他對農民協會的通知，根本不理。農民協會見他拒絕出席，就轉而通知六十一軍軍部。一定要劉元琮回大邑辦理減租退押和算剝削賬的事，六十一軍軍部把這一個通知轉告他，他還是不理。於是，六十一軍的政委就向他說：你還是不要拒絕農民協會的要求吧！我們希望你在四川作一個減租退押的模範，他還是表示不行。政委就更進一步向他說：你一定不去的話，如果農民進城來要人，我們是不能保護你的啊！劉元琮一聽，知道事情已經不妙，因為他曉得，凡是什麼農民進城要人，都是活的回去，死的出來的，於是，他決定第二天回大邑。回到原籍後，他把許多問題作了一個安排，然後才去出席農民大會，在會上，他要求發言，農民協會只以為他要說有關減租退押的事，同時，他又身為「解放軍」師長，農民協會就准許他發言。殊不知，他登上演講台之後，並沒有說什麼減租退押的話，只怒氣冲天的大罵共產黨是土匪，一切都完全在騙人。他又說：共產黨要老子的錢，老子偏不給他的錢；共產黨要老子的命，老子偏不給他的命。說完，他就當場自殺了，他怎麼能夠馬上就自殺呢？原來，他早就準備得有烈性毒物含在嘴裡，動作既迅速，而又出人意外，所以，馬上就死了。

事後，《川西日報》登載了劉元琮自殺的消息，說他：頑固成性，中毒太深，在中共寬大政策之下，仍然不知悔改，並且不肯向人民低頭，以致身殉封建。此外，並解除了他的「解放軍」師長職務，這一件事，從頭到尾，當時都是很轟動的，說來，這也許還是淪陷後，中共所遭遇到的一件怪事哩！

劉元琮的情況如此，劉家其他各人的情況可想而知，這裡不多說了。總而言之，除了劉文輝與劉元瑄而外，不是自殺，便是被殺，就是曾經在劉文輝自己手上當過師長的姪兒劉元瑭，雖然已經離職多年，但也被勞動改造。

倒是劉文輝自己的幾個兒子，由於年紀比較輕，同時一直沒有做過什麼事，比劉元琮、劉元瑭的命運還算是好一點，因為劉文輝最後還把他手上所有的現金拿出來分給了他們，全家大小，無論妻妾、兒女，一律每人分給二兩黃金，妻妾還可跟著劉文輝過活，子女就只好各奔前程，但劉文輝最疼愛的幼子，因為是一個「阿飛」，並且一向抽嗎啡就只有流落街頭了。

鄧錫侯的命運

鄧錫侯自從在成都市人民座談會上受過一次攻擊，跟著，又在成都東門城門口挨過一頓打之後，一切言行，就特別小心了。為了討好中共和表示虛心學習起見，他就自動向中共川西統戰部提出了一個請求，請求統戰部介紹一個替他私人講授馬列主義及新民主主義的先生。統戰部接受了這一個要求，就替他介紹了一位表面身分是民盟，而實際身分是中共黨員的人每天上午到慶東東街鄧錫侯的公館「潔廬」講解兩個鐘頭，在那位先生講解的時候，鄧錫侯也裝成很用心聽講和很用心研究的樣子。

除了表示學習之外，鄧錫侯又叫他的兒子鄧亞民（原任國軍第九十五軍參謀長）把公館內花園裡的花草剷掉，改種菜蔬，並且還計劃餵猪。他的兩個媳婦，（一個守寡，一個是鄧亞民之妻），每天帶著他的孫兒到春熙路一帶去擺地攤，出賣家裡的舊貨。淪陷後，擺地攤的事最盛行，這一方面固然是由於大鋪子沒有生意，另一方面也實在是由於大家都窮。因此，大家就都希望把自己的舊東西，快點換些現錢回來。所以，在成都，從春熙路、東大街一直到祠堂街，綿亙十餘里，街的兩側，都擺滿了地攤。從古董字畫到鍋、罐、碗、盞，無不應有盡有。不過，鄧家媳婦也穿起粗布衣服出來擺地攤，別人卻認定他們是裝窮。當然，鄧錫侯當時是還沒有窮到一定要擺地攤這個程度的，但鄧錫侯是最會做戲，你說他裝窮嗎？他倒老老實實的把許多非常名貴的東西，包括著名的拿破崙當年賜功臣飲酒的巨觥在內，都一齊以最低價格出賣了。

鄧錫侯的田產是不多，成都有二千多畝，原籍營山縣亦有三千多畝，房屋也少，主要投資都在木廠、鹽井、銀行等實業上。所以，減租退押的事，他沒有遭遇到像劉文輝那樣多的困難。

他以特邀代表身分出席中共全國人民政協回來，再到重慶擔任西南軍政委員會的水利部長以後，他就不再在成都居住，舉家遷到重慶去了。因為他知道，他自己與成都各方面的關係太多，再住下去，恐怕會要引出許多麻煩來的，所以，他儘快走了。在沒有離開成都之前，中共統戰部曾經要他推薦一個成都市人民代表大會的特邀代表，他看見統戰部既然要他推薦，以為這一個人總可以由他來決定。所以，他就推薦了從前替他擔任參謀長的牛範九。但統戰部不同意，要他多推薦兩名，一共三名，由統戰部斟酌決定其中的一個。他想那也可以，就加推了他的前任副參謀長萬克仁和他的經理處長張民岩，但統戰部認為萬與張都是青年黨黨員，資格不合。鄧說：那就還是用牛範九吧！統戰部卻說牛範九的私生活太糜爛，人所共知，如果他也當特邀代表，那麼，成都市人民代表大會在對外的觀感上就太不好看了。因此，請他再另外推人，鄧說：我再沒有適當的人了。統戰部卻說：那你就推薦你的同鄉某人如何？鄧說：他雖是我的同鄉，但與我沒有什麼關係，我不便推薦他。統戰部說：那人很好哩！鄧說：還是用牛範九吧！統戰部說：好！你所薦的人，明天我們就把文件送來，請你轉給他。第二天，文件送來了，鄧打開一看，邀的並非牛範九，而是統戰部所說的那一個人。原來那一個人是一個老共產黨員來，鄧心裡明白，也就不開腔，立刻照轉，做過順水人情便算了。

一九、疏忽任務，王纘緒罰跪示懲

因為鄧錫侯有過這樣一次教訓，所以，他到重慶後，對於水利部的事，率性不過問，一切到交由副部長陳離（靜珊）負責，雖然陳也是一個老共產黨員，但卻也是鄧的舊部，所以，在面子上，大家都很好看。

鄧在重慶，除了中共有通知要開會以外，通常他都留在家裡很少出去。他的用意，是避免發生意外事情。但人雖在家中坐，事情卻還會從天上飛來。

通惠銀行原是他的長子鄧華民所創辦的。淪共前二年，鄧華民因急病去世，通惠銀行董事長職務就由他的兄弟亞民繼任。淪共後，通惠銀行與其他許多商業銀行一樣奉令停業，但職工卻要求鄧家拿錢出來分。鄧亞民處理不下來，職工們就向鄧錫侯索取。通惠銀行的職員，本來都與鄧家有關，不是親戚，便是同鄉，再不然，就是舊部。鄧錫侯心想這不難解決，就約職工們面談。殊不知，職工們的態度，與從前完全兩樣了。鄧錫侯的話，他們根本不聽。他們只要錢。但鄧錫侯又不肯拿錢出來，於是，雙方的談判就終於破裂。破裂之後，職工們就在成都、重慶等處發出了對鄧錫侯開炮的控訴書。

控訴書發出之後，鄧錫侯不得已，只好去請統戰部幫忙。統戰部對鄧說：事情還是由你自己解決為最好。職工們的要求，不可太抑制。你再和他們談判的時候，統戰部一定從旁幫助你。鄧錫侯本是一個極圓滑的人，聽見統戰部這樣一說，心裡有數。跟著，就再找職工來談，談的時候職工們的態度已經好轉了很多，雖然仍然要錢，但數字的多寡已經不再堅持，於是鄧錫侯就忍痛拿了一筆錢出來了事。鄧的舊部來找他，他無法替他們找工作。又見他對職工這樣屈服，就說：你身為部長，不要太軟啊！他說：你們不曉得我這一個部長，「來到屋簷下，那得不低頭！」

王纘緒罰跪

在川西靠攏的將領中，一般人對他們的估計：以為王纘緒可能最有辦法？因為他自己所說：在中共渡江之前，就已與中共有接洽的話。並非撒謊；再加以國軍撤出成都時，他首先掌握了成都，招降了各較小單位，如：四川省會警察局、憲兵團等機關；此外，他又自動警備成都，在成都搜索了許多軍用物資，如：卡車、汽油、輪胎等，到賀龍入城後，一股腦兒移交給共軍，論功勞，不為不大。所以，大家以為他一定很有辦法，他也以此得意。但後來鄧、潘、劉等人被派為全國人民政協特邀代表的時候，卻沒有他的名字。迨後，西南軍政委員會成立，熊克武、劉文輝都當了副主席；鄧錫侯、但懋辛都當了水利部長及司法部長，但他卻仍然名落孫山。不僅如此，而且他本人還被帶到重慶通轅門外去罰跪。一直跪了三個鐘頭。據說：那是表示向重慶人民低頭，同時，也是對他在抗戰時期擔任國民黨重慶衛戍總司令的職務表示悔過。而他自己祕密埋藏在寢室地下的黃金和白銀，又都被挖掘出來。他所最喜愛、也是以漂亮聞名川康的一位名叫「銀蝴蝶」的姨太太也與他離婚改嫁了。因為這樣，所以大家都很奇怪王纘緒的遭遇何以反而如此？後來，從中共內層方面得到了解，才知道他的情形所以如此，是另有原因的。什麼原因呢？原來，當王纘緒在中共渡江之前與中共接洽時，中共當時就把川康形勢對他作了一個情況分析，並且就中共對川康的策略，對他作了一個工作指示。中共曾向他說明中共對西南的整個策略是和平解放。即通過不用武力的方式而以起義的名義全部投降。在西南，中共認為雲南是不會成為問題的，貴州兵力單薄，也不會成為問題。可能成為問題的只有川康。川康問題的焦點，則在川康人事的內在矛盾方面。如像：劉文輝不成問題，鄧錫侯不成問題，潘文華也不成問題，甚至鄧、潘、劉聯合「起義」，中共也有把握。但四川省主席王陵基則有問題，而且他與鄧、潘、劉三人之間存在著人事上的嚴重衝突，所以，王陵基的態度，據中共的估計，如情況不改變，他一定會站在與鄧、潘、劉三人相反的一面。而不會與鄧、潘、劉合作。但王陵基是四川省主席，掌握著全川的行政機構及保安部隊，他不與鄧、潘、劉一致，則整個川康的和平解放，便不可期。再加上王陵基近年來與國民黨高級當局的關係深，一俟國民黨大軍退到川康，他就勢必站在國民黨反動派方面，尤其是堅決作戰的一方面了。若然，則國、共兩方就勢必會在川康地區發生戰鬥。

根據以上分析，所以中共認定川康是否能夠得到和平「解放」，其關鍵全在川康將領在人事關係上的一致與否——即王陵基與鄧、劉、等人的態度一致與否。但如何才能一致呢？即如何才能轉變王陵基的原有態度使之與鄧、劉等人一致呢？中共告訴王纘緒：只有施用一種人事上的壓力，才能使王陵基與鄧、劉等人一致。而這一人事壓力的實施，便是中共賦予王纘緒的基本任務。

關於如何達成這個當務的問題，中共又告訴王纘緒：務必多方盡力聯絡和利用。劉以外一切反對王陵基的人，堅決而猛烈的攻擊王陵基，以動搖他那省主席的職位，從而迫使王陵基為了應付王纘緒的攻擊，而不得不連繫鄧、劉等人以抵抗王纘緒。王纘緒反王陵基的工作做得愈積極，則王陵基與鄧、劉的妥協性就愈大，相反，則愈小，甚至沒有。等到王陵基與鄧、劉等妥協以後，那麼，整個川康和平「解放」的大前提便確立了。到時候，如何使王陵基與鄧、劉一齊起義，中共另有安排。如何安排？王纘緒不必管。王纘緒必須徹底執行的則是堅決而猛烈的打擊王陵基這一點。後來，王纘緒就按照中共的指示進行，他在各處，或公開，或祕密的攻擊王陵基，如像拉攏熊克武以成立所謂川康渝民眾自衛委員會也就是王纘緒所曾經進行的反王陵基工作之一。但王陵基後來終於沒有走上與鄧、劉妥協的路，以致後來的川康局面，雖沒有經過激烈戰鬥，但卻也沒有整個的和平「解放」，有如中共的理想。儘管，後來有六十萬人在川西「起義」，但中共認為這並不是王纘緒的功勞。而其所以沒有能夠造成王陵基與鄧、劉妥協的原因，則中共認為是因為王纘緒沒有徹底執行中共的指示，堅決而猛烈的打擊王陵基的緣故。

中共說：假如王纘緒反王陵基的工作做得猛烈而徹底，王陵基是可能與鄧、劉妥協的。因為王纘緒做得不徹底，所以，妥協的事，沒有實現。中共並認為王纘緒接受了中共所賦給的任務以後，仍然只圖建立自己的表面功勞，不知道切實掌握策略，以達成基本任務。至於王纘緒在胡宗南的城防部撤出成都後自動警備成都，在中共看來，亦無功勞可言，因為國軍的撤退，並不是王纘緒打下來的，即使沒有王纘緒來自動警備成都，成都也一樣「解放」，何況，對於成都，中共早以另外布置得有郭勛祺。因此，關於王纘緒自動警備成都且為之搜集物資的一幕，亦無何種意義。

有關王纘緒問題的內幕情況如此，所以，「解放」後，王纘緒很不得意，而王纘緒在川康兩省又無偶像作用可供利用，因之，罰跪之後，王纘緒就只在西南軍政委員會攬到一名參議的名義。

起義部隊的下落

在川西起義的國民黨部隊，號稱六十萬人，其實。國民黨部隊當時都有「缺空」，所以，他們在名冊上領薪水的數目雖然有六十萬人，實數則不過四十萬人而已。然而，就是這四十萬人，如何處理？中共也很費心機。因為，這四十萬人首先就發生糧食上的供應問題，其次，是民變發生之後，如何妨止他們響應和參加民變的問題。再後，則是如何分散他們並加以適當編遣的問題。好在這些「起義」部隊的高級將領的心都已經死了，都甘心投降了，否則，當全川七十幾縣的農民同時揭起反抗時，假如他們毅然響應，對於中共，那真是不得了的事故，至少，全川各地將重新陷於混亂，而且，共軍必將受到重大損失則毫無可疑，然而，就沒有一個「起義」將領出來振臂一呼。這就可見這批高級將領之無能和可恥了。但如果說所有下級幹部，尤其是士兵都甘心投降，則又與事實不符。因為當羅廣文的部隊開到內江去鎮壓民變時，自動參加游擊的士兵就有一萬人之多，竟佔羅廣文兵團人數總數五分之一。從這裡又可以想見這些「起義」部隊倒不是兵無鬥志，而是將無鬥志。將無鬥志的原因，主要是由於這些高級將領，早已聚集了許多錢財，同時，年紀也已經老了，因此，只圖個人和家庭的苟安，再無毀家紓難的氣概。

再一點，那就由於國民黨當局歷年用人向來不講才幹，只講私人關係。不講才幹的結果，用的當然就是奴才，奴才就只求如何博得新主子的歡心，自無膽識以乘民變之勢了。事實上，當民變發生時，他們不但不乘勢參加，反而嚴厲約束士兵，不讓士兵們有個別前往參加民變的機會。所以許多人不能不為國民黨歎息了。

事情雖然如此，中共則仍然不敢對他們放心。所以，中共就以川西缺糧為理由，把他們分別調到川東、南、北各縣去。然後，又再進一步叫他們把部隊調到武漢、南京、鎮江等地去，陳克非兵團到達武漢之後，陳本人被調到中南軍政委員會作參議，部隊改編後援朝。羅廣文兵團在無錫被改編，羅本人曾經一度被囚禁，直到去年為了到海外及台灣施行攻心戰，才又把他放出來給了他一個名義。董長安兵團在常州被改編，董本人進華東軍政大學受訓。後來，亦以上述理由放出來作政協代表。羅、董兩兵團被改編時，放曾經發生局部抵抗，但隨即被中共所蕩平。

鄧錫侯與劉文輝的部隊，雖然在表面上是被編為「解放軍」，而且謝德堪、劉元琮、伍培英都當了師長，但劉元琮自殺，謝、劉兩人也都奉令抗美援朝。潘文華的兒子潘清洲，原在國軍當師長，「起義」後，調中共川東軍區副司令員，但旋即被撤職。為了故意表示寬大，才在四川政協給了一個名義。李振兵團也被改編，就是賀龍所曾譽揚的裴昌會，他的部隊也還是逃不脫改編與援朝的命運哩！

二〇、唐溪再起義，雖敗猶榮！

公務員的一般狀況

談過起義部隊的下落以後，再來談談一般公務員的狀況吧。這裡所謂公務員，是指川康兩省政府所屬文職人員及中共系統派駐在分設在川康兩省各級機構的人員而言。

以屬於中央系統的機構來說：中共最注重的是中央金融機關，如：中央銀行、中國銀行、交通銀行、農民銀行、郵匯局、信托局及合作金庫等。中央之所以特別注重這些金融機關，是因為這些機關可能存有黃金和白銀的關係。中共處理這些機關的步驟，第一個命令是叫它們一律維持原狀。其次，是由軍管會的財經接管委員會派軍事代表來接管。這些軍事代表，在初期，是沒有什麼貪污舞弊的情形的。雖然這些軍事代表的能力非常低，真正內行只有極少數。但他們辦事認真，完全站在他們的黨的立場，不斷講求如何把握原則和策略，則是他們的長處。而一切都經過會議來解決，則更是他們挽救和彌補個人能力低的一種辦法。就機構來說：軍管會的財經接管委員會與軍管會的財經處是兩個不同的機關，後者管政策及業務，前者則專司接收。所以，派到各金融機關的軍事代表便以清理資產為第一工作。這時候，軍事代表發覺這些金融機構的庫裡已無黃金和白銀。便開始追查。追查的結果，知道國軍撤退前曾對其原任人員發給遣散金。以成都中央銀行而論，年資最低的職員也得過一條黃金（十兩），最高的則得過六條。軍事代表認為這都是國家資金，不該隨便給予私人，這是非法處理，完全無效，原任人員都應該退出來。退，當然有困難，因為有些人已經把它用掉了，有些人則把它拿去買了房子，但軍事代表大力追繳，加以，大家希望保持飯碗，所以，東拼西湊，終於還是退了出來。

在這些金融機構的業務方面，關於人欠欠人部分的處理問題，中共曾經決定：凡欠人的，都屬無效，他們的理由，這是國民黨反動派所欠的債，人民政府當然不能替它歸還。至於人欠部分，則認為這是國家資產，欠債人必須完全付清。否則，即嚴厲追繳。中共說嚴厲追繳，那真是一種嚴厲追繳而不是官樣文章。它究竟如何嚴厲法呢？這裡不妨舉發生在四川自貢市的一個實例來說說。自貢市有一個鹽商名叫王思儉，曾經欠了國家機關一筆錢。淪陷後，軍事代表嚴厲追收，他只得把全部財產拿出來作抵。但仍然不夠。軍事代表認為他的親戚都是鹽商，都有錢，就繼續問他要。他說我自己已經沒有了，軍事代表說：你去問你那些親戚借或者討取好了。他不得已就跑到那些親戚家去討。有的給一點，有的沒有給。但軍事代表不滿意，就把他吊起來，他就只好大喊：「毛主席救命呀！毛主席救命呀！」軍事代表看見他喊毛主席，就把他放下來，他於是又到處去叩頭求乞。把所乞得的拿來還債。關於追繳債務，也曾經發生過這種事情，就是某一個人在某一部分是債務人，而在另一部分則是債權人，以其債權之所得，原可以抵消欠債部分而有餘，但是債權部分無效，於是乎這個人就完全變成債務人了。而債務是非還不可的。

又有一樁事情，是成都交通銀行曾經在「解放」前兩個月委託德華汽油公司代購一百桶汽油，三個月交齊，但不到兩個月的時間，成都就淪陷了。淪陷時，只交到六十桶，還欠四十桶。由於該公司庫存汽油被認為有係「國民黨軍用物資之嫌疑」，被「解放軍」查封。無法交付這四十桶，交通銀行的軍事代表亦不允以該公司所查封之三百桶汽油中之四十桶作抵，而必須另外清償。而當時，成都的汽油價已漲到兩千塊銀元一桶，（因為根本缺油，而汽車又有三萬餘輛），而且根本買不到。就請求軍事代表照原有合約每桶一百四十塊銀元折合五千六百塊銀元付還，但軍事代表堅持必須照市價每桶二千元折價八萬銀元始允付還。後來，德華公司只好把公司全體股東的私人財產包括房屋等全部交出了事。軍事代表的理由，認為該公司原應照合約交油，而不是按原約退款，故必須照現貨價格折算云。但一般人則認為太過。而對於這些問題，一般公務員是不敢而且也無權簽具意見的。但一般公務員當時卻被留著來幫助軍事代表辦理和清算這些事。

川康兩個省政府的地方公務員亦係如此。中下級人員都曾經留用了一個時期。不過，他們也曾經冒過一次危險。當民變初期，中共下鄉幹部被各縣各鄉鎮的農民打死以後，中共不敢再派幹部下鄉，但中共仍然需要催收糧食，就改派這些地方公務員下鄉。憑藉他們都是本地人，用他們去從事催糧和收糧的工作。這一辦法，有相當效果。因為中共曾經對川康兩省政府的舊公務人員說：這一次派你們下鄉催收糧食，就是對你們的一種考驗，看你們究竟是不是真的效忠人民政府。同時，這也是人民政府特別給你們的立功機會。這些公務員，為了保持飯碗，當然不得不去冒一番險，並且賣一番氣力。其中，也有一些在下鄉後被打死，但比起共幹下鄉的情形，已經好得多了。

催收糧食回來之後，成績好的，再加上中共平時考察，認為思想可以改造或有技術特長的，就有改造或學習機會。事實上，中共也不能立刻換掉所有的人，因為許多共幹都不認識字，等到大批幹部從川西軍政大學出來，舊有公務員就紛紛被淘汰了。

唐英再起義

在川康「起義」將領中，唐英是唯一再「起義」的一個人。不過，他的再「起義」，並不是想乘民變之勢，有所作為。而是聽到了中共的作風，越來越厲害，對於自己，只有危險，沒有好處，於是，他就在康青邊區再「起義」了。

唐英是四川仁壽縣人，保定軍校畢業，與劉文輝是同學，二三十年來，一直在劉文輝手下擔任軍職。「解放」前十年，他已經在劉文輝手下當師長了。等到劉文輝的姪輩：劉元瑭、劉元琮、劉元瑄等人長大起來之後，他才被調到川康邊防總指揮部去當副總指揮。總指揮是劉文輝本人。

唐英雖然名為川康邊防副總指揮，但他所指揮的兵實力只劉文輝所屬部隊中的一個團，這一團人一向駐紮在西康所屬接近青海省界名為「草地」的地方。所以，唐英也常駐在草地。草地是一個很荒僻的區域，距離康定和雅安都很遠。當劉文輝「起義」的時候，唐英也名列其中，但因為他遠處康青邊區，所以，他「起義」後兩個月，還沒有機會親自看見共軍的樣子。因為，那時候，共軍雖然已經向康藏方面進軍，但還沒有到達草地。不過，共軍雖還沒有到達草地，成都淪陷後的一般情形，尤其是鄧錫侯挨打，劉文輝在成都市人民坐談會被攻擊，調查官僚資本，中共一直不承認鄧、劉等人「起義」而只說他們的「脫離國民黨反動陣營」的一類事項，卻都已經傳到了草地，而且傳進了唐英耳朵。而當時川康各地又正傳說著美國即將出兵干涉國共戰爭的話，所以，唐英就在草地，指揮著他那一團人再「起義」了。

唐英再「起義」後，中共責問劉文輝，劉文輝無詞可對。只好請中共用武力解決他。中共當然不客氣，跟著就從西康和青海兩省分別用兵把唐英那一團人解決了。

以草地的地理位置來講，唐英再「起義」以後，本來應該可以支持一段時間的。假如打游擊的話，也應該可以進行相當長久時間的反共戰鬥。為什麼很快就被解決了呢？主要之點，是因為劉文輝所屬的部隊，自民國二十一年由四川入西康的十九年以來，就一直在西康做鴉片烟生意。這種生意做久了，一部分官兵就都自己染上了鴉片煙癮；另一方面是大部分官兵由此賺了錢。在劉文輝部隊裡，一個小小連長，擁有二三十萬銀元的財產，是極不稀奇的事。許多士兵，因為替長官跑鴉片烟生意，也在賺了錢之後，成家立業。試問：這種部隊如何能打。再加上，唐英再「起義」，其他「起義」部隊並無聲援，而草地距離四川發生民變這七十幾縣非常遙遠，所以，唐英再「起義」的事就只曇花一現。

王陵基被俘

在從前，四川是一個以內戰最多著名的省區。內戰既多，當然就造成了許多地方將領。最近十年來，曾任集團軍總司令或者主席的人就有：鄧錫侯、楊森、孫震、劉文輝、潘文華、唐式遵、王纘緒、王陵基等人。

楊森與孫震在「解放」之前飛到台灣去了，鄧錫侯、潘文華、劉文輝、王纘緒則都以「起義」名義靠攏；戰死的是唐式遵；被俘的則有王陵基。

王陵基是四川樂山縣人。畢業於四川講武堂，隨後到日本留過學，回川後，曾在四川速成學堂作過教官，所以，說來，他也算是劉湘、王纘緒、潘文華、唐式遵等人的先生。也就因為這一關係，他就在劉湘手下做事。最先，他是劉湘的參謀長。隨後，他與潘、唐、王等人同在劉湘手下當師長。但他很跋扈，不只潘、唐等人怕他，就是劉湘本人也很顧忌他。曾經有這樣一件事，遠在民國十九年，劉湘還在當國民革命軍第二十一軍軍長的時候，他正在二十一軍當參謀長。有一天，為了一件事情，他與劉湘的意見有衝突，他認為劉湘處理不當，但劉湘不接受他的意見，第二天上午，他到軍部去的時候，就叫人提了兩個點燃了的燈籠在前面引路，軍部隊裡的人看見了他的這一個奇怪舉動，都很詫異，有人問他，他說：「軍部裡面太黑暗了呀！不點燈籠，如何看得見走路。」其幽默與跋扈的程度，由此可以想見。後來，劉湘大捧劉神仙，別人都拜劉神仙為師，但王陵基卻毫不買賬。民國十八年，中共所謂「三三一」慘案，也就是他所指揮的。那一次，他指揮重慶的軍警向集會的左傾學生開槍，死傷很多，中共當時四川負責人楊雁功也當場被槍殺。所以，他素有「王靈官」的綽號。

抗戰發生時，他由四川省保安處長出任三十集團軍總司令，勝利後，繼熊式輝出任江西省政府主席，頗得國民黨最高當局的信任，民國三十七年，又調四川繼鄧錫侯出任四川省主席。

三一、青民兩黨同志抗暴的壯烈犧牲

四川是一個情形複雜的地方，同時，也是人事派系摩擦得很厲害的地方。但一般人對「王靈官」倒是懼怕三分。所以，當他初調四川時，四川大學的左傾學生就準備來一次遊行，給他一個下馬威。殊不知，他的對策很簡單，他說：任何學生敢於不聽命令隨便遊行示威的話，我就命軍警開槍。別人說這一類的話，學生們根本不怕，但王陵基說得出做得出，所以，遊行的事，學生們便也不敢舉行了。

他在四川，各地方派系始終與他有摩擦，可以說，幾乎沒有一個派系支持他。都想把他從省主席寶座上打下來，但國民黨最高當局始終支持他，所以，他得以在四川依舊幹下去。

到四川「解放」前夕，他本可以一飛了之，但他反共意志非常堅強，一直留著沒有走。等到無脫身的時候，台灣的飛機又不能再來接他了。他只好帶著四個保安團，準備突圍到西昌去。

在路上，有兩個保安團脫離他走了。跟著又有一個保安團要求他把隨軍携帶的黃金分給全團官兵，他只好答應。分金之後，這一個團也不跟他到西昌去了。剩下的一個又要求分另外剩下的那一部黃金。不得已，他也照分了。因為他知道，他如果不分給他們的話，自己就有性命危險。黃金分了和部隊散了之後。他知道不能再到西昌，就間道跑回他的家鄉樂山縣。他準備從那裡買舟東下，混到廣州，再混到香港。但到過樂山之後，他不敢回家，跑到一個親戚家去。親戚的門房不認識他，問他姓甚名誰？他不敢直說，只得對門房說：你向衛太爺說：有一個老親戚遠道來看他。門房進去報告老太爺，老太爺也很詫異，出來一看，才很客氣的把他請進去，並且把小姐的房間騰出來讓他住。這樣一來，門房和左右鄰舍都驚詫了。中共樂山縣公安局的密探得到了這一個消息，就去報告公安局，公安幹部開會討論，並研究戶籍及人事紀錄，知道這一家老太爺與王陵基是親戚，幹部們懷疑這來者莫非就是王陵基？於是決定第二天清早去搜查。

那裡曉得，第二天清早卻撲了一個空。因為來客已經在早晨四點鐘搭輪船走了。

公安人員問這一位老太爺，昨晚上的來客是否就是王陵基。老太爺說不是，但公安人員仍然懷疑，就通電沿途各縣截留，結果，輪船經過江安縣的時候，江安縣已經找到了王陵基的一個舊部，把他指認了出來。於是，他被押解到重慶。他被捉，中共方面很高興，全川各地也都很轟動，西南軍政委員會特組軍事法庭審訊他。他神色自若的說：「成則為王，敗為寇，今既被捉，無話可說，由你們槍斃好了。」但中共至今還沒有槍斃他。卻把他囚在重慶黃山附近作苦工。與他同時作苦工的尚有前國軍兵團司令宋希濂及前國民黨四川省黨部主任委員曾擴情。他們每天必須揹木板。據中共公安人員透露：曾擴情可以揹五塊，王陵基可以背四塊，宋希濂則只能背三塊。所以，附共後的四川某高級將領曾在暗中嘲笑王陵基是二老闆云。

王陵基曾經一度寫信託衛兵交重慶聚興誠銀行楊經理要兩件襯衣，楊經理將函請示軍管會，軍管會也沒有答應呢。

民主黨派的反抗武裝

這裡所說的民主黨派不是指中共所說的那些「民主黨派」，中共所說的那些「民主黨派」是指：「民盟」、「民建」、「九三學社」等而言，它們今天都已無自由，在中共的強迫、挾持和玩弄之下，已經失去了民主黨派的真實性。我在這裡所說的民主黨派是指青年黨與民社黨而言。

張君勱先生曾致函謝澄平先生討論民主運動時說：「中國民主思想誰實啟之？非後來之民主同盟也，非民國十四年後之國民黨也，乃北伐勝利國共合作聲中若干手無寸鐵之青年黨與民社黨黨員也。」這一段話是很正確的，從這一段話可以看出青年黨與民社黨是一種真正的民主黨派那是沒有問題的。

當然，自大陸淪陷後，海外又曾經有新的民主黨派產生，不過，在川康易手前後，及時參與其役的卻又只有青年與民社這兩個民主黨派。

對於軍隊和武裝的看法，民主黨派與國民黨和共產黨都迥然不同，國民黨和共產黨都一向自己建立黨軍，視國家的武裝為己有，所以在國民政府統治下，明明是國民黨的軍隊，它卻用國軍兩個字來掩護其黨有的事實，在中共方面呢？明明是比國民黨控制得更緊的黨軍，它卻打著「人民解放軍」的旗號，他們的看法和行為都和民主黨派不同，民主黨派素來認定軍隊乃國家的國防武力，決不應該屬於任何私人，也不應該屬於任何黨派，因此，民主黨派的共同主張，一貫是主張軍隊國家化。但國民黨和共產黨都各抱霸佔政權和奪取政權的野心，仍各自擁有其軍隊，這種情形與民主黨派之手無寸鐵恰恰成一鮮明的對比。

在國民黨統治下，民主黨派雖然手無寸鐵，國民黨固然也祕密地逮捕並處決了若干反抗專政與獨裁的人士，但尚不敢運用大批武裝正式公然大規模屠殺一般老百姓和民主黨派人士的事情發生，共軍即所謂「人民解放軍」來了之後，這情形就完全不同了。

為了援助被屠殺的老百姓，為了求取自己的生存，在共軍大規模出動以「鎮壓反革命分子」的名義正式公然屠殺民主黨派人士的時候，一向手無寸鐵的民主黨派也被迫從事武裝活動了，這是民主黨派的反抗武裝被迫組織起來的原因。

民主黨派的反抗武裝是隨著四川七十餘縣民眾反暴而起來而發展的，本來，青年黨與民社黨各有其悠久歷史，以中國青年黨來說，是民國十二年創黨的，但是它始終都徹底的反對共產黨，它和民社黨一樣素來沒有建立黨軍，所以當共產黨用武力強佔整個大陸的時候，青年黨和民社黨都派不出武裝部隊來反抗，但是，這兩個黨平時雖然沒有武裝，它們卻與民眾的關係很好。這也是它們能與四川七十餘縣的民眾反暴武裝同時起來和同時發展的一個重要因素。

青年黨與四川的人事淵源特別深，青年黨的好幾位重要領袖都是四川人，它在四川民間和各社會階層的力量擁有潛勢力不小。所以，它的反抗武裝能夠和一般民眾的反抗武裝融在一起，也是很自然的事情。關於青年黨反抗武裝的詳細活動情形，這裡不必細談，且舉兩個例子來敘述一下。

青城烈是青年黨籍的四川省參議會的參議員，川康易手前後，由於他平日的社會基礎，他聯繫了許多人，並且還運用了一部分正規軍的軍官，在川康邊區指揮和策劃了許多支游擊隊，對共軍給予了極重的打擊，直到後來壯烈殉難。

曾經在成灌公路線上（成都到灌縣）親自率領武裝隊伍給予共軍嚴重打擊的則有夏騎風。夏騎風也是青年黨黨員，曾經在劉文輝手下作過副師長，是一個老軍人，川康易手的時候，他本已從軍職上退休，但為了反抗中共的暴政，易手時，他又重披武裝，並且親自率隊在成灌公路線上與共軍對抗。

前面說過劉文輝在川西彭縣以起名義靠攏的，成灌公路與彭縣相距不過六十華里，如果夏騎風想投靠的話，他很容易就可以與劉文輝取得聯絡，一齊投靠了。但是夏騎風沒有這樣作，這是難能可貴的地方，他後來也是堅持他們的戰鬥一直到死。

至於民社黨，它雖然較青年黨與共產黨創黨稍遲，但抗戰勝利前後，它在四川和西康也曾經有大量的發展，在川康邊區打游擊的羊仁安及在邛崍一帶打游擊的陳志武就都是民社黨黨員。

事實上，青年黨與民社黨參加四川七十餘縣民眾反抗活動中的黨員就還有很多很多，不過，大體上他們的命運都和民眾反抗活動的命運同其終始，當民眾反抗運動逐漸被瓦解和被鎮壓下去的時候，青年黨民社黨的黨員們所領導的反抗武裝也很少逃出被瓦解和被鎮壓的命運。

被瓦解的原因是群眾對中共的認識並不真正深刻，如我在前面所述，中共的政治瓦解是有多套手法的，它一套一套的使用出來，直到收效為止，你一聽他的話，便上當了。這正如一個善於偷竊東西的小偷一樣，他身上帶著許多條鑰匙，他把鑰匙一把一把的試用打開你的鎖，直到把鎖打開，偷到財物為止。當然，所有這些反抗武裝都是臨時組合而不是訓練有素的軍隊，它之所以容易被瓦解和被鎮壓，這也是一個原因。其中究竟是有著許多不被瓦解的人，但這一部分人則終被武力鎮壓下去了，終被武力鎮壓原因則在軍火無接濟，曠日持久，所以，終不免於死亡。

最值得慨嘆的是在四川七十餘縣的龐大民眾反抗活動的時候，在川西「起義」的六十萬國軍，竟無一個高級軍官再乘勢起義，只有一部分士兵少數下級幹部參加到游擊陣營中，何以如此？這是國民黨在用人行政上最值得深思和痛省的地方。

輯二

川康淪陷經過

周開慶　編著

序

〈川康淪陷經過〉一文，寫於民國五十八年十二月川康淪陷二十週年，於五十九年一月出版之四川文獻月刊第八十九期刊出。以索閱者眾，本期月刊早已無存。茲應讀者要求，特選輯蔣經國、陶希聖、袁睽九、楊森、孫震、盛文、鍾樹楠、賀國光、周君亮諸先生及胡宗南上將年譜有關川康淪陷之記載，輯成《川康淪陷經過》一書，列為四川文獻社叢刊之一，付印出版。

川康淪陷為整個大陸淪陷最後之一幕。對日抗戰時期，政府憑藉川康為抗戰根據地，川康民眾以全力擁護政府，卒收最後勝利之偉績。三十八年國內局勢逆轉，共匪於侵佔華中、西北、華南後，其兇鋒指向西南，政府亦於是年十月再遷重慶，欲憑藉川康予共匪以致命之打擊。川康之土地人民，猶是對日抗戰時期之土地人民，反共意志之昂揚，亦絕不亞於抗戰時期之反日。而何以政府遷川先後不及三月，四川遂全淪匪手，西昌亦不久陷落。作者所撰〈川康淪陷經過〉一文，蓋欲一究其始末與原因，於失敗中記取教訓。所輯各文，執筆者或為親身參與保衛川康之將領，或為當時親歷目擊之人士，凡所記述，均極具歷史參考價值。至於周君亮先生所撰〈滇變身歷記〉一文，雖似與川康淪陷無直接關係，而以川康滇黔在地理歷史上為不可分，滇局之惡化，、為川康加速淪陷之一因素，故併予輯入。

時光易駛，川康淪陷，忽已二十三年。近年以來，國際姑息氣氛轉盛，共匪勢燄，隨之高張，憂國之士，深懼復國大業之將因此而遲滯。實則大陸同胞，年來在共匪迫害之下，如水益深，如火益熱，無一不抱「與汝偕亡」之痛；國際姑息分子所謂共匪已有效統治大陸之說，純係讕言。曠觀古今中外歷史，未有一殘民以逞之暴力而可以長久者。吾人反攻復國之大業，早已在大陸七億民心中確立根基，一旦時機到來，則共匪之敗滅，將非土崩而為瓦解。吾人同憶過去慘敗之教訓，正所以化悲憤為力量，以爭取復國大業之提早完成。此則編輯本書之微意，顧以奉告讀者諸君者也。

中華民國六十一年十月　周開慶　序於四川文獻社。

一、川康淪陷經過

——紀念川康淪陷二十週年

周開慶

民國三十八年大陸形勢逆轉，共匪於四月渡江，京滬淪陷。政府南遷廣州，十月，湘、桂、閩、粵相繼陷落。十月十五日，政府三遷陪都，欲憑此抗戰時期之抗日基地，抵禦共匪，扭轉危局。不意僅及一月有半，重慶即告失守。政府四遷成都，號召軍民，保衛成都。但形勢急遽惡化，為時八日，政府遷來台北。保衛成都之戰事，亦僅支持半月，至十二月二十五日而成都陷落。殘部退守西昌，苦撐三月，於三十九年三月二十六日，西昌亦告撤守。時光易駛，川康淪陷，至今轉瞬二十週年。川康為政府戡亂戰爭最後退守之據點，川康淪陷，亦即整個大陸之淪陷，故就全國而言，今日亦為整個大陸淪陷之二十週年。本文擬就川康淪陷經過，作一較有系統之研述，先自川康淪陷前之川康軍政情形，加以引析，以觀川康淪陷之前因。次述川康淪陷之經過，使吾人勿忘此可恥可悲之慘痛。再後一述失敗的原因，使吾人可於失敗中記取教訓，化悲憤為力量，以爭取反攻復國之早日完成。此則吾人撰述本文之微意，願先為讀者一述者。

（一）川康淪陷前之川康軍政情形

現在先述抗戰勝利後川康淪陷前之川康軍政情形。

民國三十四年對日抗戰勝利，三十五年五月五日，國民政府由重慶勝利還都南京。同年四月二十三日，國府明令恢復軍事委員會委員長重慶行營之設置，督導推動西南四省一市（川、康、滇、黔四省及重慶市）之軍政建設事宜，特派張群兼代主任。五月一日，重慶行營成立。三十六年一月，軍事委員會委員長重慶行營奉命改組為國民政府主席行轅。張兼主任於同年四月出任行政院長，五月二十八日朱紹良氏奉派繼任重慶行轅主任，於六月十五日就職。三十七年五月二十日，重慶行轅奉令改為重慶綏靖公署，六月一日改組，朱氏仍任主任。此時綏署工作重心，為肅清轄區內土匪，加強動員戡亂工作。三十八年一月十六日，朱氏奉蔣總統電召入京，攜有預擬加強防衛西南計劃，其要點為在四川成立五個綏靖區，遴選川中宿將分任主任，每區組訓新軍兩軍。黔滇兩省，亦有各組訓新軍兩軍之計劃，藉以增厚防衛實力，並與西南境外國軍協力，進出中原，掃蕩匪共。以朱氏奉調福州綏署主任，上項計劃，未奉核定實施。一月十八日，總統頒佈明令，重慶綏、署改派張群繼任。二月四日，張氏由滬飛渝，並曾飛蓉一行，先後接見川康首長，與滇黔代表，研商西南局勢，於二十一日正式就職。三四兩月，張氏奉政府召，參加中央和平大計，四月五日，特派為西南軍政長官。四月下旬，政府與中共和談破裂，政府申明堅決作戰奮鬥到底之國策。張氏於二十五日通電轄區各省市，共維社會秩序，努力增加生產，健全自衛力量，以求自保自給。五月一日，西南長官公署正式成立。該署政務委員會隨亦組成。此時主要工作，在軍事上為謀轄區內匪患之肅清，以求地方秩序之安定，一面整備轄區之防衛工作，以期能拒匪於境外。在政治上策劃加強民眾組訓，厲行戡亂動員。在經濟上則設法平抑物價，並實施農地減租，以改善大多數農民之生活。惟整個大局迅速逆轉，共匪侵佔甘、陝、鄂、湘、粵、桂等省後，西南四省一市，已陷於被匪軍大包圍之形勢。而在西南內部，川省則省主席王陵基與所謂「川康自衛委員會」之間，明爭暗鬥，日形激烈；滇省則盧漢態度曖昧，全省大半土匪猖獗。而一般社會狀況，則物價激漲，人心浮動，此領導西南各省市軍政之長官公署，此時顯已陷於顧此失彼艱苦肆應之局勢中。

其在四川省方面：四川一省，實為西南之重心，抗戰期中，四川為中國戰時政治軍事之中樞所在地。張群氏曾謂：「政府憑藉四川以提挈西南，憑藉西南以提挈全國」，故能獲得最後勝利，可見當時四川地位之重要。自民國二十九年，張氏以成都行轅主任兼理四川省政府主席，三十六年出任行政院長，川省主席一職，由鄧錫侯繼任。三十七年四月三日，行政院會議通過鄧錫侯辭職照准，以王陵基繼任。王氏於四月九日就職，當日即發生成都各大學學生由奸匪鼓動，集體請願之學潮，王氏以嚴正態度逮捕肇事學生一百餘人，學潮終告敉平。五月三日，王氏在省政府國民月會上報告治川方針，謂今後將加強民眾組訓，增編保安團，使共匪不敢輕於窺川。在三十八年一月，蔣總統宣布引退，政府與共匪進行和談，川中不少附匪分子，一時倡為停止徵兵徵糧之議，惟王氏堅決表示：川省徵糧徵兵，決照常舉行。五月，川省府宣布全省嚴格執行戒嚴法令，恢復戰時體制，提高專員縣長職權，以加強戡亂力量。自王氏就任主席一年以來，其反共立場，頗稱堅決，惟賦性剛愎，未能與各方協調合作，各種策劃，亦多未切實實施。五月以後，先有川康渝三省市國大代表、立監委員及省市參議員組織之民意代表聯誼會之成立，繼又有川康自衛委員會之組成。民意代表聯誼會發起之動機，在於協助政府，動員戡亂，王氏未能善為因應，共謀進行。至於「川康自衛委員會」，推由熊克武等出面主持，有於省政府體系之外，另立自衛系統之傾向，更為王氏所難同意。故自五六月份以後，四川局勢日緊，而內部明爭暗鬥之勢亦日烈，匪諜分子更乘機滲透活躍於其間。川康保衛戰開始後，川省不能發揮其總動員之力量，內部意見紛歧實為一重要因素。

西康方面：自國民政府成立以還，該省軍政，歷由劉文輝主持。抗戰發生，川中各軍，或全部或抽調一部出川抗日，浴血南北戰場，效忠國家，惟劉文輝所部二十四軍，從無一兵一卒參加抗日工作。抗戰勝利後，劉仍任西康省政府主席及二十四軍軍長。康省盜匪充斥，雅片遍地，庶政不修。其左右則充滿各種派系人物，共黨匪諜亦早已滲透其間。以劉平素為人奸詐，各方早已逆睹：一旦大局逆轉，彼必投機叛變無疑。惟西康之寧屬，抗戰期中曾成立西昌行轅，主持當地之開發。抗戰勝利後，行轅撤銷，改設西昌警備司令部，由賀國光任警備司令。西昌地當川滇康三省之交，形勢重要，賀氏負警備之責，頗能力事整飭。川康保衛戰以此為最後之堡壘，說明當地軍政之較有秩序與政府平時對西昌地區之重視。

重慶市在戰時為全國軍政領導之中心，國府還都南京時，市長為張篤倫氏。三十七年四月三日，行政院會議通過任命楊森為重慶市長，楊氏於五月就職。重慶為西南重鎮，共匪在此展開地下活動，策動學潮，擾亂金融，甚至四出放火，企圖燬滅大重慶。楊氏反共立場堅決，對組訓民眾、動員戡亂，工作亦甚積極。惟在川康保衛戰開始以前，以物價激漲，民生疾苦，公教人員生活困難，社會秩序，早已形成動盪不安之現象。

在川省防衛方面：三十七年八月，孫震氏由鄧州指揮部主任奉調華中剿匪副總司令兼川鄂邊區綏靖主任，任長江上游川鄂邊區及宜昌地區設防，可謂為川東門戶設防之始。三十八年一月，川鄂邊區綏署奉命改歸重慶綏靖公署指揮。二月，孫氏改任重慶綏靖公署副主任兼川東綏靖司令，仍兼任川鄂邊區綏署主任，移駐川境萬縣，擔任大巴山防務，銜接西安綏靖公署之漢中安康作戰地境，自陝西鎮巴經四川萬源，城口、巫溪、巫山及長江北岸止。五月，孫氏在萬縣召集與大巴山準備設防作戰有關之四川第九、第十、第十五等三個專員區之專員，縣長及議會，黨部首長開會，通過遵照中央規定之總體戰方案，在綏靖區內逐步實施。川東南方面，宋希濂兵團於三十八年二月改為鄂西綏靖司令部，駐防思施，沙市、宜昌，巴東南北岸。三十八年七月，匪軍進陷宜昌沙市，宋部退入恩施，繼續布防於宜昌上游之巴東南北岸以對北正面，及由恩施布防以對東正面。宋部退入恩施後，奉命改用川湘鄂邊區綏署名義統率該部。

川東北方面：自陝甘各地相繼失陷後，局勢日漸緊迫，胡宗南部逐漸南移。三十八年八月二十四日，行政院會議通過，特派胡宗南兼任川陝甘邊區綏靖主任，擔任川西北方面之防衛事宜。

如上引述，可見在川康保衛戰前之軍事布署，川東正面為川鄂邊區綏靖公署，川東南方面為川湘鄂邊區綏靖公署，川西北方面為川陝甘邊區綏靖公署。至於康、滇、黔方面：康省劉文輝所部實力薄弱，惟時有叛變之虞，不惟不足以鞏固後防，且使國軍有後顧之憂。雲南盧漢之態度與劉文輝相若，其可慮亦正與劉文輝同。貴州省主席谷正倫反共立場堅定，惟防衛兵力原不甚厚，此時為鎮壓雲南局勢，又有一部分開入雲南，不免更形空虛，以致為匪部所乘。

川康保衛戰開始前西南局勢之複雜、混亂，既已如此，故一經匪軍進侵，不及三月而整個西南竟告淪陷，失敗之速，不可謂為全屬意外。

（二）川康淪陷之經過

以下吾人當一述川康保衛戰之經過。

民國三十八年為整個大陸形勢逆轉之一年。是年一月二十一日，蔣總統宣布暫行引退，由副總統李宗仁代行總統職權。政府與中共進行和談，至四月二十一日共匪發動全面攻勢，渡江攻擊國軍，自此政府重申戡亂決心，直至川康淪陷，可概分為三大階段。一為京滬保衛戰，一為大廣州（華南）保衛戰，一為川康保衛戰。匪軍於四月二十一日渡江，二十三日國軍撤出南京，政府南遷廣州。五月中旬，上海保衛戰開始，國軍與共匪激戰十日後，於同月二十七日撤離，京滬保衛戰至此告一段落。政府南遷，六月十二日閻錫山就任行政院長並兼國防部長，此時共匪進犯指向華南；武漢、長沙、南昌、福州相繼失陷。十月初，共匪已進逼廣州近郊，至十三日廣州棄守。十五日起，政府移重慶辦公，川康保衛戰開始。川康保衛戰又可概分為三個階段，自十月十五日政府移渝辦公至十一月三十日重慶棄守第一階段；自十一月二十九日政府遷蓉至十二月二十五日國軍退出成都為第二階段；至三十九年三月二十六日西昌撤守為第三階段。西昌撤守，整個大陸之最後一據點亦告淪陷。

就川康保衛戰之第一階段言，為期適為一個半月。十月十二日，政府發表明令，謂「現匪軍雖已侵入粵境，但政府保衛我革命策源地廣州及西南大陸之決心，絕不因此而稍有動搖。茲為增強戰鬥力量，減少非戰鬥人員對軍事上之不必要負擔，中央政府定於本月十五日起，在陪都重慶開始辦公。」十四日，李代總統由桂林飛渝，發表談話，謂「重慶為抗日戰爭中之戰時首都，具有光榮之歷史。川省人民對抗戰戡亂，均有重大貢獻。現政府遷渝辦公，重慶即成為全國戡亂政治軍事之樞紐，亦即大西南反攻基地之中心，與國家民族興亡之前途，所關甚鉅。務望我川省及西南各省同胞，認清保鄉保國自救救國之義，協助政府，完成劃時代反共救國艱鉅之歷史任務。」十五日，行政院長閻錫山由台飛渝。謂：「今後保衛四川，固須我四川及西南各省同胞出錢出力，即恢復國土，亦更需我四川及西南各省同胞盡最大之努力，以期求得最後之勝利。」十九日，西南長官公署副長官鄧錫侯、王纘緒，西康省主席劉文輝，中央委員熊克武，川省參議會議長向傳義等，應張長官群電邀來渝，交換有關川康自衛組織問題意見，並晉見李代總統，報告川康兩省近況。二十二日，川省府為加強全省軍運工作，成立軍運調配委員會。三十日，川省府為配合軍事需要，再令嚴禁專員縣長擅離職守。全省中等學校，亦遵教育部令，自本學期起，一律恢復軍事訓練。三十一日，川康渝民意代表二百餘人，聯名電呈蔣總裁，促早日命駕駐節陪都，主持大計，共商國是。願在領導之下，輸財出力，竭誠效忠，凡關支援剿匪，不惜任何犧牲。同日，川省保安司令部，以鞏固川省防務，必先肅清匪患，特令飭各區保安司令部發動總清剿，限期一月內將全川土匪肅清。十一月一日，李代總統以巡視為名，由重慶飛往昆明，張群同行。李在昆明循地方人士請求，對盧漢於九月十日逮捕之大批反動分子，批准「從寬辦理」。盧漢亦未經西南長官公署批准，逕予釋放。盧漢異志復萌，滇事遂日趨惡化。同日、熊克武、鄧錫侯、劉文潭等由渝返蓉，據向傳義談：安川計劃，正由中央根據地方實情，妥慎擬訂中。鄧錫侯談：川康自衛委員會同人，因鑒於時局局緊迫，決動員民眾，努力自衛救國工作。二日，行政院會議通過，特派楊森兼任重慶衛戍總司令，劉雨卿為副總司令。三日，重慶衛戍總司令部開始辦公。八日，張群由昆明返渝，李宗仁則逕赴桂林，迭經各方函電敦促，請其返渝坐鎮，竟於十一月二十日托言就醫，由南寧飛赴香港，十二月五日，更由香港飛美。十一月九日，政府發言人告中央社記者：

外傳政府有遷昆明之說，完全不確。政府遷渝以來，即計劃以四川為基地，保衛大西南。現匪雖向川東發動攻勢，政府決盡最大努力，貫徹既定計劃。十一日，閻院長錫山電呈蔣總裁，謂：「渝東，黔東軍事雖有布置，尚無把握，非鈞座蒞渝，難期挽救」。十二日，王陵基在國父誕辰紀念會上表示：蔣總裁可能於下週來渝，協助政府策劃當前大計。王氏表示：「四川必可確保。因胡宗南所部大軍，刻正把守川北大門。宋希濂、孫震兩部鎮守川東。目前川邊雖一時緊張，但我已有萬全準備，川局仍可有為。」十四日，蔣總裁由台北飛抵重慶，即電李宗仁請其來渝共商一切。隨行之中央黨部秘書長鄧彥棻：「總裁上次巡視西南，為促進西南各省同胞及本黨同志精誠團結，抗俄剿共到底而努力。此次重蒞戰時首都，正當西南局勢日趨緊張之際，仍本此旨，協助李代總統暨閻院長共挽危局，並與我全體軍民共同努力，保衛西南，奠定反共基地，以副全國同胞全黨同志殷切之期望。」十五日，留渝立法委員八十餘人舉行座談會決定向政府提議：「迅速集中力量，鞏固西南，扭轉危局案。」本案對政府半年來措施未當，有嚴切分析，附辦法十四條，咨請行政院擬具實施辦法，徹底實施。十六日，重慶衛戍總司令部召集轄區各縣黨政軍首長會議，決定迅速組訓各縣之反共保民軍，凡四十萬以上人口縣份，成立一個師，轄區內共成立十五個師，槍枝經費，准由各縣動用積穀，社倉穀及自衛特捐款。十七日，重慶美國領事館，鑒於時局嚴重，正式宣布閉館，昆明領事館亦採同樣措施。十八日，蔣總裁召見張群、顧祝同、王陵基，商討渝東作戰布署及應付滇省局勢，因得報告盧漢態度突變、西南情勢日緊。二十日，王陵基由渝返蓉，謂所擬安川計劃，蔣總裁認為可行。依該項計劃，川省將成立反共救國軍五十萬人。二十一日，中央政府以重慶保衛戰情勢嚴重，決定遷往成都。二十三日，行政院會議通過：「足夠保衛西南中心的四川部分方案」，其要點為將川省劃分為四區備戰，俾實行軍政一元化，作為實施總體戰之樞紐。川北區由川陝甘邊區綏署負責，川東區由川鄂邊區綏署負責，川中區由重慶衛戍總司令部負責，與四川省政府密取聯繫。川南區由四川省政府直接負責。方案中對於如何實施總體戰，充實部隊，建立新軍，與動員組訓武裝民眾，均有原則性之規定。二十八日，閻錫山、張群由渝飛蓉，政府決定遷蓉辦公，至三十日而重慶淪陷。

至於軍事方面的演變，自從衡陽轉進，廣州撤守，政府正式遷移陪都起，盤據在湘鄂川邊之匪軍，即調動頻繁，加緊布署，陰謀以陪都重慶為其冬季攻勢之指標。政擊路線，一路為由湘鄂邊區向川東恩巴建始一帶進攻，一路則由湘黔邊境竄入貴州腹地，冒險北進。關於匪我軍事情形，十一月十一日國防部政工局長鄧文儀在台北招待新聞界時報告謂：「匪軍進攻西南的兵力，總數在五十萬人以上，包括陳毅、聶榮臻、林彪、彭德懷、劉伯承等匪首的部隊。彭德懷部分布在陝南、劉伯承部分布在湘西，林彪主力在湘桂黔邊區，由劉伯承統一指揮，以劉匪所部擔任主攻，以林彪所部從旁策應。但川黔一帶，地勢險要，且時近冬令，氣候轉寒，只要我們能徹底破壞公路，匪軍作戰補給不易，困難很多，我軍以逸待勞，必能堅守。四川的防務，相當堅強。北面胡宗南所部，力量雄厚，比彭匪的兵力或更佔優勢，至少也可勢均力敵。川東宋希濂兵團，雖經半年來的整補，然而未達到完成階段，就遭受匪軍向湘鄂邊區一帶竄擾，宋將軍為了集中兵力，自動撤退，所有幾縣已陷入匪手。貴州東北部兵力較為薄弱，現由華中白崇禧部隊調黔作戰，那個缺口，很快就可以堵住。所以西南戰局，決不會像過去西北，華南一樣地不可收拾。」

如上鄧氏所報告，可以略窺當時匪我之態勢，但並非如此樂觀。川東南方面：匪軍於十月二十日竄陷湖南之永綏，十一月二日巴東失陷，宋希濂部向川湘黔邊境陸續撤退，建始、思恩、咸豐各縣，相繼淪陷，宋部再退入黔江縣，川境長江南岸門戶洞開。九日，秀山失守。十二日，酉陽陷落。十四日，彭水陷落，利川亦失守。十五日，蔣經國氏奉蔣總裁命，赴川東前線視察戰地實況，於十六日抵江口，在江口晤見宋希濂陳克非，轉達蔣總裁望彼等堅守烏江之意。蔣氏謂：「沿途所見前方敗退部隊，情況非常混亂，傷心之至！」但宋部節節敗退，於十一月二十日以後已撤至南川綦江，二十四日南川棄守，宋部更向川南方面急退，於十二月中旬在樂山犍為間之大渡河岸被俘。據國防部發言人三十九年一月十二日談：「宋希濂率所部兩團，在眉山附近被俘，亦為其平日吃空不戰應有之結果」云。宋部統率六軍之眾，而「吃空不戰」，導匪入川，重慶保衛戰之失敗，宋氏應負「首罪」之責。

由湘黔邊境竄入貴州腹地之匪軍，十一月十五日佔據貴陽，繼續西犯。國軍劉伯龍部，以貴陽之戰貽誤戎機，劉伯龍伏法。羅廣文兵團由川西平武南調貴州遵義增援，阻遏匪軍北進。但匪軍竄擾迅速，至二十二日已逼進南川。二十四日，蔣總裁電羅廣文，望「嚴責所部，有進無退，死中求生」。不料該部竟完全放棄南川，不留一兵一卒，致匪軍長驅直入，進逼綦江。二十六日，綦江失守，羅廣文隻身逃渝，匪軍已進入重慶外圍，情況危急。二十八日，蔣總裁對放棄重慶問題，研討甚久。如果撤退太早，則匪可於半月內到達成都，而國軍之唯一主力陝西胡宗南部，本已撤至漢中以南，將無法轉移於成都以西地區。故決定緩撤重慶守軍，並在沿江設防，以確保成都。但本日匪軍已攻抵南泉，二十九日更進迫重慶南岸，市區內秩序紊亂，乃決定於三十日晚撤守沿江北岸之指揮部署。二十九日中午，蔣總裁召開軍事會議，決定新的作戰計劃。同日下午十時，蔣總裁駐節之林園後面鎗聲大作，重慶周圍各兵工廠爆炸之聲四起，蔣總裁此時始離開林園，以沿途汽車擁擠，途中曾再三步行，至午夜始抵達白市驛機場，即宿中美號專機上，三十日凌晨六時起飛，七時到達成都。當蔣總裁自機場起飛時，由重慶上游江口場過江之，已迫近機場前方之二十華里。重慶於同日陷入匪手。歷任重慶市參議會議長之胡逆子昂，亦隨匪軍進入市區活動。

重慶失守，成都保衛戰開始。十一月三十日，川省府召集第一、第二、第四、第五、第六、第十二、第十三、第十四等行政督察區專員及附省各縣縣長，暨省府各廳處長，省保安司令部各處長，舉行緊急會議，由王陵基報告時局發展情形，責成各專員加強組織各縣反共救國軍，務期於短期內完成每縣一團至一師之地方部隊，以配合國軍作戰。十二月一日蔣總裁約見鄧錫侯、劉文輝、熊克武，向傳義，王陵基等談話，勉以共矢忠貞，維持艱難之局。胡宗南亦自綿陽來成都晉謁，詳商軍事部署，以汽油缺乏，運兵滯緩為難。蔣總裁仍望其速派有力部隊進駐遂寧並防守內江。但此時璧山已陷，銅梁縣長聞風棄職潛逃，永川縣長與駐軍亦同夥投匪。內江以東汽車停開，道路阻塞，等待過渡汽車約六七百輛，形成長陣，達十餘公里，擁擠不堪，備極混亂。同日上午，行政院召開遷蓉後首次重要會議，策劃保衛川康新計劃。下午，閻院長錫山接見記者，報告政府已在成都開始辦公，並決定保衛成都。至於組織行動內閣，是隨軍行動，行動內閣所在地，即政府發號司令之所在地。四日，李代總統在香港發表談話。謂其「胃疾復發，赴美就醫」；一俟「短期內病愈後，即行返國續負應盡之責。」臨難苟免，舉世嗤笑，在苦難中之川康民眾，聞訊尤感痛憤。本日成都秩序漸惡，到處汽車擁擠，冷槍時發。成樂公路之夾江，峨眉附近，盜匪如麻，四出行劫，南路亦復如此。致使胡宗南部隊作戰與調動，均發生極大困難。五日，蔣總裁接見美聯社記者慕沙，發表談話，略謂：「此次入川，係應李宗仁之邀。余為國民一分子，並負領導國民革命之責任，惟有竭盡一切力量，不避任何艱險，協助政府與大陸軍民，共同奮鬥。」七日，政府發布命令：政府遷設台北，並在西昌設大本營，統率海陸空軍在大陸指揮作戰。又令：西南軍政長官張群辭職照准，特派顧祝同為西南軍政長官、胡宗南為副長官兼參謀長。重慶衛戍總司令部撤銷，派楊森為西南軍政公署副長官兼代川陝甘邊區綏靖主任。派王纘緒為西南第一路游擊總司令，唐式遵為西南第二路游擊總司令。盛文為成都防衛總司令，余錦源嚴嘯虎為副總司令，嚴嘯虎仍兼成都警備司令。西昌警備司令部改為西昌警備總司令部，派賀國光為總司令。同日，蔣總裁約見鄧錫侯、劉文輝，但鄧劉避不應召，來函稱：「王方舟主席與其為難。」實則此時鄧劉已受匪方威脅，決心投匪，故已無所顧忌。同時雲南盧漢之靠匪態度亦更顯露，既不願大本營常駐昆明，亦不肯接受滇黔剿匪總司令之名義，其用心與鄧劉如出一轍。蔣總裁認為其本人一旦離蓉，彼等或可聯合發表宣言，共同降匪，故仍繼續留蓉，使胡宗南部隊部署完妥後再定行止。本日上午，約張群、閻錫山晤談，即派張群飛滇晤盧，予以安撫。八日，閻院長錫山等由蓉飛台，表示行政院自九日起在台開始辦公，西南軍事，仍由西南軍政長官公署負責。同日晚間，張群由昆明飛返成都，向蔣總裁面報盧漢動向，謂彼正在戒煙，態度反常，只想要錢，公義私情，皆所不顧。九日，張群銜命再度飛昆，即遭盧漢扣留，當晚，鄧劉兩逆亦在成都北門外與匪軍代表接觸，正式投匪。是夜蓉昆電訊不通，十日晨復通後，其第一通電報為盧漢拍致劉文輝者，囑其會同四川各將領扣留蔣總裁，期向共匪「戴罪圖功」。蔣總裁即約見王纘緒，囑其轉告劉，鄧：㈠仍盼其入城來見；㈡令彼等所部速離開成都周圍。同時召見胡宗南，王陵基，楊森等，研討對滇事處置方略及其本人行止。在場文武官員一致要求蔣總裁儘速離蓉回台，勿先飛西昌。蔣總裁近十日來以胡宗南部未能如期集中，遂留駐成都，以掩護其達成任務，故屢次準備起行而又中止。頃以昆明陷匪，乃循各方之請，於本日下午飛離成都，返台北指導政府遷移各種要務。十二日，張群由昆明脫險飛抵香港。十五日，行政院會議通過：西康省政府主席劉文輝違抗命令，撤職查辦，任命賀國光為西康省政府主席。

軍事方面的演變，自重慶失守後，劉匪伯承即率其第三兵團（轄三個軍）及林匪彪所屬之第十七第十九等軍，分道西犯。十二月六日，竄抵銅梁隆昌，另一部攻內江潼南，十五日陷三台簡陽，十六日迫錦江東岸，直指新津。其第五兵團（轄三個軍）亦由長江南岸竄瀘州西犯。賀匪龍指揮之第十八、十九兩兵團，由陝南下，同月十二日破陽平關，十五日陷廣元，南犯劍門梓潼。林匪彪之第十五兵團，亦由貴州向川西急進，企圖與其他匪軍包圍成都。國軍方面，宋希濂兵團，由宋率殘部急瀘西遁，終遭俘虜，已如前述。羅廣文兵團自重慶北岸逐步向川西南撤退，所部已殘破不堪。重慶衛戍總司令楊森所部，自重慶撤守後，即向大足、銅梁、遂寧方面轉進。川鄂邊區綏署，於十二月二日自萬縣移駐大竹，五日，綏署主任孫震，奉命將所部集結嘉陵江以東區域。七日，再奉命向川西綿陽附近集結。十一日，國防部令由西南長官公署胡宗南統一指揮各兵團，孫元良兵團統一指揮楊森、孫震所部，楊孫二氏則奉召赴台，於十八日離蓉飛海南島轉台。成都附近之鄧錫侯、劉文輝兩部，於十二日通電投匪。原七十二軍軍長昇任二十二兵團司令之郭汝瑰，此時亦在宜賓叛變投匪。會合匪軍陷樂山竄彭山，強渡岷江，指向新津。成都附近集結之國軍，僅有胡宗南所部及其他部隊六萬餘人。

十二月十日，成都防衛總司令部正式成立，市區治安，改由胡宗南部接替。十一日，防衛總司令盛文表示，國軍已在蓉市外圍八公里以外地區構成一環形陣地，成都保衛戰即將在外圍各據點次第開展。十四日，國軍以武力清除蓉郊所駐劉文輝部一部叛軍十五日，國防部政工局長鄧文儀發表戰況，謂「大陸國軍強大兵團主力，已在川西北集中完畢，並已調整布署，確保成都平原。匪軍第一線部隊約五個軍，現分布於射洪，樂至、簡陽、仁壽、井研、犍為東南沿長江之線。」十七日起，戰事在新津、仁壽、彭縣三角地帶展開，國軍苦戰五日，卒將匪第三兵團擊潰。而劉匪之第五兵團，乘虛西繞，折向邛崍大邑崇慶，攻我側背。林匪之十五兵團，由洪雅丹稜向西北蒲江前進，圖斷國軍入康道路，彭匪之第十八、第十九兩兵團，亦於二十日續陷綿陽竄抵什邡之線。此時之匪，不但兵力續增，且合圍圈益形縮小。二十三日，國軍遂決定循岷江東岸，繞攻宜賓瀘縣以突圍，進據西南高原，再圖反攻。是日胡宗南氏離開部隊飛抵海南島，第十五兵團司令羅廣文通電叛變。國軍乃改向新津邛崍蒲江強進，擬預佔雅安以連絡西昌。二十四、五兩日與匪發生激戰，國軍以眾寡懸殊，陷於重圍，除小部突圍入康外，其餘大部成仁或潰散。二十五日，王逆纘緒在成都蜀一電影院召開各人民團體會議，宣布「解放」，委派原任川西補給區司令之曾逆慶集為「成都城防司令」，維持臨時治安。十二月三十日，賀匪龍率領匪軍舉行所謂「入城式」，劉文輝、鄧錫侯、王纘緒、潘文華、黃隱、嚴嘯虎等，均到北門外天迴鎮「恭迎」。成都至此完全淪陷。

至川省政府主席王陵基，於成都局勢緊張時，率領保安隊十四個團，沿川康公路向雅安轉進，在名山雅安間被追擊之匪部俘虜。

成都失守，川康保衛戰進入西昌保衛戰階段。十二月三十日，胡宗南奉命由海南島飛西昌，準備收拾殘局。三十九年一月一日，顧祝同、胡宗南聯名發表告西南各省軍民同胞書，書云：「西南不幸竟遭赤匪蹂躪矣！祝同宗南德薄才疏，使我西南軍隊陷於苦戰，西南人民陷於水深火熱之中，誠無以對人民對國家矣！惟有竭盡忠誠，率領我忠勇戰士，反共人民，與共匪周旋到底，以求撲滅此連天之烽火也。凡我被迫解甲之士兵，與被奴役之同胞同志，應知西南大陸上，尚有無數之戰鬥英雄與共匪相搏鬥。唯盼密通消息，殲彼兇殘；或相率來歸，共圖殺敵。使我西南億兆人民，有重見自由之一日。祝同宗南一息尚存，必當在西南大陸，與我軍民共生死同患難也。我數千年之文化道德存亡絕續，在此一舉，唯我西南全體軍民共鑒之。」

一月十一日，行政院會議決議：派唐式遵為西南軍政長官公署副長官。

胡宗南到西昌後，即會同西昌警備總司令賀國光，收容各方突圍之官兵約一萬餘人，再號召：夷人嶺光電，土司楊砥中，地方武力首長鄧德亮，川邊反共志士陳超川，諸葛世槐等，組訓地方武裝力量，不三月擴充至三四萬人。匪部見國軍擴展迅速，遂指揮其第十五軍，第六十二軍，及新十二等軍，暨龍逆純曾朱匪家璧等十萬之眾，傾巢來犯。我方布置劉孟廉，陳超川等於雷馬屏區域，陶慶林、張天翔等於康北區域，孫仿於寧東，鄧德亮於寧西，顧德裕張桐森於康南，與匪苦戰經旬或經月。直至三月二十六日，卒以眾寡懸殊，無法固守，奉命將軍權交與參謀長羅列指揮，胡宗仁與賀國光二氏飛返台北。西昌保衛戰役，第五兵團司令胡長青自殺，第二十七軍軍長劉孟廉及第二軍代軍長張桐森戰死。唐副長官式遵經胡賀二氏苦勸隨同撤離，堅持不允，於二十七日在越雋境內遭遇匪軍夾擊，與所部三百餘健兒苦戰，全部成仁。

川康渝至此全部陷落。

（三）川康淪陷之檢討

如上引述川康淪陷前之軍政情形，與川康淪陷之經過，如以政府十月十五日遷渝為川康保衛戰之開始，則至十一月三十日重慶失守，為時僅一月又半。自重慶失守至成都淪陷，為時尚不及一月。西昌一隅，則苦撐三閱月。惟並此計算，整個川康以及西南五省市之淪陷，歷時亦僅五月。失敗之速，深堪浩嘆，原因何在，吾人於上文引述中已可窺見其概要。茲擬摘引當時有關文件，以供吾人檢討之依據。

三十八年十一月十五日立法院於重慶舉行座談會所提出之「迅速集中力量鞏固西南扭轉危局案」中，對於時局逆轉原因，有如下之析述：「半年以來，由江北而江南，由京滬而粵穗，由粵穗而陪都，匪燄日狂，我勢日蹙，檢討原因，不在兵力之優劣，而在人謀之不臧。和談期間，未能善作應戰準備；和談破裂，未能就現有軍力財力發揮較大效能。甚而西北崩潰之迅速，廣東保衛之徒託空言，制度混淆，人事牽制，要為主因。時至今日，存亡絕續，間不容髮，再不允許徘徊拖延，再不允許意見紛歧。必須痛下決心；大徹大悟，團結一致，集中力量，迅籌妥策，鞏固西南，扭轉全局。」上述觀點，對於當時局勢之批判，可謂痛切而言。

十一月三十日重慶失守，十二月五、六兩日，台北《中央日報》載有〈重慶淪陷前後〉一文，作者署名「金剛」。本文於痛述重慶淪陷經過後，有如下一段：「大西南是大陸的最後據點，這就是說：當赤色的火燄燃燒到湘鄂邊境的時候，大西南還有一段較長的安定時間的，大西南的軍政當局，如能捉住時機，健全領導，有計劃，有步驟，埋頭苦幹，決不至造成今天手忙腳亂，捉襟見肘的局面。無奈身繫安危的先生們，專於在蓉渝之間，飛來飛去，儘是為不必要的人事糾紛，鬧個不休。到恩巴失陷，彭黔告急，赤燄燒到陪都的大門，各方面的意見，才漸趨協議，而有全省於三月內擴編三百團『反共救國軍』的建議。在綦江陷落的前一日，重慶才開始編組勞動第一軍，過去一大段太平的歲月，全沒有好好利用，真是『平時不燒香，急來抱佛腳』，於實際上究有何補益，誰也無從預測！否則以四川的人力物力，尤其是川中老百姓反共心理的堅決，少數竄入境內的零股匪寇，無異自投羅網，不堪一擊。現在事變的出人意表，一至於此，這一個『鬧意見，攬人事，放棄時間』的錯誤，必須在這裡鄭重指出，作為謀國者的殷鑒。」此其所論，或過激切；而事實如此，難為諱言。

三十九年三月三日，立法院在台北復會，行政院閻院長錫山出席作施政報告，對重慶，成都相繼失守，有所說明。閻氏稱：「政府遷渝，曾邀各階層人士多次懇談，瞭解了四川人民親身受過共匪的蹂躪，對共匪痛恨甚深，認識亦明。但在戡亂的做法上，主張分歧，人事上問題亦多。綜合地方各階層人士的希望，並依貴院在渝委員談話會提出對保衛四川的意見，擬定足夠保衛四川案，旨在走民眾路線，發展民眾武力。此案經行政院會議大體通過後，交四川省政府王主席提出意見。意見尚未提出，重慶即告失守。致使抗戰基地的廣大人力物力，未能在戡亂上發揮出同樣光輝的效用，實在是國家的莫大損失。政府遷蓉辦公後，更感到情況至急，敵不我待；遂又提出『實行耕者有其田，發動民眾反共自衛軍蜂起案』。此案的最大希望，可以消滅入川的匪軍，最低限度，也可以使敵人陷入泥淖，無法收拾，不幸此案提出後，不只無時間充分的討論，連足夠說明的時間也沒有，未及定案，成都又告失陷。」上引閻氏所謂：「主張分歧，人事上問題亦多」；所謂：「意見尚未提出，重慶即告失守」；所謂：「情況至急，敵不待我」；具體言之，就是立法院提案中之所謂「徒託空言」，「重慶淪陷前後」作者之所謂：「鬧意見，攪人事，放棄時間」。大好河山，棄於一旦，勢所必至，尚復何言。

川康淪陷，轉瞬二十週年，吾人痛定思痛，上述引論，非欲有所責難，惟念前事不忘，後事之師，吾人不怕失敗，只怕不能知恥求病，起頭做起。二十年來，共匪在大陸上倒行逆施，已自掘墳墓，內潰日深。而我反攻基地一切建設，則突飛猛進，復國機運，早已形成。在此反攻前夕，吾人沉痛紀念往事，正所以激勵將來，願我鄉邦人士全國同胞，勿忘淪陷於水深火熱中之大陸同胞，而奮起反攻復國，早日肅清萬惡之共匪，以報此二十年來之大恨深仇焉！

附註：為求讀者明瞭當時局勢之發展情形，特附錄下列各項文件（以時間先後為次序），以供參考：

1. 速集中力量鞏固西南扭轉危局案（民國三十八年十一月十五日立法院談話會商訂。
2. 足夠保衛西南中心的四川部分方案（民國三十八年十一月二十三日行政院第九十七次政務會議通過）。
3. 地方人士對保衛四川的意見（民國三十八年十一月二十四日中央通訊社自重慶發電訊）
4. 總裁在成都發表之談話（民國三十八年十二月四日在成都接見美聯社記者慕沙談話。

（四）迅速集中力量鞏固西南扭轉危局案
——民國三十八年十一月十五日立法院談話會商訂

理由

鞏固西南，確保戡亂基地，為中國一致之渴望，亦為政府刻不容緩之急務。必須保有西南，始能爭取國際同情與援助，迎接國際反侵略之最後勝利。過去八年抗戰，我朝野有堅強不移之意志，有寸土必爭之決心，故卒能配合國際變化，而獲得光榮勝利。今則等待國際援助之心過切，缺乏自力更生信念，廣大土地資源財富不自運用，徒寄希望於保存實力等待時機。我中華民族即不永淪為赤色恐怖下之奴隸，亦將為國際間之寄生蟲。故消極的退保一隅，等候時機，不如積極的發動廣大人力物力，以建立普遍的堅強的反鐵幕，反集權，反侵略的反共陣營。現鄂西、湘西、陝南，到處匪軍集結，積極進攻，政府應把握時機，採取有效辦法，動員一切人力物力，實施總體戰，鞏固西南，確保戡亂復興基地。

半年以來，由江北而江南，由京滬而粵穗，由粵穗而陪都，匪燄日狂，我勢日蹙。檢討原因，不在兵力之優劣，而在人謀之不臧。和談期間，未能善作應戰準備；和談破裂，未能就現有軍力財力發揚較大效能。甚而西北崩潰之迅速，廣東保衛之徒託空言，制度混淆，人事牽制，要為主因。時至今日，存亡絕續，間不容髮，再不允許徘徊拖延，再不允許意見紛歧。必須痛下決心，大徹大悟，團結一致，集中力量，迅籌妥策，鞏固西南，扭轉全局。

辦法

1. 堅決的以四川為基地，以攻為守，確實保衛西南，規復全國。
2. 嚴令駐防部隊，必須堅守現有防地，並派大員隨軍督戰，就地施行賞罰，以勵有功，而懲懦劣。
3. 簡化現有西南軍政機構，以一事權，以節國帑。
4. 迅速建立民眾武力，並加強民眾組訓。
5. 極開展匪後游擊，建立匪後政權。
6. 充兵額，加強作戰力量，核實名額，提高官兵待遇。
7. 迅就西南人力財力物力，增編國軍。
8. 大量訓練反共幹部，破格任用新人。
9. 徹底肅清偽裝動搖及中間路線分子，鞏固反共陣營。
10. 整飭紀綱，肅清貪污，痛改官僚作風，加大地方職權，厲行分層負責。

11. 因政治上必須解決人民痛苦，軍隊必須做到不擾民，軍政密切合作，軍政民徹底打成為一片。

12. 硬性的實施有錢的出錢，並加強籌募公債。

13. 厲行節約財力浪費，一切為前線。

14. 實施戰時教育，擴大反共宣傳，以加強反侵略反集團的思想戰爭。

15. 發揮我國獨立自由民主法治之精神，爭取民主國家之同情與援助，並計劃確保亞洲集體安全，以建立世界和平秩序。

為實現以上事項，政府首先應有以下之措施：1. 行政院應依據憲法，徹底發揮責任內閣之精神，加強效能，以期政令統一。2. 加強內閣陣容，使成為健全的政治原動力。3. 根據剿匪政治規定事項，嚴令各級軍政負責人員徹底實施，凡認識不夠及不能勝任者，一律調整。

以上各項，大會通過後，咨送行政院擬定實施辦法，徹底實施，依限完成，並規定獎懲辦法。

致行政院閻院長函

茲為針對當前時局需要，同人等迭經會議商定，迅速集中力量，鞏固西南，扭轉危局方案凡十五條，又應先行實施事項三項；以爭取時間，俟交通恢復，本院正式院會續會時提付討論，作成決議，再行依法咨送外，謹先由同人等簽名奉達，至祈貴院查照辦理為荷。（簽名者出席談話會立法委員八十七人）

（五）足夠保衛西南中心的四川部分方案

——民國三十八年十一月二十三日行政院第九十七次政務會議通過

前提

1. 迅速由總統府召集五院，決定政府奮鬥方針，以作保護四川的中心力量。

2. 本總體戰動員全國人力物力之旨，政府先應實行簡化機構簡化公文程序，停止一切與爭，勝上無直接關係之機關與工作，並發動一切有志氣熱心有革命企圖的年富力強的受國家給與的員工學生，或訓練幹部，或擔任宣傳，或到鄉鎮動員民眾，組訓民眾，或編隊持槍做保衛工作。絕對禁止機關拋棄員工，學校拋棄學生。絕對不要學生抱逃難主義，離開了為國奮鬥的立場。各級首腦部門，應迅速規定辦法，分別進行。

3. 將四川全省地理情形及剿匪需要，劃為四區，分區建立重點，實行軍政一元化，作為實施總體戰之樞紐。川北區由川陝甘邊區綏署負責，川東區由川鄂邊區綏署負責，川中區由重慶衛戍總司令部負責，與四川省政府密取連繫；川西區由川省府直接負責。

4. 建立健全各級反共保民動員委員會，群策群力，走上民眾路線。

5.行政上必須去了人民的痛苦，人心的不平，使人民有自清、自衛、自治之權與力，敢與共匪作政治鬥爭。

6.軍隊上必須使士兵家屬有生活，本人在營不凍餒，官長能養了家，並實行四公開，使士兵感到生活上，人格上得到了平等。

以上六項前提，有須即刻處理的，有須堅決決定順序推行的。至於此六項前提外，還有一個必須作到的事：就是前線的作戰，除力求勝利外，至低限度，必須能抵住匪軍的進攻，予後方整理的時間，此點更須竭全力以求之。

足夠保衛四川方案

第一，足夠兩字的意義解釋與完成條件：

軍事上能作到以明擊暗，以大吃小，使敵人有多少，殲滅他多少，在保衛的任務上，就可以說足夠。

怎樣能作到以明擊暗，以大吃小？

使我們的部隊長上千里眼，敵人成了雙瞎子。

怎樣能使我們長上千里眼，敵人成了雙瞎子呢？要能使人民為我做情報，我就長上千里眼；對匪說假話，匪就成了雙瞎子。

怎樣使人民為我做情報，對匪說假話？在反共的目標下組織起民眾來，使總體戰的力量直接間接表現到打擊共匪上。

怎樣能在反共的目標下組織起民眾來，使總體戰的力量直接間接表現到打擊共匪上？使民眾了解共產黨是實行階級鬥爭，經濟清算，是富人的仇人，窮人的罪人，不論貧富，全要被他清算利用，在赤化恐怖之下，為他供第三國際對世界作戰的犧牲，使他發生了毀家捨命保命的求生心理。再能去了人民的痛苦與人心的不平，就能有了組織的興趣。

怎樣使人民瞭解共匪，發生了求生心理呢？有跑腫腿，磨破嘴的能性的基層幹部，本組織人民的七步驟，一個人經過了十次百次懇切的說，將人民說服之後，把人民組織起來，就能作到了。

為什麼組織起民眾來就能作到？民眾力量無窮大，組織力量無窮大，兩個無窮大合起來以後，我們就能化整為零，化零為整。敵強則避之，敵弱則擊之，我常在明處，敵常在暗處，我當然以明擊暗，以大吃小。所謂不讓敵來，不怕敵來，敵來更好。本此做法，即可做到不讓敵來，是防禦作戰。不怕敵來，需要配合民眾組織，有了民眾組織，就不怕敵來，來了也使他陷在無衣無食，無路可走的境地。因為我們實行了空室清野，他就無衣無食；沿途民眾武裝阻擊，他就無路可走。敵來更好，是要有強大的「勝軍」，即第一線兵團，亦可謂之總預備部隊，如匪深入，配合民眾，把匪消滅。

加強武力，為保衛四川之首要條件。但武力之任務不同，有宜分的，有宜集的；有的是軍事性的，有的是政治性的；如辨不清，很容易浪費民力財力。為達保衛目的，應將武力分以下三種性質：

1.正規作戰軍：分為第一線部隊及第二線部隊。今日無第二線兵團，應成立十至十五個新軍。此項部隊，必須統一訓練，統一指揮，作為保衛四川之「勝軍」。敵若進來，我以優勢兵力，配合上政治戰，經濟戰，民眾戰，使我軍長上千里眼，敵人成了雙瞎子，實行以明吃暗，以大吃小，消滅了來犯的敵人。但此部隊必須是人民的軍隊，不只是軍紀好，不擾民，能拚命，能保護人民；並且要能與人民合作，軍民打成一片，成為血肉不可分離的關係。具備了戰場上不懦怯，鄉村裡能與人民打成一片，得到人民的愛戴的兩個基本條件，進而和人民的一切力量配合起來，使均能表現強大的力量，成為不可侮的常勝軍。可以說不只是成為軍事能力的軍隊，而且要成為政治能力的軍隊；不只要成為政治能力的軍隊，而且要成為主義能力的軍隊；不只要成為主義能力的軍隊，而且要成為群眾能力的軍隊；不只要成為群眾能力的軍隊，而且要成為民眾能力的軍隊。

2.保安部隊：負護衛政權，維持城市治安之責，應分省區縣成立。此種部隊，不易集中使民。且平時負有維持治安之責，不易訓練，又不易作正規軍。故此種部隊以夠用為宜，多則浪費民力民財。

3.政治部隊：分鄉鎮建立民眾自衛武力，作實行自清自衛自治之憑藉，以不脫離生產為原則。少數幹部可脫離生產，但每鄉鎮以不超過十人為好。因無此武力，人民自清是無憑藉，易遭匪黨暗殺。自衛上無實力，則自治必落空。必須有此武力，總動員方有做法。但此武力必須是人民的，最怕為土劣惡豪所把握，而成為擾民之武力，欲治反亂。

第二，實行總動員，完成總體戰的具體實施事項：甲、選訓幹部；乙、充實部隊，建立新軍；丙、動員及組訓武裝民眾；丁、實行民農合一。

第三、做法：

甲、怎樣選訓幹部？

如何選？子、由現任幹部中選。丑、由已有過成績表現者中選。寅、由推薦中選。卯、由訓練中選。以上子、丑、寅三項，係由成績中選，卯項係由訓練中選，應連繫起來。就是訓、選、組、訓、用連；由訓練而選拔，選拔出來組成，組織起來再訓練工作技術，訓練好派用，派出去要本連繫方法，緊密連繫，以防其腐化退熱，與受共匪工作人員的煽惑。

如何訓？子、先由中央設一健全的訓練機構。所謂健全，必須有烘爐的溶化作用，擔任訓練的人，均能發揮總動員作用，使受訓者均有種能，做到一變十，十變百，百變千，千變萬的傳種作用。丑、訓練行政上，中央訓省，省訓區縣，縣訓鄉鎮，鄉鎮訓保甲，遞級各設健全的訓練烘爐。軍事上，中央訓軍級以上，軍訓師，師訓團，團訓營連，連訓排班，遞級各醫全的烘爐。

乙、怎樣充實部隊，建立新軍？

子、如何出丁？每甲出一人服現役，但每甲中仍應指定一為預備役；現役逃亡由預備役頂補，並負為現役兵家屬僱收優待之責。丑、如何優待出征之現役兵家屬？由本甲每年給與優待糧白米十市石，並由甲內本費力不費米之原則，幫助解決其火柴、吃水之困難。各甲大小貧富不同，應由保設法調濟。此項優待糧，由保就富有戶合理攤籌。第一年者，入營時交，惟應交其家屬四分之一，餘由預備役或現役兵家屬共同保管，分季撥交，以後各年按季分交。預備役如催不力，即責由預備役替回現役。如現役有潛逃者，追回其家屬應得之優待。寅、如何編練？充實舊軍並編練新軍十至十五個軍，由國防部計劃進行。卯、如何建立新軍？要以經過極短期的新的訓練的幹部，使人民有革命組織，革命企圖，革命精神，由建立鐵班而完成鐵連，使成為鐵團的基本軍隊。

丙、怎樣動員組訓武裝民眾？

子、怎樣動員民眾？由受過訓的幹部作下兩式的廣泛宣傳：鋤耨式家家訪問，個別的談。丑、怎麼樣選拔民族英雄，民族領袖，愛國志士，革命青年，在家家訪問當中發覺檢選，個別的談，鼓勵發動。寅、怎樣組訓民眾，實行三自？1.自清：以選拔出之民族英雄，民眾領袖為核心，發動人民自清，劃清國家與國家的敵人；對國家的敵人能爭取者爭取，不能爭取者剷除。2.自衛：把村中役齡男丁（十八歲至四十七歲），編成不脫離生產的自衛隊，加以軍事政治的訓練，每鄉鎮選脫離生產之幹部十人以下為自衛隊骨幹。役齡婦女（十八歲至四十二歲）編成婦女隊，逾齡男女（五十歲以上）編為守護隊，不及齡男女

（十五歲以下）編為少年隊，加以政治訓練及服務訓練，分別擔任自衛上的各種工作。詳細辦法另訂。3.自治：切實建立保民大會，鄉鎮民代表大會，民選保長鄉鎮長；並作到是非平等，勞動平等，經濟平等，犧牲平等。

丁、怎樣實行兵農合一？

兵農合一包括五件事：一為編組互助，二為劃分份地，三為平均糧食，四為救濟救護，五為建教裕民。怎樣去做？經過普遍的宣傳，個別的訪問約談，得到過半人民的擁護，著手實施，詳細辦法另有規定。

附註：現在四川省計劃各縣普遍成立之人民反共自衛救國軍，係救急辦法，不在此案計畫之內。

（六）地方人士對保衛四川的意見

——民國三十八年十一月二十四日中央通訊社自重慶發電訊

行政院閻院長為徵詢地方人士對保衛四川的意見，並實際了解人民的疾苦及生活情形，特派曾任專員、縣長，有鄉村工作實際經驗之幹部張榮謙、繆玉清、張克涵、李恕軒、武成祖、王鎮乾、高子英、董銘、翟文煥等九人，分赴江津、江北、巴縣，深入農村，作實際訪問考察。行前閻院長曾親自召集，指示訪問重點？人民願望如何？組織人民前提如何？自衛隊組訓情形如何？社會政治情形如何？並廣泛聽取人民對政府意見。該員等於本月十四日出發，十八日返回，計行程五日。據悉：一般幹部人員，對政府在此緊急時期，能派員深入鄉間訪問，了解人民疾苦，甚為感動。該員等考察返回後，已將考察結果，及各界人士的建議與願望，提出書面報告，其要點如左：

1. 考察對象：三縣共考察九個鄉，計訪問江津之雙龍、德盛、高牙三鄉，江北之鴛鴦、人和、大石三鄉，巴縣之屏都、南泉、界石三鄉。除與鄉級幹部及民意代表座談外，並親自到農村訪問佃僱農九二人，地主自耕農三十八人，鄉鎮保甲幹部一〇九人。

2. 人民對共匪的了解：幹部地主尚多了解，表示堅決反共。知識分子因見政府對扭轉時局做法尚未徹底執行，表示苦悶。一般農民多因政府對共匪陰謀暴行宣傳不夠，多不了解，意識模糊。但一經說明共匪拆散家庭，破壞人倫，以階級鬥爭，經濟清算，恐怖赤化的手段，拿上地主的地，富人的錢，窮人的命，造成並不是「那個朝庭不納糧」，人民無不憤慨。如加強宣傳動員，給以新的希望，切實組織，正確領導，當可造成為巨大的反共勢力。

3. 人民的疾苦與人心的不平：人民最感到的痛苦，為少數土豪劣紳與貪污幹部的把持，造成是非、負擔、服役的三不平。一般農民表示他們既要出力，又要出錢，而富豪地主安逸享受，反不出錢，又不出力。人民深知大家的安全，是需要人力財力來換取的，他們都願意守法。但怕不公道，沒是非。他們不怕當兵，只怕出兵不合理。不怕負擔，只怕負擔的不公道。最不滿意的是少數壞幹部的藉機貪污勒索，人民負擔了的，政府並沒有完全收到，用以保民。人民當了兵的，多係窮人，家屬生活無著落，不能安心服役。有的僱買壯丁，給予兵販及壞幹部貪污的機會。結果農村無壯丁，軍營沒有兵，人民受了不少的痛苦。

4. 農村生活情形及人民對兵農合一的反映：農村中平均佃僱農佔百分之六十五，自耕農佔百分之二十，地主佔百分之十五。最大地主，全年可收租穀一千五百老石（合市石六千石）。普通較好的佃農，如耕二十老石之田，除交地主租穀十分之六（十二老石）及負擔約一老石外，僅餘七老石。連同土內之少數收穫，加以農暇副業收入，僅足維持最低生活。一般佃僱農，均有勞力終年，衣不暖食不飽之感。經對人民說明兵農合一的辦法，及實行兵農合一後的情形，人民知道入營當常備兵有優待，家庭有生活，在鄉耕田的有地種，生活有保障，實是改善人民生活，消弭共匪造亂因素，扭轉時局的唯一辦法，佃僱農表示絕對擁護，咸恨實行太晚，希望迅速推行。中小地主自耕農表示贊成，大地主亦多了解共匪來了，不只是田地財產保不住，連性命也保不住，所以也都表示同情。

5. 去了三不平，做到一自由，是組織民眾的前提：人民最怕的是共匪恐怖、赤化、統治、奴役，最希望的是生活有保障，能自由。所以組織人民的前提，是消極的去了人心的三不平（是非、負擔、服役），打破政民隔閡。積極的保障人民的生活自由，具體的工作就是兵農合一。

6.自衛隊組織情形：各縣對自衛隊的組訓，均已積極推行。其他一般民眾組訓，尚未著手。惟自衛隊缺乏訓練，部分鄉保對隊員選拔，未能遵照以富紳子弟及壯丁較多之家庭出丁之規定辦理，致有不公道不合理現象。

7.幫會情形：各地袍哥很普遍，退役軍政人員加入者頗多，人民以工人商人為最多，農人次之。袍哥間遇有爭執，經大爺調解，即可和協，在鄉保間有相當力量。如能善為利導，不失為推行政令之助力。

8.政治現象：有的地方仍存有派系的意識與爭執，每使政事的推行，發生困難。地方行政負責人，大部分力量用於應付人事上，用於辦事的力量反而很少。

9.人民的要求：人民反共不成問題；但希望幹部不貪污，軍隊不擾民，兵役及負擔要公道。

10.幹部的建議：(1)實行戰時體制，加大地方政府職權，省市縣各級機構，應事權集中，領導統一。(2)迅速選訓革命幹部，組成反共保民動員工作團，派赴各地，推進各地一切工作。(3)各學校應加強政治軍事教育，適合戡亂需要。(4)印發反共戡亂保民建國的宣傳品，加強戰時民眾反共意識與戡亂決心。(5)破格提拔人才，打破資格資歷限制。(6)政府加強對幫會領導，使成為堅強的反共的社會組織，發揮地下工作效能。(7)提高部隊待遇，嚴格執行紀律，改善軍民關係。

（七）蔣總裁在成都發表之談話

——民國三十八年十二月四日在成都接見美聯社記者慕沙談話

余此次應李代總統之邀入川，正值共匪滲入川東，陪都危急，余亟望李代總統遄返中樞，共挽危局。而李代總統堅持決意出國，余為國民一分子，並負領導國民革命之責任，惟有竭盡一切力量，不避任何艱險，協助政府與大陸軍民共同奮鬥。重慶淪陷，西南局勢，步入艱苦之境，但世界民主各國人士，應知中國大陸反共戰鬥，不僅並未停止，不顧任何代價，一切犧牲，抑且益趨擴大。吾人刻在各地集結軍隊，使西南反共戰鬥持久。在鐵幕之後，長江流域：浙江、河南、山東、福建及廣東等地受共匪壓迫之民眾，到處蜂起反抗極權主義。吾人對於敵後游擊隊，刻正助其組織，予以支援。中國共產黨在莫斯科指揮之下，企圖以暴力併吞中國國家，奴役中國四億五千萬人民，然中國人民在青天白日旗幟之下，為獨立自由而戰，決非暴力所能屈服。吾人現正戰於自由區，戰於鄉村城市學校及工廠。中國反共戰爭為反侵略民族戰爭，及反極權的民主戰爭；為使此戰爭獲得廣大民眾之支持，吾人正團結一切愛國的自由民主分子，不論黨派宗教或職業，一致努力。吾人以有效之社會改革，特別是有益農民之改革，如台灣及西南各省之減租政策，即為吾人改革運動之初步。使大多數人感悟其為自已之經濟利益及自由生活而作戰。中國人民現工已領受共匪殘酷之教訓，吾人正努力在自由中國保障人民基本權利，實施政治社會改革，以與匪區之殘暴作一比照。吾人願向匪區民眾保證：共匪必將失敗，而在推翻共黨暴政後，吾人必盡一切努力，增進人民之政治經濟利益，並獲得自由之生活方式。吾人從未背棄民主國家，吾人在第二次大戰中，始終站在反侵略陣線之尖端，吾人今日亦復如此。吾人雖遭受幾多挫折，但並不灰心。聖經有云：我已宣誓「雖然自己受害，亦不更改。」民主國家如低估中國反共戰爭之重要性，必將危害其本國安全自由與獨立。吾人今後為國家獨立自由而戰，在吾人奮鬥之途上，或將遭遇更多之挫折，但吾人深信反共戰爭必獲最後之勝利。

二、危急存亡之秋

——節錄蔣經國先生著「危急存亡之秋」有關四川部分

蔣經國

民國三十八年

八月二十四日

在穗事畢，父親於今日上午九時後，由廣州乘機起飛，十二時半到達重慶白市驛飛機場。張岳軍、楊子惠等重要首長，皆到場歡迎，同至林園後院之荷屋。父親即在此暫住。午後與張岳軍先生談話，準備召開西南軍政人員會議的辦法。

八月二十七日

父親上午約見宋希濂，聽取其對川鄂湘邊區軍事報告。復約川中人士，談論四川省自衛委員會與省府糾紛之經過。父親認為：「四川省本黨組織鬆馳，地方上許多分子態度模稜，以致凡有會議，最後必為共匪所滲透與利用，至為憂慮。」

下午，召見胡宗南長官，研討穩定川局辦法。

八月二十九日

四川地廣人眾物豐，為我國西南重鎮。而西南各省，又為我抗日戰爭時期之最後基地，沒有西南，抗戰不會成功的。因為西南各省關係重大，所以父親對於川滇問題的處理，亦特別重視與審慎。

上午十時，到西南軍政長官公署開會，除雲南盧漢一人未到外，其他籍隸本黨之川黔康各省主席與川陝甘及川鄂湘各邊區將領如胡宗南宋希濂等均到會參加。會中對各方情勢加以檢討，決定拒匪於川境之外，即以隴南與陝南為決戰地帶，而不在川境之內與匪周旋。下午，父親召見渝市黨部各委員，予以剴切訓示。西南高級將領要求父親常川駐渝坐鎮，藉以激勵人心士氣。但父親以情勢有所不便，只好婉言勸慰，告以不能久居。

九月一日

父親為穩定西南各省，作以下之建議：安定滇局，改革川康人事。羅廣文部增防隴南，加強胡宗南部實力，以鞏固陝南防務。

九月二日

值此西南局勢混亂之時，重慶市中心陝西街發生大火，延燒竟達十二小時之久，災民呼號之聲，慘不忍聞。

九月十二日

今晨整理行裝，九時隨父下黃山，十時三十分登機飛往成都，十一時四十五分抵達。

九月十七日

父親上午召見王治易、向傳義、劉文輝、鄧錫侯等個別談話，並切囑劉文輝徹底清除其所掩護之共匪分子，以維信用。復據密報，知彼等已與反動分子勾結，不勝駭異，即決定設法不令其從政，以免影響川康大局。

父親於十時三十分由成都中央軍官學校動身，十一時到達鳳凰山機場，立即起飛。十二時十五分在重慶九龍坡機場降落，旋下榻黃山舊邸。

九月二十日

父親在重慶為本黨改造運動發表告全黨同志書，號召全體同志，研究改造方案，以新組織，新綱領，新風氣與共匪奮鬥，爭取第三期國民革命之勝利。

九月二十二日

父親由重慶乘機起飛，正午到達昆明。父親並在盧宅，約見在滇省重要將領，會商保護西南大局，一直到下午四點多鐘才離開昆明，八時前平安到達廣州。

十月十二日

政府宣布本日自廣州遷重慶辦公。

十一月一日

李宗仁以巡視為名，由重慶飛往昆明，張岳軍先生同行。

十一月九日

父親接張岳軍先生來電，謂「李宗仁由滇直回桂林，不敢回渝主政，必待總裁抵渝後，彼再來渝。」

十一月十一日

父親接閻院長百川來函，略謂「渝東、黔東軍事雖有布置，尚無把握，非鈞座蒞渝，難期挽救」云。嗣又接其來電稱：「今日政務委員會決議，一致請鈞座早日蒞渝。」父親以閻院長語出至誠，代謀甚忠，且各方催促頻仍，乃決計前往。晚間在反省錄中寫道：「李德鄰由滇直回桂林而不返重慶，在此貴陽危急，川東陷落，重慶垂危之際，政府豈能無主，黨國存亡繫此俄頃，不問李之心理如何，余為革命歷史及民族人格計，實不能不順從眾意，決心飛渝，竭盡人事。明知其不可為，而在我更不能不為也。至於生死存亡，尚復容計乎？乃決心飛渝，尚期李能徹悟回頭也。」

十一月十三日

川黔戰局日趨嚴重，大禍迫在眉睫。川東匪軍於本日佔領彭水舊城，南路匪軍亦已佔領貴陽市郊的圖雲關。

十一月十四日

本日桂林失守，李宗仁自桂林飛至南寧。

父親於上午十一時自台北松山機場起飛，下午四時一刻達到重慶，此地已充滿了恐慌，驚怖和死寂的空氣；因國軍已自貴陽撤守，秀山失守，匪軍已迫彭水也。

父親獨自研究戰局，擬調胡宗南增援重慶。彭水已於夜間失守。第二軍部隊，在芙蓉江東岸地區，亦被匪軍包圍。

十一月十八日

匪部正規軍已竄入烏江西岸江口，我軍右側已受威脅。

父親上午召見王方舟，正午約張岳軍、顧墨三諸先生商討滇事與渝東作戰部署。

自十五日奉命赴前線視察戰地實況，於當日下午四時，在重慶海棠溪過渡，車至綦江，天色昏黑，即在駐軍軍部過夜。翌晨三時三十分起身，四時出發，經過南川，越過長江水壩、白馬大山，於傍晚始達江口。在沿途所見自前方敗退的部隊，情況非常紊亂，傷心之至。在江口遇見宋希濂和陳克非兩人，曾將父親希望他們固守烏江的來意相告。昨夜住宿南川，今晨五時起床，六時動身，九時到達綦江。在該地遇見羅廣文軍長，詳談二小時之久。下午四時返抵重慶，向父覆命。

十一月二十日

奉命自渝飛梁山轉赴萬縣，訪孫德操先生。

十一月二十五日

父親昨日曾電羅廣文：「望嚴責所部，有進無退，死中求生。」不料該部已完全放棄南川，不留一兵一卒，致匪軍長驅直入，進迫綦江。

十一月二十八日

自前日午夜匪部攻佔綦江，羅廣文隻身脫逃來渝後，重慶外圍已趨危急。父親今日對放棄重慶問題，研討甚久。如果撤退太早，則匪必可於半月內到達成都，而我之唯一主力陝西胡宗南部，本已撤至漢中以南，將無法轉移於成都以西地區。如此，西南大陸將整個為共匪所控制。故決定緩撤重慶守軍，並在沿江設防，以確保成都。不料匪軍業已攻抵南溫泉，重慶危在旦夕矣。

午後隨父巡視重慶市區，沿途車輛擁擠，交通阻梗；憲警皆表現無法維持現狀之神態，一般人民更焦急徬徨，愁容滿面。部隊亦怪象百出，無奇不有，言之痛心！

十一月二十九日

本日，我政府行政院遷至成都辦公。

萬縣有兩艘軍艦叛變，向長江下游下駛。重慶近郊，我軍已與匪軍激戰。正午，黃桷椏方面亦已發生戰鬥，重慶市內，秩序異常混亂。父親乃決心於明晚撤守沿江北岸之指揮部署。午間召開軍事會議，決定新的作戰計劃，對第一軍之後撤準備，亦有詳細指示。但前方已傳匪部在江津上游十里之處渡江矣。

前方戰況激烈，情勢危急，重慶已受包圍。而父親遲遲不肯離渝，其對革命的責任與決心，感人之深，實難以筆墨形容。下午十時，林園後面已槍聲大作，我只好向父親報告實情，希望早離此危險地區。同時羅廣文自前線回來報告，知其軍力已被匪部擊散。而周圍各兵工廠爆炸之聲又四起，連續不絕。此時山洞林園前，汽車擁擠，路不通行，混亂嘈雜，前所未有。故不能再事稽延，乃決定赴機場宿營。途中為車輛阻塞者三次，無法前進。父親不得已，乃下車步行，通過後改乘吉普車前進，午後始達機場，即登中美號專機夜宿。當此兵慌馬亂之時，父親指揮若定，其安詳鎮靜有如此者。

十一月三十日

今日凌晨六時，隨父親由白市驛機場起飛，七時到達新津，換機轉飛成都，入駐中央軍官學校。當父親自白市驛起飛時，據報：「在江口過江之匪，已迫近距重慶白市驛機場之前方二十華里」。白市驛機場旋即自動炸燬，免為匪軍利用。時尚有驅逐機四架及高級教練機六架，以氣候惡劣，不能飛行，亦一併炸毀，殊可痛惜。

十二月一日

重慶本日失守。

父親下午約見鄧錫侯、劉文輝、熊克武、向傳義、王方舟等談話。胡宗南長官亦自綿陽來見，詳商軍事部署，以汽油缺乏，運兵滯緩為難。父親仍望其速派有力部隊進駐遂寧並防守內江。此時璧山已陷，銅梁縣長聞風棄職潛逃，僅剩電話局局員對外答話；永川縣長與駐軍亦同夥投匪。內江以東汽車停開，道路阻塞，等待過渡者形成長陣，達十餘公里，擁擠不堪；此地約有六百輛汽車，等於無用，甚至將以資匪，殊為可慮。

地方政府無能，成都社會風氣比重慶更為複雜。街道巷尾構築無用之木柵，真是自欺欺人。

十二月四日

下午，城內秩序漸惡，到處汽車擁擠，冷槍時發。成樂公路之夾江，峨眉附近盜匪如毛，四出行刼，南路亦復如此。致使胡宗南部隊作戰與調動，均發生極大困難。

十二月五日

據報富順為匪所陷，旋查知匪軍並未進城，只在瀘州途中，用電話恐嚇富順縣長，而縣長及軍政人員即驚慌失措，聞風逃避，縣城無人防守，遂致陷落。

父親與胡宗南長官等研究作戰方略，決集中二十六軍於自流井與內江之線，以遏止匪部向樂山方面進竄，並擬定川中此後全般部署與戰鬥序列。然自流井已於夜間失陷，決戰方案遂失作用。內江亦已陷匪，遂寧情況不明，僅銀山鋪方面尚有我部隊布防。

十二月七日

父親今日約劉文輝、鄧錫侯來見，彼等避不應召，反來函稱：「王方舟與其為難」。其實彼等已受匪方威脅，決心投匪，故已無所顧忌矣。同時滇盧之靠匪態度亦漸顯露，既不願大本營常駐昆明，亦不肯接受滇黔剿匪總司令名義，其用心與劉鄧如出一轍。父親認其本人一旦離蓉，彼等或可聯合發表宣言，共同降匪。故仍繼續留蓉，必使胡宗南部隊部署完妥後再定行止。上午，父親與張岳軍閻百川兩先生晤談，即派岳軍先生飛滇晤盧，予以安撫。正午會報，提議設成都防衛司令部，以示作戰決心；並對王方舟主席指示收回銀圓券辦法，免使人民吃虧。

對於中央政府駐地問題，曾經數度研究。其初擬遷西昌，固守西南，俟機反攻，收復失土。到此乃知大勢已去，無法挽回矣。因於晚間作重要決定，中央政府遷台北，大本營設置西昌，成都設防衛總司令部。此時胡宗南部隊已翻越秦嶺，跋涉長途，轉到成都平原。以六百公里與敵對，峙之正面轉進，至一千餘公里長距離之目的地，而竟能於半月時間內，迅速完成，且主力毫無損失，亦戰敗中之奇蹟也。

十二月八日

行政院本日召集緊急會議，決議遷都台北，並在西昌設置總指揮部，繼續與匪作戰。

晚間，張岳軍先生自昆明飛返成都，向父面述盧漢之動向，謂彼正在戒烟，態度反常，只想要錢，公義私情皆所不顧。父親心知有異，乃召見由滇來蓉之余程萬、李彌、龍澤匯各軍長，訓示其必須保衛雲南，不能作撤退滇西之想。並切囑盧漢堅定執行原定布署，軍費中央可設法負擔。自是布置妥當，父親擬不經昆明，逕返台北，指導政府遷台之各項計劃。

十二月九日

上午，張岳軍先生復與余、李、龍等飛昆。下午二時後，忽得「飛機在昆明被扣」之消息，乃知變生肘腋。父親最初尚可與張岳軍先生通話，知其尚未與盧漢晤面。及至夜間，蓉昆電訊工不復能通矣。同時劉文輝鄧錫侯亦在成都北門，與附匪分子勾搭。

十二月十日

今晨，蓉昆電訊復通，而第一封電報，卻是盧漢拍致劉文輝的，要劉會同四川各將領扣留父親，期向共匪戴罪圖功。父親當即約見王纘緒，囑其轉告劉鄧：「1. 仍盼其入城來見。2. 令彼等所部速離成都周圍。」同時，召集胡宗南、王方舟、楊子惠、蕭毅肅諸先生，研討對滇事處理方略及父親行止。當時在場文武官員，一致要求父親儘速離蓉回台，勿先飛西昌。父親近數日來徒以胡宗南部未能如期集中，必須遝留成都，以掩護其達成任務，故屢次準備起行而又屢次中止。今日以昆明又告陷匪，乃徇各方意見，決回台北處理政府遷移各種要務。臨行復與胡宗南長官單獨面談三次，始覺放心。午餐後起行，到鳳凰山上機，下午二時起飛，六時三十分到達台北。

父親返台之日，即劉文輝鄧錫侯公開通電附匪之時。胡宗南部決定從速解決劉部，尅日進佔雅安，為西南基地。

十二月十二日

張岳軍先生今日由昆明脫險抵港，父親至為欣慰。

十二月十六日

晚間，接胡宗南長官來電稱：樂山前方戰事危急，以部署不當，致陷被動為慮也。胡宗南將軍已由蓉飛到海南島榆林港，成都情況不明，西南軍事遂成絕望矣。

十二月十七日

接胡宗南將軍電話，知樂山已失，今後川康戰局將陷於更嚴重之地矣。

十二月十八日

川北劍閣失陷，情形更為嚴重。

十二月二十日

胡宗南部隊決定放棄成都。

十二月二十四日

今日為聖誕節的前夜，西南保衛戰已近尾聲。

父親對一切軍事布署與措施，可說已竭盡心力與人事。「謀事在人，成事在天」，這實在是具有深厚歷史經驗的名言。

十二月三十日

胡宗南長官今日由海南島飛往西昌，準備收拾殘局。

三、危難中之奮鬥

陶希聖

——摘錄陶希聖先生著《危難中之奮鬥》有關四川部分（載民國四十八年十月二十九日《中央日報》）

蔣總裁巡視渝蓉

民國三十八年八月二十三日，蔣總裁由台灣乘專機飛抵廣州，次日即轉重慶，住林園。西南軍政長官張群，貴州省府主席谷正倫，四川省府主席王陵基，西康省府主席劉文輝，均來謁見。

自和談進行以後，四川及西康地方軍人如鄧錫侯、劉文輝等，與少數政客聯合，企圖與共匪謀「局部和平」。四川省政府主席王陵基與重慶市長楊森力持反對。李代總統主持之和談既告破裂，但川康之糾紛迄未止息。總裁到重慶後，以黨的領袖地位，對於此項糾紛盡力調解，並要求軍事政治社會各方面人士團結一致，對抗共軍。

西康問題未即解決

總裁一度擬向廣州中央政府建議，調西康省政府主席劉文輝為重慶市長，楊森主西康，俾政府掌握西康，建立反共之最後基地。但總裁顧慮內部糾紛因此更加擴大，未果提出。

西昌警備司令賀國光來渝謁見總裁。賀司令在西昌率領警備部隊雖僅二團，但對劉文輝留駐西康之部隊一師，有隨時予以擊破之把握。西康夷人領袖亦來渝進謁總裁，表示劉文輝如背叛中央，夷人決不與之合作。

雲南問題之解決

自和談進行以後，雲南省政府主席兼綏靖主任盧漢即容許共匪分子在昆明活動。昆明之報紙，除《中央日報》外，均刊載新華社消息，散佈失敗主義毒素。雲南大學共黨學生公開為共軍宣傳。雲南之反共人士紛紛被迫離昆明往香港。

總裁到重慶之後，盧漢於九月六日飛重慶進謁。行政院閻院長亦於七日飛重慶。盧漢接受總裁之勸告，清除共黨分子，驅除所謂民革派（李濟琛之黨徒），取締報業及學校中之共黨活動。總裁乃與閻院長及西南軍政長官張群商定，以政治方法解決雲南問題。盧漢於八日回昆明，閻院長飛廣州，張長官亦飛廣州出席行政院政務會議，陳述政治解決之方案。

盧漢回滇後，於十日開始逮捕共匪及主張投降之分子一千餘人。共黨分子操縱之報紙亦予停閉。四川內部之團結，及雲南問題之和平解決，為總裁此行之成就。但總裁此行惜已太遲，未及補救西北全局之失敗。

成都及廣州之行

九月十三日，總裁由重慶飛成都，在招待四川省參議員及各界領袖之茶會上，懇切陳詞，呼籲團結：

「四川天時地利之條件，雖已具備，但仍有一必須更進一步之條件，則為人和」。

「中正此次到成都，即為謀大家更堅強的團結，更密切的合作」。

十七日，總裁飛重慶，發表告全黨同志書，指示中國國民黨改造方針。二十二日飛昆明，在機場接見盧漢，隨即飛抵廣州。

廣州失守

十月十三日，中央政府撤離廣州，移至重慶辦公。十五日，匪軍進入廣州。十六日廈門淪陷。總裁決定赴渝，以期挽救西南危局，擬具意見，以供重往西南時之參考。

金門登步之勝利

十月二十五日，為台灣光復節。總裁發表告台灣同胞書，號召台灣同胞參加反共抗俄戰爭。東南軍政長官陳誠在民眾大會上，報告金門島之勝利。

十一月二日，登步島登陸的匪軍，全部被我國軍殲滅。

此兩島輝煌之勝利，使台灣在軍事上臻於安全。總裁乃起程往重慶，並先電白崇禧將軍，有安危相仗之語。白長官接電後，於四日親筆作函託吳忠信攜往台北，催請總裁赴渝。

其時李宗仁已由渝飛往昆明，張長官群隨即往昆明挽李回渝，李復表示請總統復職之意。

貴陽陷落，川東緊急

匪軍於此時一路由芷江，經鎮遠、黃平，進擊貴陽。何紹周部隊節節敗退。

匪軍另有一路，從秀山、酉陽、黔江，進逼彭水。此六百里崎嶇曲折之道路，處處都是天險。匪軍如突破此天險之要隘，即可直取重慶，且拊四川北面之胡宗南部隊之背。宋希濂部隊負防守此一道路之責，但彼節節敗退，彭水一失，重慶為之震動。

總裁急遽赴渝

在此種情勢之下，總裁不俟李宗仁回渝，即於十一月十四日由台北飛重慶，下機後，逕赴林園，當即接見總統府邱祕書長昌渭，請其電催李回渝。總裁復急電白長官崇禧請其力催李回渝。

十一月二十日，李宗仁忽由南寧飛香港，臨行發表聲明，略謂：

……十二指腸出血，即應覓醫檢查，從速施用手術，否則於身體健康可能發生極嚴重之影響。因此之故，此次乃不得不前往醫藥設備較完善之地，詳細檢查，甚至施行割治之手術。

目前國內局勢十分嚴重，余身負國家人民付託之重，不敢自逸，尤不願因病而推卸個人對國家之責任。

在治療期間內之中樞軍政事宜，已電閻錫山院長負責照常進行。總統府日常公務，則令邱昌渭祕書長及劉士毅參軍長分別代行處理。

挽李回國

當時匪軍已突破烏江，宋希濂部隊續退南川。匪軍一路到達石砫，一路超過彭水，進逼烏江。國防部調羅廣文部隊開往川南前線，與匪軍激戰於石砫與南川間。

總裁於二十一日請居正、朱家驊、洪蘭友、鄭彥棻代表前往香港，慰問李宗仁病狀，並挽勸其力疾回渝。閻院長亦託四代表帶函致李促其返旆。

四代表於二十二日飛抵香港，往太和醫院謁見李宗仁，以總裁函交李，並陳述總裁慰問及促歸之意。李答覆與二十日聲明相同。二十三日，四代表再謁李氏，監察院長于右任亦同晤談，李堅持赴美治病，不允回渝。

重慶之陷落

江津對岸匪軍如渡江，則白市驛機場及成渝公路均被襲擊，重慶即陷入包圍之中。南溫泉匪軍一度被我軍擊退；但隨即進逼重慶南岸之海棠溪。

總裁一面指導國防部指揮所督率作戰，一面協助政府遷移成都。二十八日閻院長飛成都，行政院立法院重要人員均陸續離渝。作戰物資疏運亦至為積極。

總裁之顧問及祕書暨參謀人員，均屢次懇切敦促總裁離渝。總裁告彼等：「余多留重慶一日，則重慶即多支持一日。重慶多守一星期，胡宗南部隊從陝南撤退即較為順利。余必須候羅廣文過江來見我，對其部隊作一部署，始可離渝」。

二十九日，海棠溪槍聲已達於市內。由重慶向成渝公路撤退之車輛絡繹於途。兵工廠及電台等設備之爆炸於下午開始。總裁於是晚接見羅廣文，夜半乘車赴白市驛機場。三十日上午六時起飛。九時，共匪渡過江津，進迫白市驛，機場空軍工作人員全部撤退。防守重慶之楊森將軍退至璧山，羅廣文棄軍逃亡。第一軍渡江，在江津之西集合，繼續與匪軍作戰。

成都之十日

總裁到成都，駐節軍官學校。學校之教官與學生正在陸續西撤，僅留少數學生警衛。

胡宗南部隊陸續到達，即分往龍泉驛與新津布防。成都市內秩序漸呈混亂狀態。鄧錫侯、劉文輝之便衣帶槍人員，時發槍聲。十二月七日，行政院議決，派盛文為成都防部分官兵戒備成都，市面秩序始轉安定。

昆明事變

張長官群於十二月七日由成都飛昆明，探詢盧漢對下列三個方案之意見：（一）行政院遷台灣，大本營設昆明；（二）行政院遷西昌，大本營設昆明；（三）行政院遷昆明辦公。盧漢對行政院或大本營設昆明，均不贊成。

十二月八日，總裁約鄧錫侯、劉文輝來軍校晤談。其時，鄧部結集灌口，劉部一部分在雅安。而鄧劉兩人均避往成都北郊某地，推病不來謁見，總裁乃電話促張長官回成都，冀對此一問題謀解決。

九日張長官回成都。李彌、余程萬及龍澤匯三軍長偕來。龍澤匯為盧漢近戚，於隨同李、余兩軍長晉謁　總裁報告部隊情況外，並陳述盧漢歡迎　總裁往昆明一行之意。

總裁疑盧有異動，決定派張長官再往昆明疏導，總裁亦逕返台灣。

四、大陸撤守前 總統留渝記

袁睽九

編者按：《四川文獻月刊》第五十一期載「華生」所撰〈蔣總統與四川〉一文，曾述及民國三十八年重慶成都撤守前總統兩度蒞川經過。第一次於八月二十四日由廣州飛抵重慶，九月十二日飛赴成都，十七日返渝，二十二日離渝飛廣州。第二次於十一月十四日由台北飛渝，同月三十日因重慶撤守飛赴成都，十二月十日飛返台北。頃讀五十五年十一月份《藝文誌》載有袁睽九先生撰「史料的補遺」〈大陸撤守前總裁留渝記〉一文，引述當時所撰「蔣總裁留渝二十日」之通訊一篇。袁先生時任職中央通訊社重慶分社，通訊中報導總統自三十八年八月二十四日至九月十二日留渝二十日中之經過，至為詳審。我們追憶當年西南危急時，總統以中國國民黨總裁身分，飛川指導，與四川民眾共患難同甘苦的情形，深覺此一通信稿，實為一段珍貴的文獻。

袁先生在引述通訊稿前，對總統第二次蒞川經過與此後局勢之演變，亦有析述。原文謂：「三十八年十一月初，共匪於陝、鄂、湘、粵等省相繼陷落之後，狹其鋒銳政勢，進擾西南，不出半月，貴陽即告陷落，而四川東南也門戶大開，秀山、酉陽、黔江、彭水，陸續撤守。重慶因前方戰局不斷逆轉，迅即陷於危疑震撼局面，人心惶惶，莫知所措。中樞方面，又值當時代總統李宗仁藉故出巡廣西，歷久不返，軍政鉅任，集於行政院長閻錫山一身，難關重重，應付非易，一時險象環生，岌岌不可終日。幸賴原居台北的蔣總裁，毅然不避艱難，越海遠航，於十一月十四日（貴陽即係於是夕易手，距政府由穗遷渝，恰為一月）薄暮飛抵重慶，協助閻揆共挽危局，始使浮動不安之現象，暫告消失。西南人民對總裁此來，殆有如撥雲霧而見青天之感。總裁蒞渝，立即派蔣經國先生躬冒矢石，前往川湘公路的南川前線，宣慰宋希濂部，並飛調胡宗南部第一軍自川陝邊境來渝增援。雖因為時究嫌太晚，而盤據雲南的盧逆漢亦反覆無常，終告投匪，以致未克挽回整個戰局之頹勢；但對爾後政府之得以從容自渝轉蓉，安然撤出大陸，退處台灣，以及中央各機關重要人員，中央級民意代表之能大批撤退來台，實有重大關係。要言之，台灣之能維繫中華民國法統，以迄於今，屹立不移，日益壯大，穩然成為民族復興之所倚，國家希望之所寄，不能不歸功於總裁當年之坐鎮渝蓉，主持政府撤退大計。而總裁之於三十八年十一月飛赴重慶，以示與西南軍民同共艱苦，則又由於是年八月，總裁於抗戰勝利復員還都之後四年，業已一度赴渝，停留甚久。其間他曾以茶會招待各界首長，並在茶會席上鄭重表示：

二十八日雖然是星期天，但總裁並沒獲得休息。上午從貴陽來的谷正倫、谷正綱、韓文煥、何紹周等前往晉謁。下午處理重要公務，並接見過渝赴合的西北軍政長官馬步芳。以致中央軍事學校同學會重慶分會非常委員會在曙樓召開的臨時代表大會，他都無法分身參加，僅僅致以書面訓詞。當晚七時，張群長官請總裁到曾家岩官邸晚餐，他這才首次進城。席間他和張群長官曾對西南前途詳加研討。

西南長官公署於二十九日上午舉行擴大會報，西南各省在渝的軍政負責人王陵基、劉文輝、谷正倫、楊森、賀國光、錢大鈞、王纘緒、鄧錫侯、胡宗南、宋希濂、孫震、李彌、何紹周、羅廣文等都出席參加，這是關係西南整個局勢的一次重要會議，總裁親臨致詞，並和與會人員同進午餐，餐後由長公子經國隨侍同返林園。下午在官邸召見重慶市黨部全體執監委員楊森、徐政等卅六人，以及新聞界人士，聽他們的意見，即席致詞，勗勉全市黨工人員切實負起責任，領導民眾，協助政府戡亂，共策安全。晚上總裁在林園邀宴劉文輝、谷正倫、鄧錫侯等人，並和他們一同去官邸大禮堂欣賞重慶市府主持歡迎總統蒞渝的音樂晚會。音樂節目以「我所愛的大中華」大合唱開始，全場空氣自始至終都很莊嚴而愉快。

八月卅日這天，重慶全市的二十萬「漢留」，為了表示歡迎「蔣介石老先生」（他們這樣尊稱總裁）重返第二故鄉，各分社分別舉行隆重的慶祝儀式，懸燈結彩，張貼標語，奏樂鳴炮，一時全市鑼鼓喧天，五彩繽紛，鞭炮如沸，熱鬧情形，為抗勝利以來所僅見。我們不難看出來這種純粹出於民間、出於自動，特別是出於至誠的歡迎舉動，除去蔣總裁是決沒有第二個人能夠贏取的。

卅一日　總裁總算獲得了一天的休息，這天他靜居林園，沒有什麼特別活動，因此他將每天的散步延長了一些時候。自晨至午，他策杖漫步於官邸大草坪與四周林園間，穿著長衫戴上一頂別饒風趣的灰色鴨舌帽，神情顯得瀟洒而輕快。當他在養魚池畔看到了四年前他所親手養的一些魚時，他不禁喜形於色，頻頻以略帶感慨的語調對隨從的人員說：「這些魚都長得很大了！」

九月一日，盧漢命來渝的雲南省政府祕書長朱麗東，曾去林園晉謁蔣總裁，這也許就是「雲南事件」獲得解決的一個開始。這天是記者節，總裁接獲重慶市記者公會給他的一封電文，向他表示崇高的敬意。

二日，總裁接見范眾渠、馬鴻逵、馬繼援和再度自成都趕來的四川主席王陵基。下午四時重慶市朝天門發生了空前未有的大火災，延燒到第二天早晨才告撲滅，總裁聞悉，異常關切，晚間頻以電話向楊森市長詢問災情。重慶市各界原擬於「九三」抗戰勝利紀念日舉行十萬民眾反，共救國大遊行，總裁軫念災情嚴重，特於當晚通知渝市黨部轉達各界，盼停止遊行，以便協助市府救災，並安撫救災的數萬民眾，使他們不致流離失所。

「九二」大火給重慶帶來了不幸，死亡逾三千人，無家可歸者在三萬以上。總裁特於三日上午，派蔣經國代表參加渝市府召開的救災緊急會議，並以中國國民黨中央執行委員會名義，捐助五萬元賑災。同時又派黃少谷等去災區巡視一遍，慰問災民。

總裁來渝的第十日——九月四日，曾輕車簡從去南岸黃山遊覽，當晚留宿黃山官邸。總裁長公子經國先生負有重要使命，於是日上午與王陵基、向傳義同飛成都。

總裁初到重慶時，市參議會及各民眾團體籌備召開一個盛大的歡迎會，總裁不願勞師動眾，所以決定由他自己來舉行一個茶會，招待此間各界首長。這個招待會於五日下午五時在西南長官公署大禮堂舉行，被邀參加的有張群、楊森、范眾渠、朱叔癡、戢翼翹、盧作孚等三百多人，是重慶近年來所罕見的盛會。總裁在茶會席上以極懇摯的態度致詞，博得多次熱烈掌聲，他說：他於抗戰勝利前後留居重慶幾逾十年，與重慶百萬同胞共患難，同艱苦，建立了無比深厚的友情，只要一息尚存，決不放棄革命責任，一定要以抗戰時期同樣的精神，在中央政府領導下，追隨重慶及西南各省市愛國同胞共同奮鬥，戡亂到底。最後他以這句鐵一樣的話，結束了他的致詞：「我確信終有一天，我們要在重慶和大家重新慶祝勦共的勝利和建國大業的完成。」

同日，西南各省國、民、青三黨留渝立監委、國大代表，重慶市參議員，及工、商、婦女，漁農、教育各界人士王纘緒、曾擴情、范眾渠、楊公達、蔡鶴年、羅才榮等二百人，特上書蔣總裁，請求駐節陪都，領導戡亂。他們的呈詞中有云：「凡我川人，咸認為如圖再造之功，宜居可戰之地。曩者三戶尚可亡秦，一旅猶能興夏，何況我天府之地，物阜民殷，故一致祈求鈞座長期駐節陪都，坐鎮西南，統籌全局，憑恃險阻，利用資源，審時度勢，復我河山。此人民之公意，敢以奉聞，如承採納，國家幸甚，西南幸甚」。

九月六日，這是一個頗可紀念的日子，這天下午二時，雲南省政府主席盧漢奉蔣總裁電召，從昆明飛到了重慶。盧漢的來，澄清所有關於雲南的一切謠言，總裁以異常愉悅的心情接待他，留他在林園官邸住宿，並且幾度和他及張群長官懇切商討安定雲南的辦法。目前雲南局勢之好轉，入於正常狀態，就是盧漢來渝的收穫，當然也是蔣總裁來渝的收穫。

盧漢到重慶的第二天（七日），行政院閻院長錫山於百忙中從廣州飛渝，下機後即去林園晉謁總裁，參與總裁、張群和盧漢的會議，對於雲南乃至西南的政治前途，有了更進一步的決定。七日前往官邸晉謁總裁的，還有新任陸軍總司令關麟徵將軍，和新任中央軍校校長張耀明將軍。當天晚上，成都方面傳來消息，四川省增籌本年田賦徵借數額為四百十五萬石的議案，已於川省參議會臨時大會中通過。前此王陵基主席和向傳義議長到重慶來晉謁總裁，總裁對兩氏勉慰有加，並特派蔣經國隨同返蓉，向川中父老殷殷致意，蓉垣各界，感奮莫名，川省參議會增籌賦徵案之能獲得無異議通過，就是四川紳民一致忠誠擁護蔣總統戡亂到底主張的最佳表現。

八日上午，盧漢以來渝任務完畢，告別總裁、閻院長和張長官，專機飛返昆明，替雲南數千萬同胞帶去了蔣總裁對於雲南的期望與指示。同日下午，張群長官啣命匆匆飛穗，貴州省主席谷正倫再度應召來渝，都顯示與盧漢重慶之行一事有關。

閻院長在重慶住了兩天，九日晨九時，他就冒著酷熱的天氣飛回廣州去了。總統曾親自到白市驛機場，送這位七十六歲高齡的革命的老同志的行。

十日和十一日兩個晚上，總裁住宿在幽靜的黃山官邸。他很喜愛黃山，尤其在這夏末秋初的季節，黃山的景色格外使他留戀，這由他的來渝短短二十天中，竟然留宿黃山三個晚上，就可以見到。

在廣州舉行的行政院會議，於十日通過解散雲南省參議會、解散雲南大學、停辦昆明師範學院的議案，並由總統明令全國周知。十一日總裁官邸接獲來自昆明的電話，所有昆明為匪張目的反動報刊，全部被查封，通匪有據的陰謀分子，也加以逮捕，由於這一連串好消息的傳來，我們知道存在雲南的惡性的盲腸，終於獲得了平安的割治。這不僅使蔣總裁衷心喜悅，同樣也使全西南、全國乃至全世界反共的人士，都感到衷心的喜悅。

九月十二日，蔣總統仍然乘坐他來時的座機，離開重慶，飛向更西的成都去了。和他同行的是俞濟時、蔣經國、曹聖芬等人，黃少谷、陶希聖則於第二天，張群長官自穗返渝後才接著飛去。

我們相信這只是一個短暫的別離，蔣總統在不久之後還是要回到重慶來的，因為他曾經表示要和重慶的百萬市民，同在這兒共慶反共戰爭的勝利。

附　三十八年八月二十四日　總統蒞渝談話全文

抗戰期間，余居處重慶至八年之久，今日舊地重遊，儼如還我故鄉，感慨之深，不能自已。十二年前，政府與人民為保持我國家獨立自由與領土主權之完整，發動全國抗戰，西南與西北為我抗戰之大後方，亦即為我民族復興之根據地。而四川同胞貢獻之大，乃世人所共見，更為中正所銘感。重慶為戰時首都，軍事之推進以及戰後復興之策劃，皆在於此。國家人民對抗戰勝利所付代價之巨，對戰後建設期望之殷，此間人士見聞最切，至今印象猶新。抗戰結束後，如無共匪武裝叛亂，以破壞我和平建設，荼毒我國計民生，則國家之地位與社會之繁榮，必不在其他盟國之下。乃四年以來，國際共產黨首先劫掠我東北土地、人民與資源，復向我華北、華中伸張其黑暗陰沉之鐵幕，不僅抗戰成果一一被其摧毀，而人民之生命財產，亦無不為其所殘害。今日重慶再成為反侵略，反共產主義之中心，重新負起支持作戰艱苦無比之使命。所望我全川同胞，振起抗戰精神，為保持抗戰成果，完成民族革命而努力。中正今日來渝與父老故舊敘談，撫今思昔，感愧良深。惟當此國家存亡民族生死關頭，革命報國，責任所在，剿匪保民，義無反顧。願以在野之身，追隨父老故舊之後，團結愛國民眾，在政府領導之下，為國家獨立人民自由而奮鬥到底。共黨匪軍自渡江以來，所遭遇之困難極多，士氣日趨消沉渙散，而其軍事形勢漸成強弩之末。尤以匪黨佔據大都市之後，一方面暴露其國際間諜之陰狠面目，一方面更揭穿其箝制自由，拆散家庭，絕滅倫常，毀棄歷史文化，摧殘工商事業之毒辣政策。共匪區域之內，成萬成千求生不得求死不能之同胞，到處奮起反抗。只要我大後方愛國家愛自由之民眾，一致奮起，集中力量，堅持反共戰鬥，則最後勝利之來臨，必較對日抗戰為迅速。此中正所深信不疑，而願與我西南西北同胞，相與戮力，共同奮勉者也。

一五、在渝反共苦鬥記

楊森

民國三十七年三月二十九日，第一屆國民大會在南京開幕，選舉總統，實施憲政。中央為求各省市行政官吏，由各該本省市籍人員擔任，命以谷正倫繼余之貴州省政府主席，而以余調任重慶市市長，就職之時，為三十七年五月。三十八年一月廿一日，總統蔣公引退。未幾，共匪擴大叛亂，搶渡長江，首都淪陷，政府遷移廣州。重慶為政府預定之反共復興基地，首為匪酋眼中之釘，於是一連串之滲透顛覆活動隨之而來。在軍事上，除密謀以大包圍方式達成攫取之目的外，尤注重於誘脅川中動搖分子，以分化我革命陣容。此外則密派間諜，展開地下活動，策動學潮，高呼反飢餓，四出放火，燬滅大重慶。擾亂金融，使社會動盪不安。凡可能打擊重慶之手段，無所不用其極。計在渝任職一年餘時間，初只專任市長，繼因重慶特別市黨部主任委員龍文治病逝出缺，中央派余兼主中國國民黨重慶市黨務。至三十八年十一月初，中央又特任余兼重慶衛戍總司令，擴大戍區及於江巴綦璧合長境界。受命危難，義無反顧。於是秉承樞命，盡智索能，與共匪展開鬥爭。茲因四川文獻社囑余將在渝與匪苦鬥情形，簡明敘述，以實篇幅。爰以在渝反共，苦鬥記為題，就可能追憶者泚筆記之，旅中缺乏資料，漏誤難免，尚希各方加以指教，俾便改正以成實錄，無任跂幸。

重慶市暨衛戍區反共救國綱領之制頒

為建設保衛重慶，余到任之初，即有建設新重慶之理論與實踐及重慶市反共手冊之訂頒。嗣因受命衛戍重慶，又於三十八年十一月，制頒重慶市暨衛戍區反共救國綱領，中分1.思想領導；2.精神動員；3.黨政革新；4.生活改造；5.行動打擊；6.技術鬥爭等六大部門，於反共救國應有之認識與行動，條分縷析，綱舉目張，列為一表，約萬餘字，印頒本市暨戍區遵行，原件尚存有一份在行篋中。

重慶市反共救國訓練班之成立

為加強反共救國民眾組訓，應先培養執行此種任務之幹部，由市政會議決議，並呈准中央核備，成立反共救國訓練班於歌樂山，調訓市府各局處，各區保甲人員，及黨的幹部約千餘人，開班授課，教以三民主義，總裁言論輯要，保防須知，反共鬥爭大要，諜報要旨，組訓概要，戡亂法規淺釋等。由余自兼班主任，而以向廷瑞任教育長，延攬名流擔任教官，分期訓練，學術並重，每期均二個月結業。經此訓練，反共意識加強，反共技術提高，於反共力量增加不少。

充實重慶市保警武力

重慶市以行都所在，共匪地下分子特別活躍，設無較強警力，實不足以資鎮懾，因命重慶市警察局長陳善周，就原有保安警察，加以擴充，每區編為一隊，調訓幹部，補充武器，以期充實地方基層力量，應變有備。其後政府遷渝，本市秩序之保持，得力保警不少。

槍決縱火重慶之地下分子

當中央政府準備由廣州遷渝，並加強防禦台灣之時，共匪即喊出火燒重慶，血洗台灣之口號，以圖擾亂我反共基地。三十八年九月二日下午三時許，據報重慶陝西街郵局有人縱火包裹房，甫告樸滅，另據報東水門城牆邊有人向竹搭民房投燃燒彈，旋即蔓延。更又有人在朝天門大江通旅館屋頂放火。因其時西南風急，風助火燄，燃燒遍及陝西街朝天門一帶，當督飭警察消防隊盡一力灌救，幸告撲滅，未波及上半域。經查獲燒火人犯，確為潛伏小樑子某醫療所之共幹所策動，遂逮主從數人，一律予以槍決。得此線索，發現共匪地下分子頗多，陰謀即未續逞。

制止赤色職業學生之遊行示威

共匪為欲打擊政府威信，於策動縱火之外，更嗾使沙坪壩各學校赤色職業學生，以反飢餓為名，發動學潮，遊行本市示威。高呼侮辱領袖口號，包圍公署不去。經各區反共幹部以水龍沖水遏阻，始行停止於縣廟街正陽學院門前，折而轉向市府請願，經余發表談話，謂如有共匪走狗學生敢來市府搗亂，即以對付共匪之手段對付之，並號召愛國反共學生起而維護正義。請願學生聞余如此嚴正表示，僅來代表數人，又予說服，即告解散。如火如荼之學生遊行，遂告平息。

協助中央政府遷渝

共匪稱兵犯闕，政府由南京遷廣州，隨因赤燄日熾，又由廣州遷重慶，效抗戰時之措施，以西南為反共最後堡壘。行政院長閻錫山先生電令市府為各院部會及中央黨部尋覓衙署，特派馬國琳為政府遷渝布置委員會主任委員，而以市府祕書長李寰副之。因臨時奉令緊急遷徙，亟需房屋用具，供應浩繁，至費周章。首將市府移至兩路口合署辦公，而以原市府辦公處全部奉還總統府。國民黨中央黨部，則奉移兩路口一宏敞地址，總裁官邸則仍設山洞林園，其餘各院部會，均有適當分配，凡市府力所能及，無不奉命惟謹。

奉命兼重慶衛戍總司令及輾轉來臺經過

當貴陽失守，遵義危急，川湘公路宋希濂部失利，匪迫西秀黔彭。川康渝內部，余與賀國光孫震王陵基唐式遵諸人反共態度堅決，誓與共匪周旋到底。而劉文輝鄧錫侯潘文華王纘緒向傳義熊克武但懋辛等，則態度曖昧，不可捉摸。昆明之盧漢，又傳蓄有異志，西南震撼，岌岌可危。李代總統又復棄國飛美，賴我總裁蔣公力排萬難，坐鎮行都，領導有人，人心較定。三十八年十一月十日，中央命余兼任重慶衛戍總司令，劃巴縣江北長壽涪陵江津永川合川璧山等縣為衛戍區域。當即改組前重慶警備司令部為衛戍總部。並於十一月十六日，召集本區軍政首長，民眾團體領袖等，舉行衛戍會議，商討如何建立反共保民軍配合中央部隊地方團隊以保衛大重慶問題。曾經作成若干決定，分別實施。又以軍情緊急，必須發動固有地方力量起用在野軍人，始足以便號召，而資應變，經多方諮詢物色，乃任喻孟群為反共保民軍第一路總指揮，許紹宗為第二路總指揮，黃慶雲為第三路總指揮，夏炯為第四路總指揮，廖海濤為第五路總指揮，分別在其可能集結運用民眾武力地區，予以編組訓練。但因餉項悉賴民籌，槍砲多半窳舊，兼以宣布成立時，已係強敵壓境之會，臨渴掘井，勢難應急。適聞余舊屬之陸軍第二十軍趙軍長嘉謨率有一部分人槍，由鄂西撤退川東涪陵等地區，余乃陳准中央派楊漢烈權任該軍師長，嚴令星夜前往收容整補，尅速開抵戍區，效命保衛大重慶。其時總裁亦派蔣經國先生賫手諭馳赴彭水晤宋希濂，仰體時艱，穩定現局，阻遏赤匪竄渝攻勢。殊宋藐令後撤至江津。漢烈收編之部，亦被隔涪陵。中央又委范紹增舊部羅君彤為師長，阨守黃山老君廟一線。其老鷹岩總裁官邸之警衛，由憲兵團長沙吉夫，接替內政部保警二總隊彭斌任務，市區則以保安警察隊輔助國軍布防，堅守重慶，以待胡宗南所屬之第一軍陳鞠旅軍長來援。十一月二十九日，匪軍一部進逼南溫泉，一部佔領江津城，並由白市驛渡江，向永川抄圍，遮斷成渝公路，包圍白市驛機場，中央下令後撤，乃急護衛總裁安全飛蓉，並於先二日應中央銀行業務局之請，派兵一連護運中央銀行國庫全部金鈔至成都。同時奉令會同保密局破壞一應有關軍用資敵器材設施。斯時中央並令余指揮第一軍陳鞠旅軍長，陳部在九龍坡至江津行進中殿後，余則遵令由復興關經山洞一帶後撤，將所有市區警察壯丁編為，一個師，由警察局長陳善周任師長率領，並令反共保民軍第四路總指揮夏炯沿途收容散兵並檢拾棄械棄車，用備整補反攻。適川鄂綏靖主任孫震兄由梁山來電話，謂擬聯絡我兩部會師成都，以待樞命。余以反共到底比肩作戰有侶，至為欣慰，覆電互勉為國馳驅。行至山洞附近，目睹山洞已為某部炸燬，余乃徒步通過，開通山洞道路，全部始得通過。迨我軍至青木關，確聞匪已佔據白市驛機場，而陳善周師長及陳鞠旅軍長，均同時率部抵達銅梁，在三會重新布防，司令部設潼南縣城。溯余由十一月初奉令衛戍重慶，至三十日奉令撤退，計時不過二十日，彭水來渝開會之縣長，尚未返抵該縣，其他軍政人員部署，亦多甫在著手，愴惶應變，以致預期計畫，力不從心。奈事已如此，只有遵照中央命令後撤，揮淚忍痛，撤至潼川綿陽之線待命。十二月初師次綿陽，因川陝甘綏靖主任胡宗南大部已抵成都，斯時劉文輝鄧錫侯王纘緒潘文華熊克武向傳義等，業已通電叛變，余與川鄂綏靖主任孫震，四川省主席王陵基，西康省主席賀國光，誓欲各別重整武力，揮戈魯陽，擁護總裁退保川康滇藏邊區，徐圖恢復。旋奉命余與孫震，將所部交胡主任宗南指揮，並著即飛台灣，追隨政府，另候驅策。現以待罪之身，備員政府，另謀於反共復國大業有所貢獻。早雪國恥川讎，打回老家，以蓋前愆而副樞寄民望云。（載民國五十二年十二月一日《四川文獻》月刊第十六、七期合刊）

一六、回顧三十八年

孫震

自抗戰勝利，第五戰區及二十二集團軍總司令部撤銷後，成立第五綏靖區司令部，余奉命任鄭州綏靖公署副主任兼第五綏靖區司令。在共匪叛變後，指揮清剿豫南鄂北之李念先匪部，追擊至豫、陝邊境，將其殲滅。繼奉命北上，進剿流竄冀、魯、豫邊區之劉伯誠匪部。三十五年迎擊劉匪，收復蘭封。三十六年固守汲縣（衛輝），兩次擊潰劉匪欲搶渡黃河南竄進軍企圖，並推進入豫北，冀南、魯西匪區，收復考城、東明、滑縣、濬縣、濮陽、濮縣各地。嗣余奉調鄧州主任，相繼受陸軍總部，華東剿匪總部指揮，負責黃河南北兩岸之進剿事宜。三十七年八月，因劉匪伯誠第三次搶渡黃河南竄後，向西竄犯南陽、襄、樊，當時國軍重新部署，長江著手設防，設華中剿匪總部。余奉命將鄧州防務，交華東剿匪總部杜副總司令聿明接任。余調駐宜昌，任華中剿匪總部副總司令，指揮潘前主任文華所轄之六十師、二一三一師、及潘直屬之潘、張、冉三個獨立旅，策劃川鄂邊區設防綏靖事宜。惟因華中總部於余到職時，調去張、冉兩旅（張旅長誠文，係潛伏潘部匪黨分子，與陳明仁在大陸同期同學），編入陳明仁兵團。余赴武漢，呈請國防部、華中總部，另撥部隊，以健全設防兵力，奉國防部命令，核給三〇一、三〇二兩師番號，飭令就四川撥補兵員，成立備用。

自襄樊之第十五綏靖區為匪攻陷後，華中剿匪總部派遣第十三綏靖區王凌雲部，布防襄樊附近，並飭令十四兵團宋希濂部進駐沙市，指揮由四川新調出之七十九軍方靖部，布防荊門、當陽，以防襄陽，老河口、南漳、保康向南流竄之匪。余指揮六十師、二一三師，布防當陽（不含）至興山九道梁（四川巫溪之東）之線，以防均縣、鄖陽、房縣、竹山南竄之匪。至本綏署所指揮，之另一獨立旅潘清洲部（繼改為一二三五師），因係新兵，留宜昌、秭歸訓練。

三十八年一月中旬，余接十三綏靖區王凌雲司令通報，以被匪軍迫攻，放棄襄樊地區，率綏區部隊，及河南地方武力、學生等，撤移當陽、宜都。復接荊門七十九軍方靖軍長通報，住防房縣之一九九師，被南下優勢之匪攻擊後，已向興山撤退。匪軍繼續南下，攻擊荊門、營陽，七十九軍方靖軍長於二月上旬在荊門被俘。在沙市之十四兵團，於長江北岸建陽驛十里鋪設防。

此時正值徐蚌會戰之後，當國軍各兵團為匪包圍於永城、蕭縣地區時，受杜聿明總司令指揮，參加徐蚌會戰之十六兵團，奉令在永城突圍，經太康、新蔡，向潢川、信陽收容。奉總統十二月三十日電令，飭余擬具恢復十六兵團四十一軍、四十七軍兩軍軍力計劃，並負責整理督訓，當即擬具呈報，並請以巴東、奉節、萬縣，為以後十六兵團兩軍整補集訓地區。繼該兵團司令孫元良突圍後，已率領官兵一部，於三十八年一月四日抵信陽北之駐馬店，即奉命入京報告經過，並收集京漢一帶四十一軍、四十七軍兩軍後方幹部官兵，於一月下旬二月上旬，陸續運至巴東，奉節整理。

徐蚌會戰後，共匪若干年來對我政治軍事經濟各方面所施滲透統戰之各種顛覆工作，逐漸暴露，發生作用。於是附匪分子及別有用心之人，乘國家艱危之際，倡為和議，以動搖國策，政府徵兵徵糧，無不受阻。三十八年一月二十日，首都廣播公佈政府下令停戰，聞總統有引退之說。余即電呈總統，謂倡議和談者誤國，請繼續領導，貫徹剿匪定亂，萬祈不可引退。繼即奉電示，以剿匪救國國策受阻，決心引退，二十一日離京。余再派本署駐京代表劉大元馳赴溪口，懇請總統復職，以救危局。同時余奉總統電令，本署改歸重慶綏靖公署指揮。

自竄鄂西之劉匪伯誠所部、陳賡各縱隊（係匪正規部隊），及匪豫陝軍區孔從周縱隊、匪陝南軍區劉金軒縱隊、匪川東軍區王維周縱隊（以上孔、劉、王係匪地方游擊部隊），於二月上旬，攻陷荊門後，即自荊門、當陽，迫近沙市、宜昌。宋兵團除上述布署於沙市以北之十里鋪外，並將北岸之十三綏靖區司令王凌雲部調至沙市。余以宜昌城為長江北岸據點，令六十師附以二二三師之一團，固守宜昌城及其外國象鼻梁各地，二二三師固守北岸上游太平溪迄興山九道梁，二三五師新兵，住南岸防守。正布署間，接華中剿匪總部電令：加派平漢路之四十八軍馳攻荊門，協力收復。飭宋兵團向北推進，恢復荊門、當陽；並令余部儘力協助。又奉華中剿匪總部電：「令駐武昌陳明仁兵團之二三四師（即前本署之潘部冉旅，因調武昌編入陳明仁兵團，改編為師後，與陳明仁、張誠文，均不能相處），與宜昌之六十師對調」。因此事內容複雜，難於處理，尚未及呈覆，二月七日即接本署駐沙市聯絡軍官密電，謂宋兵團已將十三綏區王司令凌雲扣留，並將該綏區在沙市、宜都十五軍部隊改編。余因於二月八日，以連日匪情及派六十師固守宜昌城據點之部署，呈報上級，即將綏靖公署指揮所，移至宜昌上游七十里之三斗坪。沙市方面十四兵團宋司令希濂，親率第二軍第十五軍西進，於十二日抵宜昌城，接收防務，並下令指揮北岸六十師二二三師，但南岸之二三五師潘清洲部，因不明情況，向川境撤退。二月十六日，宋司令希濂自宜昌來三斗坪與余會談，說明為便利指揮渠部自沙市迄恩施方面部隊起見，必須西移原因，以後部隊重點，即位於宜昌、恩施附近，後方改在恩施西南、迄川、鄂、湘、黔邊境。余告以同為國事，同係為鞏固長江上游作戰，關於宜昌防務，及六十師二二三師之改隸，想國防部及渝綏署，均將不成問題。宋回宜昌後，余即奉渝綏署丑（二月）寒（十四日）電令開，宋兵團已到宜昌，在宜昌之六十師即由宋兵團統一指揮。同時又奉渝綏署轉國防部丑（二月）巧（十八日）電令，宋兵團改為鄂西綏靖司令，範圍包括恩施宜昌。余改任重慶綏靖公署副主任兼川東綏靖司令，移駐梁山，指揮第四兵團羅廣文部，十六兵團孫元良部，擔任大巴山防務，銜接西安綏靖公署之漢中安康作戰地境，自陝西鎮巴，經四川萬源、城口、巫溪、巫山迄長江北岸止，準備進出湖北，興山九道梁地區，迎擊由鄂西鄂北西進之匪。余遵即率三〇一、三〇二兩師所接收部分新兵，自巴東向奉節萬縣梁山移駐，並飭十六兵團將所收容駐在巴東之幹部集中到奉節，迄四月官兵全部抵防，即開始計劃布署及設防事宜。並加緊催接補充十六兵團新兵，著手陸續整編訓練，預計再經三個月整訓，即可與羅兵團併肩作戰。余一面赴渝綏署晉謁張主任請訓，並於五月一百，在萬縣召集與大巴山準備設防作戰有關之四川第九、第十、第十五、三個專員區之專員、縣長、縣議會議長、及縣黨部主委、保安團長，與羅孫兩兵團之團長以上軍官，開全區綏靖會議，徵求設防意見，商訂總體戰方案，由大會通過，預定六月份起，逐步實施。繼即闢軍事座談會，查詢兩兵團各部隊作戰實力，研究攻防意見，擬定作戰方案，設防要旨。決定以羅兵團一個軍銜接胡部，布防鎮巴、萬源，城口迄巫溪（不含）之線，迎擊流竄竹山、竹谿、平利、川陝鄂邊境之共匪劉金軒縱隊、孔從周縱隊、王維洲縱隊。以孫兵團儘先抽調老兵編組作戰部隊、布防巫溪、巫山迄長江北岸，迎擊已竄據鄂西荊門當陽之劉伯誠、陳賡等匪部。並將本署指揮所推進至大竹，請本署韓副主任文源任主任，負責前線之指揮。當時政治方面，各縣縣長議長，黨部主委中，甚多有識之士，反共態度堅決。軍事方面，十六兵團孫元良部，已開始接收新兵，加緊編訓。第四兵團羅廣文部四個師，在川訓練一年以上，已有相當戰力。

此時國內局勢：西北方面，彭德懷賀龍各匪進攻陝西，西安綏署撤退至漢中，以秦嶺為前線，馬軍退守蘭州。華中及東南方面，林彪、劉伯誠各匪進迫長江，一部由江陰荻港渡江，進攻南京，首都於四月失守，政府遷移廣州，上海亦於五月發生之壯烈保衛戰後撤離。另一部匪軍由平漢路迫攻武漢，華中剿匪總部因河南省主席張軫兵團之叛變，撤退衡陽，以長沙常德為前線。長江上游方面，匪軍政佔宜昌沙市，由沙市附近渡江，壓迫常德及湘西鄂西之川湘鄂邊境。在宜昌之鄂西綏靖司令部撤至恩施後，佈防巴東南北岸及恩施對東正面。鄂北方面，匪軍西進佔領竹谿平利，竄向陝境安康，進攻胡部之九十八軍。

七月，行政院閻院長派徐永昌先生來渝，與西南軍政長官公署（重慶綏署改編，於五月一日成立）協商，令本署支援陝南安康胡軍之作戰，余奉令赴渝參加研究。在渝商定援陝軍事後，即於八月上旬由本署派羅兵團司令，指揮巫溪鷄心嶺任防之一二三五師及城口萬源任防之一四〇師，推進陝境之鎮坪前方，側擊進攻安康之共匪側背，該匪被擊後仍退回平利。

陷宜沙之劉伯誠匪部，八月上旬，以一部迫攻北岸之興山秭歸太平溪大峽口，鄂西綏靖可令部將北岸太平溪大峽口之一二四軍南調至巴東布防南岸，興山秭歸相繼失陷，北岸空虛。由奉節至巴東船運不通，匪軍向西迫近川鄂邊境，已達巴東北岸之龔家橋。奉命由鄂西北進返豫游擊之趙子立部（河南省主席兼一二七軍軍長），適在此與匪遭遇，致受損失。

八月十六日，顧參謀總長乘飛機到恩施，計劃宋部與余部分向長江南北兩岸出兵東進。余接顧總長電話指示後，即呈報西南長官公署，將在忠縣萬縣訓練中之四十一軍，於八月中旬運輸至巫山奉節，一面加強川鄂邊境防務，一面準備向巴東之長江北岸出擊，並將酆都涪陵訓練之四十七軍運輸至雲陽支援作戰。

八月二十四日總裁由廣州飛渝，余於二十六日赴渝晉謁，面呈對西南攻防意見：（一）請令全川普遍設防，以堅固反攻根據地，尤應請儘先在長江南北兩岸對鄂西鄂北陝南設防。（二）全川實行總體戰，集中一切人力物力，以支援陝南鄂西及川東北作戰。（三）請調胡主任宗南軍隊大部入川，為強大戰略總預備隊，以策應各方之攻防作戰。

二十九日，國防部與西南長官公署召開聯席軍事會報，即請總裁蒞臨主持。總裁除作全般指示外，對於鄂西方面，責成宋部先將已失之巴東北岸興山秭歸收復，以掩護我部集中東進，以後即由我部自巫山巫溪進出興山秭歸一線作戰。

同日，在渝國軍將領，推請胡宗南、宋希濂、羅廣文、何紹周與余等五人為代表，於下午五時晉謁總裁，籲請復總統職，並駐川指導軍事。三十日，余等商定再以書面呈請，書中並申述有關國軍之生活改善及械彈補充改善各事。

八、九月間，各方情形續有變化，重慶匪諜於九月二日縱火，並破壞金融，擾亂人心。其他各省則福州失守，撤至廈門；江西贛州失守。匪軍逼近粵邊；湖南程潛陳明仁叛變；甘青之蘭州西寧相繼失守。為適應甘青方面之新形勢，羅廣文兵團全部奉命由川東北開往川西北之平武青川設防，歸西南長官公署直接指揮，該兵團之一四〇師，則仍留城口萬源原防，歸余節制。

自羅兵團開拔後，余對川東北方面，即從新部署。以在萬源城口之朱師，巫溪之潘師，及長官公署新撥集結達縣之二十軍二十一軍（新兵）為左兵團，由韓副主任兼左兵團司令，指揮擔任城口萬源巫溪間攻防任務。以四十一七兩軍及在巴東北岸之湖北保三旅保四師為右兵團，由孫元良司令指揮，一部任巫山巫溪當面防務，主力之一二二師、一二四師與一二七師，自九月中旬起，由巫山之長江北岸向東推進，另電恩施宋主任（此時鄂西綏靖司令部已改為川湘鄂邊區綏靖公署）請派兵一部到北岸，恢復秭歸興山，掩護我軍。九月下旬，我軍前線達大巴山以東之巴東北岸後，即向東瀼口西攘口牛口之匪軍進攻，當即佔領。十月上旬繼續東進，攻佔龔灘龔家橋兩河口一線，川中船運已可再通巴東。惟因宋主任將甫到北岸之五十四師又撤回南岸，匪軍由宜昌荊門陸續增兵，與我軍在龔家橋東攘口將軍嶺龍船河一帶拉鋸作戰，迄十一月二日，巴東終被匪軍佔領。建始、恩施、咸豐即相繼失陷，宋主任希濂則退守川境黔江縣。長江南岸門戶洞開，匪軍遂由此威脅四川之巫山奉節雲陽側背，且使湖北最西之據點利川（湖北省政府所在地），亦成為作戰區域。

余奉參謀總長命令，將趙子立、朱鼎卿兩部歸余統一指揮，立即調整部署。趙為河南省主席兼二一七軍軍長，大部係河南省保安團及民兵編成，時在九道梁。朱為湖北省主席兼第二十兵團司令，該兵團轄暫八軍暫九軍，係湖北保安部隊編成，時在利川。因令趙子立軍派一部接替巫溪雞心嶺防務，並由九道梁向南延伸，至陰條嶺穿心嶺龍船河東西攘口一帶，擔任對東正面；朱鼎卿軍則將在巴東北岸作戰之湖北保三旅保四師抽回利川，加強部署，準備作戰。其餘各線配備，亦重作調整。

時政府已於十月十五日移重慶辦公。十月二十四日，余奉命到渝參加軍事會議，政府決令宋主任希濂所部固守黔江一線，阻擊川湘路西竄之匪；調川西北之羅廣文兵團，到貴州省之遵義以防湘黔路西竄之匪。令余率部嚴防長江南岸及鞏固巫山奉節對東正面，以禦川鄂路西進之匪。至在達縣受余指揮之二十軍二十一軍，則調回渝城，歸西南長官公署直接指揮，以防南岸。

十一月十四日，總裁飛渝。二十日，派蔣經國先生來萬視察，攜來手諭，指示攻防方略。二十一日，余集合本署各軍師在萬縣附近之軍官，請其代表總裁致訓後，當日返渝。

此時南岸黔江已於本月中旬失陷，宋主任部退彭水白馬，扼守經涪陵流入長江之龔灘河。余奉參謀總長急電，謂已派二十軍之七十九師到涪陵堵擊南岸之匪，並以車運遵義羅廣文兵團增援彭水，飭余部迅抽一師部署酆都，以防南岸。旋又奉總長電令，以宋希濂部已自龔灘河向南川綦江西撤，羅廣文兵團於南溫泉設指揮所，前線在南川綦江附近，飭余重新部署，調趙子立軍接替巫山奉節對東防線，以朱鼎卿兵團接防雲陽萬縣對南岸江防，將四十一七兩軍再沿長江西移，加強萬縣至忠縣酆都江防，連繫涪陵之七十九師，並已加派二十軍之一三四師接防涪陵至長壽迄重慶之江防，嚴阻匪軍渡過北岸。部署甫竣，二十四日起，南岸追擊宋部之匪，已向涪陵、酆都、忠縣我部開始攻擊，巫山東正面之匪，亦於二十六日向巫山前線西安關茅山嶺一線政擊，均在激戰中。

二十七日，接國防部電話，在綦江作戰之第二軍已撤退。二十八日接通報，南川綦江國軍退守重慶北岸，匪軍一部向江津前進，一部進抵重慶南岸。二十九日，由渝下駛之郝穴永安兩炮艦，於經過忠縣、萬縣時向岸上發炮，駛向夔巫，顯已叛變。另接重慶俞局長電話，令本署立將停萬待修之楚謙炮艦破壞，以免資匪，當即遵辦。

二十九日晚，奉參謀總長電令，謂重慶北岸羅兵團及第一軍準備出擊，飭本署將對東及長江北岸對南之江防，移交趙朱兩軍繼續擔任，即督率十六兵團主力，集結墊江鄰水大竹，準備參加重慶會戰。當即轉知分段交接防務，並令朱兼司令由南坪移駐萬縣城。

三十日，十六兵團任沿江防務之四十一七兩軍交防完畢，開始向鄰水墊江運動。是日本署並通令川東北三個專區之行政專員，均兼反共救國軍第一至第三縱隊司令，各縣縣長兼反共救國軍師長，縣議長縣黨部主委兼副師長，川東師管區司令呂康兼任預備兵團司令，準備各就地區游擊，以大巴山為根據，並規定各縣中有特殊情形者，縣議長縣黨部主委均可被推任師長，因本署已於二十五日委任巫溪縣議長向鑑秋兼四川反共救國軍第五師師長兼巫溪縣縣長。

自二十九日夜至三十日晨，重慶電話均未叫通。九時，始接通楊總司令電話，謂接第一軍電話，上游江津因宋軍過境，匪軍尾追，由江津渡江，將抄襲重慶北岸我軍後方，重慶守軍擬今夜向大足撤退。是日晚，朱兼司令鼎卿遵令率保四師宋師長由南坪抵萬縣。

十二月一日，余約集孫朱兩兵團司令及其他有關人員開會，商妥處置一切辦法，並以電話將各情告知奉節趙兼軍長子立。

二日，余率綏署移大竹，由電話向顧參謀總長報告本署運動情形，獲知重要確於三十日撤退，東路匪軍已進至榮昌隆昌間。曾在重慶作戰之羅君彤師向南充撤退中，楊衛戍總司令部則向遂寧撤退。總長指示余迅率部隊渡過渠河，目的在嘉陵江流域。

三日，召集大竹專署縣府及各界開座談會，宣布擴大專員縣長權責及加強地方自衛力量辦法。另與渠縣劉縣長通電話，查詢渠河渡河船支情形，當囑限時架設達縣三匯渠縣李渡各地浮橋。

四日，在大竹與顧參謀總長俞局長各通電話一次，報告各部隊已向嘉陵江區推進。另與萬縣朱兼司令趙兼軍長電話，知萬縣酆都南岸匪軍，因在我火力下渡河困難，迭經擊退，東正面及其南岸匪軍已佔領巫山奉節，正向雲陽萬縣推進。余告知其迅速繼十六兵團運動，該兩軍於本晚遵令行動。

五日、余由大竹乘汽車經渠縣至廣安，奉參謀總長亥微電令，撤返各部，集結嘉陵江以東地區，遵即分電各部隊指示集結地點，並派員會同補給司令歐陽家清負責查詢嘉陵江沿岸各縣糧儲及交通情形，因各該縣原不在本署作戰地境內，故無此等資料也。

六日，余由廣安抵達嘉陵江中點之南充，就連日所知嘉陵江以東地方儲糧甚少不能供應多數部隊情形，再行電呈參謀總長。接朱兼司令趙兼軍長電報，已於五日撤離萬縣，依大竹渠縣路線，向營山蓬安嘉陵江流域運動。聞東路匪軍已推進至內江。

七日，接顧參謀總長電，飭令本署指揮各部隊，由嘉陵江區域繼續向川西綿陽附近集結待命。遵即轉知十六兵團，朱兼司令，趙兼軍長，七十九軍龔軍長，分別指定集結地點。羅君彤師長抵南充來晤，承告在重慶江防作戰情形，並云奉命到金堂集結。又廖宗澤師長來晤，謂奉國防部命來南充準備，以後留南充閬中區域游擊作戰。

八日，余由南充出發，經西充鹽亭三台向綿陽前進，晚宿建興場。

九日，由建興場出發，經鹽亭向三台，至距三台二十里之田邊子，接三台縣議會議長龍傑三派人來告，謂聞匪軍有到太和鎮之說，三台城內專員縣長均已離職他去，因此閉城以維秩序。余當即電令在閬中鹽亭途中之十六兵團，迅即派兵一部入三台城，一部到以南之射洪縣，對遂寧太和鎮方面警戒。余過三台時已夜深，宿於距綿陽三十里之豐谷井。

十日，午前抵綿陽，綏署指揮所往縣政府內。接成都國防部張次長適希電話，告知總長命令，飭余立即去成都參加軍事會議，當即出發，晚十時抵成都，知總裁已於本晨飛台，即赴國防部晉謁總長，並晤見蕭張兩次長，報告部隊運動情形。賡即出席會議，最後總長決議：在成都以東之龍泉驛山脈一線，轉取攻勢，就在北道上運動中之胡軍各部，及在閬中至三台道上運動中之孫兵團朱兵團各部，將來集結綿陽三台地區，向太和鎮遂寧掃蕩後，進攻由東道西進匪軍之側背。

十一日，拂曉，奉到國防部命令：為徹底擊滅西犯匪軍，確保成都，即於岷江左自宜賓起，經犍為樂山青神彭山茶店子迄淮州之線佔領陣地，暫取守勢，阻擊匪軍……。並以原西安綏署部隊配合楊孫等部，充擊破自遂寧向三台北犯匪軍，爾後向南進擊。……將來將匪軍包圍於簡陽西北地區而殲滅之。（發命令時，尚不悉宜賓郭汝瑰軍已叛變）著由西南軍政長官公署（當時胡主任宗南代理西南軍政長官）統一指揮各部隊，擔任成都附近之作戰：右兵團由第五兵團部負責指揮；中央兵團由第一軍軍長負責指揮；左兵團由十六兵團負責指揮（即上文所云楊孫等部）……楊總司令及孫主任尅日赴綿陽督戰。

本日上午，余與楊總司令晉謁顧參謀總長，以本日命令處置，既規定楊孫等部由孫兵團統一指揮，在川各部隊由胡代長官統一指揮，余等如赴綿陽督戰，則進退調動，賞罰執行，均不相屬，不惟無實際作用，尤使部隊徘徊瞻顧，不易收統一指揮之效。願遵照命令將部隊指揮權責移交後，請赴台晉謁總裁候訓。當蒙總長俯允。

午間，川康綏署牛參謀長錫光來晤，擬約楊總司令及余到龍橋會鄧主任錫侯。余告以昨日到成都，聞總裁曾一再約晤鄧、劉二人，均未來見。本日聞總長一再約晤，亦未會面。余軍事在身，此時無法到龍橋。請代致意二人，一切以始終擁護總裁反共救國國策為上計，其他如誤聽誤信，均將有亡國敗家之禍。

十二日，晨，往前二十九軍軍長田頌堯先生處，擬約其同飛機到台灣，田因病不能去台。八時到楊總同令處，約同往晤胡代長官，將部隊一般情形告知。適牛錫光再來楊總司令處，仍約楊與余同往龍橋會晤鄧主任。余等因昨晚已聞劉（文輝）鄧、潘（文華）三人發有通電，雖未見電文內容，但時際非常，余等更嚴峻拒之。

本日午，與楊總司令攜帶國防部代電命令同行返廣漢（楊總司令駐在地）綿陽，準備將命令下達各部隊，余於午後抵綿陽。

十三日，接孫司令元良行抵鹽亭之電話，云該兵團司令部午後即可抵三台。午後，胡長官部之十八兵團李司令過綿來晤，為告匪一野部隊已抵廣元北之朝天驛，裴昌會兵團在廣元昭化劍州一帶部署。

十四日，楊總司令由廣漢來綿陽。當時楊與余均接獲劉鄧潘三人來函，約在廣漢什邛間之濛陽場會面，來信中未提彼等通電事，僅云籌商團結問題。楊與余商，以余等前在成都已峻拒晤面事，彼等明知余等反共堅決，今來再約，顯有陰謀，自不能離軍前往，但可派員一行窺測彼等動態。遂由楊總司令派該部范參謀長蜒生，余派董副主任宋珩同去濛陽一行。

接三台孫司令元良電話，已率領部隊一部，先用車運抵三台鎮攝，兩軍各師現均在鹽亭三台綿陽道上運動中。至朱兵團趙軍，已取得聯絡，正在營山蓬安閬中道上跟進。余告知已報告總長，由渠以副主任代理綏靖主任，將綏署與兵團部合併辦公，囑其到綿陽一晤。

十五日，晨前，接顧參謀總長電話，云將飛赴霑益指揮，已為余及楊總司令配妥飛機票，囑與楊同行返蓉，會晤胡代長官後去台。余當報告總長：統一指揮命令已於十四日下達各部隊，俟明日約集團長以上主官交代後即到蓉。

十六日，午前九時，在縣署集合孫兵團團長以上與本署課長以上軍官，以及朱趙龔各部隨綏署運動之聯絡參謀經理人員，宣布國防部統一指揮準備反攻命令，並勗各部在此緊要關頭，務確遵胡代長官命令，協力同心，為國家盡最大之努力。

十時後同楊總旬令由綿陽出發，到廣漢楊總部。前日到濛陽之范董二人，亦同時返廣漢來晤。據云到濛陽時，鄧劉派人再約去彭縣，到彭與鄧見面後，鄧言語支吾，彼等亦匆匆辭返廣漢。

午後四時，同楊總司令抵成都，即同往晤胡長官，面報前方處置情形。

十七日，午後再同楊總司令訪晤胡長官及羅參謀長。

十八日，正午十二時，與楊總司令，韓副主任等多人，自鳳凰山飛機場乘機飛抵海口，謁見顧參謀總長，報告臨行前在綿陽成都所見部隊情形。

十九日，總長告知空軍王副總司令，派機送余等赴台，午後五時抵台北。八時總裁召見，余等面報部隊集結備戰經過，及本人奉命到台情形。（載民國五十二年十二月一日《四川文獻》月刊第十六、七期合刊）

一七、川康最後苦鬥記

胡宗南

——節錄胡宗南上將年譜

編者按：共匪猖亂，民國三十八年大陸形勢逆轉。十月十二日，政府宣布自廣州遷重慶辦公。十一月三十日，重慶陷落，先二日政府再遷蓉辦公。十二月七日，政府並決定遷設台北，同時改組西南軍政長官公署，任命顧祝同兼任西南軍政長官，胡宗南為副長官，代行長官職務。所部原任西北大軍，陸續開拔入川，一部於十一月下旬馳援重慶，十二月進行成都保護戰。成都淪陷後，殘部苦戰突圍，轉進西昌。至三十九年三月，匪軍四面向西昌圍攻，二十六日該地亦告不守，至此川康遂全部陷落。在此先後數月中，川康最後之苦鬥，胡將軍所部實為其重心。民國六十一年二月十四日，為胡將軍逝世十週年之紀念日，將軍友好，為編《胡宗南上將年譜》一書，於是日發表。本文摘錄其中川康最後苦鬥部分，藉以說明當時國軍為戡亂而犧牲奮鬥之一般情形。關於川康淪陷時之概況，本刊迭有報導。戡亂末期，若干屈膝投降，靦然事匪之輩，固令人痛心疾首，而忠貞為國，視死如歸者，亦正可驚天地而泣鬼神，永為革命之模楷，反共必勝，復國必成之保證。吾人摘錄本文，更願對於為國犧牲之無數將士致其崇高之感念也。

第一軍馳援重慶，在重慶市郊壯烈犧牲

自三十七年中原剿匪失利之後，匪勢蔓延，我總裁疊有縮短戰線，集中兵力，並有萬不得已時留置一部兵力於陝南與匪周旋，主力向川西撤退之指示。當我軍在渭河兩岸作戰之時，上海保衛戰已告結束，武漢重鎮亦已棄守。七月下旬，我擊破劉伯承所部於安康之時，其另股與陳毅匪軍，已越宜昌進陷興山秭歸，主力迫逐我南撤各軍，進窺廣州。我政府七月間遷廣州，十月十三日遷重慶，匪已分路進躡。川鄂公路之匪，我宋希濂軍節節抗拒，節節退守。陝甘之匪，九月一日亦犯我鳳縣附近之第三十六軍第三十八兩軍，我亦頗有損失。至四日，我方將匪擊退，全線穩定，而第一師原在寶雞候命入川者久不得成行。至九月二十七日，西南長官公署派羅廣文、趙秀崑、皮宗敢到漢中開會，商定：「三個師到成都附近，兩個師在青川平武布防，設指揮所於碧口，並限十月十三日達到成都。」三十日，公（按：指胡宗南將軍，下倣此。）以三十軍、七十六軍殘部裝備完畢，乃布署大巴山防務，而

以六十九軍胡長青部控制綿陽，另以一個軍出入關中平原游擊。忽奉國防部電令秦嶺守軍，須待大雪封凍後，方能撤離。而是年天候較暖，並無冰雪。不得已，公乃於八日決定主力仍在鳳縣，東西第一線各軍，各以一部部署白水江、張口、石江口、江西營之線。第二線則速部署在廣元、青川、平武、通江、南江、巴中之線，而以一部由鎮安出關中，按即前述另以一個軍出入關中平原游擊者。十九日，公獲悉四川失意將領政客劉文輝、鄧錫侯、王纘緒、向傳義、楊永浚、黃瑾懷、鄧漢祥等十三人換譜拜把，大為川局憂慮。

十一月三日公飛台灣，晉謁總裁，論速運一個師至西昌，並先發經費黃金一萬五千兩。五日回漢中，七日在廟台子，九日赴西鄉縣茶鎮山上野廟中，分別開作戰會報，規定各部隊爾後之南移行動與任務。十日，決定第一師袁書田部運西昌，十五、十六兩日由漢中空運新津機場一千七百餘人，十九日由新津空運西昌者僅朱光祖團之一部約七百餘人，餘皆不及西運。

是時進犯重慶之匪，十一月六日陷秀山，十日陷酉陽，十五日由龔灘渡過烏江，進逼彭水。十九日清早，總統府俞濟時局長電話奉論第一軍車運重慶，第三軍開新津。嗣又奉嘯章電：「第三軍開新津，第一軍開重慶。」旋又奉總裁戍皓渝機電，公逆知匪必向重慶急進，總裁坐鎮重慶，掩護政府人員物資，決不輕易離渝。情勢至急，憂慮百端。夜間即令第一軍遵於翌晨自廣元逐次車運重慶，公電陳軍長鞠旅，有「勤王之師，義無反顧」之語。同時電請另派卡車八百輛加運第三軍至渝，協助第一軍之作戰、而第一軍兩個師運渝之車，原定渝蓉兩地撥一百輛，日夜川流趕運，實則僅到大小雜車六十輛，雖於二十二日由廣元運出，半數在途中損壞停駛，部分官兵仍須徒步前進。而續請之八百輛，竟無一輛至者。

第一軍運渝，原奉總裁核可，集結於九龍坡、大坪、石橋鋪、歇台子地區統一使用。而其時匪已陷彭水，二十五日，羅廣文之十五兵團，自動放棄南川，匪是日遂由南川陷綦江之惠民場各地。二十六日，第一軍先頭一六七師第五一〇團到達，即被車運至綦江附近之三十華里處；當時得宋希濂部二十兵團副司令官陳克非通告，匪已陷綦江縣城，奉最高當局命令，改用於長江東岸海棠溪北溫泉之線。五〇〇團到後，亦奉命至南溫泉佔領陣地，阻擊犯匪。當前衛營至南溫泉鎮時，匪已進犯，前衛營即依行軍隊形逕前肉搏而進，將匪驅於西南一隅。二十七日黎明，海棠溪及長江右岸之匪，以人海戰術密集兵力，猛向我五〇一團進撲，前仆後繼，如潮湧蜂集；我軍浴血抗拒，愈戰愈厲，寸土必爭，激戰至夜，匪不獲逞乃退，匪遺屍三百餘具，傷者約五百餘人。匪屍中發現進犯者乃匪第十二軍之三十五、三十六兩師之眾。我俘獲匪二百餘人，二十門總機一部，輕重機槍十餘挺。我亦傷亡營長蕭瀛洲以下官兵二百餘人。五〇〇團亦於是日出擊當面之敵，至晚已將匪驅逐至南溫泉南側高地，俘獲匪官兵約二百餘名，輕重機關槍三十餘挺，步槍百餘枝。據匪供稱：「自入川以來，從未遭如此堅強之戰鬥，不愧第一軍！」云云。一六七師之四九九團，亦派隊肅清附近叛兵土共，至此海棠溪至南溫泉之線已無敵蹤。

第七十八師自十一月二十六日起逐次到達，由於車輛破損，司機刁難，部分徒步前進，至二十八日未能到齊。斯時長江南岸已成真空，七十八師到渝者：第二三四團守備江津以西江岸，二三二團順延守備海棠溪北岸地區，二三三團位於白市驛，守護機場。二十九日，羅廣文部三六一師在黃桷埡潰退，叛艦又助匪渡江，迭次向我二三四團猛撲，友軍皆不戰而走，七十八師遂陷孤軍獨支全線，苦戰未已。而由黃禍埡侵入之匪，進擾白市驛機場，與我二三三團形成爭奪戰。我為掩護政府人員物資之撤遷，苦守力戰，匪亦源源增援，勢在必得，激戰終夜，最後乃將匪軍擊退。其時宋希濂兵團已經江津西去，羅廣文兵團兩個軍非降即散，楊森之二十軍已奉命自嘉陵江北行；第一軍雖孤軍苦戰，屢次擊破犯匪，終亦無法挽回頹勢。二十九日夜，俞局長濟時傳令南岸部隊撤回。三十日六時，江津以西匪已大部渡江，永川情況不明，友軍盡走。旋奉楊森總司令電話指示，令軍速回向壁山撤退。時一六七師尚在沿江布防，七十八師仍與渡江之匪對戰中。匪知我撤退，乘機急進，陣地陷於犬牙交錯之勢，至夜方獲撤離，我已損失甚大。迨軍抵達壁山時，楊總部參謀留交命令一紙云：「匪已由永川向壁山進犯，軍應向銅梁急進。」於是第一軍乃交替掩護前進。十二月四日，匪由永川竄擾潼南，有匪數百混入城內，迨一六七師進駐時，遂發生劇烈巷戰；一六七師師長趙仁陣亡，匪亦為我殲滅。其時車輛、騾馬、難民、散兵沿途擁擠，友軍皆走，第一軍自壁山、銅梁、潼南、遂寧前進，陳軍長沿途設站聯絡收容，十一日至簡陽僅得七百餘人。是役一六七師師長趙仁陣亡，代師長曾祥廷負傷，團長陣亡一人，營排連長死傷十之六七。匪之傷亡十倍於我，終以匪勢強大，有增無已，而我軍政不能配合，地方政府早已解體，車輛則窳敗不能乘用，糧秣則須自籌，孤軍苦撐，亦僅不負其夙志而已。

第三軍以車輛無著，十七日過漢中，二十六日到綿陽，徒步前進。三十日聞重慶撤守之訊，乃改開成都。

成都保衛戰與苦戰突圍，轉進西昌

先是公於十一月七日至廟台子張良廟，九日至西鄉縣茶山鎮之神廟，指示東西守軍將領爾後部隊行動及任務外，並作漢水河谷游擊部署：令安康專員李靜謨，西鄉縣長柯愈珊，各以地方團隊壯丁編成一個師，並令十九綏靖區豫西綏靖分區主任王凌雲，陝西保安旅旅長徐經濟，縣長柯愈珊，鞏固安康外圍游擊。十一日起，動員陝南人力物資，為南進之準備。並令五十七軍軍長馮龍，破壞漢南交通，第四處科長蔡劍秋破壞通訊，為堅壁清野之計。自李代總統潛逃，重慶外圍之戰失利，秦嶺、大巴山已失防守意義。十八日，奉國防部戌巧電：「彭水昨已陷匪，形勢緊急，務望貴部主力，於十日內轉進成都平原。」於是公令秦嶺鳳縣東西線守軍酌留三十八軍掩護外，主力於二十五日夜撤向寧強；東江口之八十四師，二十二夜先行南撤；安康九十八軍，二十四日夜向城口、萬源撤退，原守大巴山之六十九軍、七十六軍、秦嶺之三十軍（各僅有一個師兵力。四川新兵，半年以上未能接到補充。）仍在原地掩護，然後隨主力跟進。其餘第三軍、十七軍、二十七軍、三十六軍、九十軍，計五個軍，十六個師，集中成都平原與匪決戰。西安綏靖公署人員，於二十九日由漢中車運綿陽，公乘飛機至廣元轉至綿陽。三十日至成都晉謁總裁，自此每日陪侍。綏靖公署人員，則於十二月一日到達成都，駐南門外空軍機械學校。各部隊正陸續撤離防線，向成都集中。二日，彭德懷十八、十九兩兵團已向我秦嶺三十八軍襲擊，一部於五日進據漢中，三十八軍節節抵抗至摩天嶺之線，遂被優勢匪軍所圍擊，軍長李振西下落不明。南面之匪陷重慶後，匪劉伯承第三兵團、第五兵團及林彪之四十七軍、五十軍已分道西犯，主力竄抵安居、銅梁、隆昌，一部進犯內江、潼南。我二十七軍於十二月一日到達內江，星夜在內江、榮縣、樂山之線，阻匪第三兵團西進，並掩護重慶撤退之機關部隊人員物資之撤向成都。自六日駐瀘縣、宜賓間之七十二軍郭汝瑰投匪後，匪益西向續攻樂山，我三十一師側背受敵，甫到成都第三軍之三三五師即運樂山增援。我第三軍主力於五日到達成都後，奉命擔任成都城防，第三軍軍長盛文兼任成都防衛總司令，余綿源、嚴嘯虎（原為成都警備司令）為副司令，曾擴情為政治部主任，第三軍副軍長沈開樾兼任防衛總部參謀長。時成都街市木柵林立，謠言蠭起，附逆分子竟明目張膽，歛錢歡迎匪軍，名曰應變費。而劉文輝在城南武侯祠駐有獨立旅聶文清部九百餘人，其新玉紗街住宅匿有便衣兵三百餘人，武裝五百餘人，建國中學有劉之舊部二十四軍一三七師周桂山部近千人，城北昭覺寺及城內上下打銅街一帶，駐有鄧錫侯之九十五軍黃隱部三千餘人，並勾結民眾自衛隊等，密謀劫持總裁，佔領成都以應匪。昆明盧漢叛變時，曾電劉文輝、鄧錫侯在蓉扣留總裁，獻匪圖功。第三軍任成都防衛後，首先拆除交通要道木柵，嚴禁謠言，管制散兵游勇，嚴加戒備。十日下午，公與盛總司令恭送總裁離蓉飛台。（公十二月十日日記：「上午九時晉謁，以昆明事變，劉、鄧同謀為慮。十一時半再晉謁，總裁問：『是否留蓉，或即返台。』答以早返台為是。下午一時至鳳凰山飛機場恭送。）我空運西昌之第一師第二團之一部抵西昌後，即據守機場周圍要點，等待後續主力之到達。時劉文輝發通電叛國後，所屬逆部伍培英陰謀襲擊朱團。朱光祖得報後，嚴行戒備，公命至必要時得獨斷採行攻擊，以求自衛。於是朱光祖乘其未發，乃於十二日夜襲破伍培英師，伍率其殘匪狼狽潰向禮州及雅安而去。

按伍培英為劉文輝之婿，久據西昌，無惡不作，賀主任國光每優容之，仍不悛改。西昌人民見其敗竄，莫不額手稱慶。事聞，公嘉慰朱團長云：「此次第二團以不滿七百人兵力，居然擊逐十倍於我之叛敵，重奠西昌，力挽狂局，其機警勇敢忠憤強悍之情，堪為革命軍人之表率，深感榮譽，除請將貴團擴為兩個團之師外，並犒賞四千元，敬以欣幸之忱，奉祝勝利。」公更命盛文總司令，於十四日晨，解決武侯祠及建國中學之獨立旅及第一三七師叛部，旅長聶文清被捕，暨上下打銅街之九十五軍全部繳械。（翌日，顧總長令將徐虜及槍械發還鄧錫侯，令其移駐灌茂各縣。）並在劉文輝住宅搜出武器、彈藥、鴉片及不法文件多種。自是通匪者皆不敢動，成都市粗告安謐。

自秦嶺撤退各軍，迭受彭匪十八、十九兩兵團之追擊；安康撤退部隊，亦遭劉伯承部第六兵團追擊。各部且戰且走，一部向南部、閬中、三台附近集結；一部達到綿陽，又迅經成都參加樂山內江作戰。千里馳援，兵不宿飽，其戰力消耗，可以想見。三十一師在內江激戰週餘，團長以下傷亡殆盡，師長李我亦負重傷，內江失守。十日匪政樂山，我守軍仍屢次增援，浴血苦戰，至十六日我三三五師、一三五師傷亡慘重，樂山失陷，岷江西岸全局改變。公仍令決守新津、彭山西南高地，主力在成都附近與匪決戰，並以等待後續部隊之集中。（公十二月十三日復台北湯恩伯總司令電云：「台電奉悉，承念。劉匪由內江、資陽、榮縣、樂山前進，劉、鄧叛變擁兵於成都、灌縣附近，近伺我側背，友軍皆潰敗，不能收拾。我兵力分散在六百里外，成一字長蛇陣，兄何以教我。）十七日，我九十軍到達新津，十八日，第一軍陳鞠旅率七十八師、一六七師殘部北上，被匪阻斷，第五兵團司令官李文派隊擊破匪之封鎖線，迎接該部至新津附近。時林彪匪軍十五兵團，已由川西洪雅、丹稜、向蒲江西北前進，彭德懷匪十八、十九兩兵團亦陷綿陽（五十七軍適至，反攻不克，遂未收復。）迫近德陽、什邡之線。南路之匪，已從毛家渡方向過河，我一六五師、汪承釗部防廣兵單，在眾寡懸殊下奮死抗戰，損失甚重，退守普興場。十九日，我軍增援反攻，在普興場附近獲捷，匪傷亡甚大，攻勢頓挫。（岷、錦兩江間三角地帶之匪完全肅清，奉總裁電令嘉獎。）我第一軍僅以兩團之眾守新津，匪以一個軍兵力攻擊一日，亦屹然未動。然劉匪之第五兵團主力，已乘虛西擾，折向邛崍、大邑、崇慶，攻我側背，我李振十八兵團，頗受損失。二十一日，邛崍、大邑陷匪，對我合圍之勢已成。而我由北南進之各部，已在廣元、綿陽、南部、三台等地各自與匪不斷激戰，亦皆殘破不堪。時奉總裁號酉指示：「綿陽新到之匪兵力大小如何？預料長途急進之匪，其力必疲也。惟無論如何，我軍應集中現有兵力，先將新津或成都附近之匪先予擊滅，不可待綿陽之匪迫近成都，雙方受敵夾擊也。如新津成都之匪，果能先行擊滅時，我軍尚有餘力，則再回擊北來之匪。否則散循岷江東岸急進，繞攻樂山、宜賓或瀘州，是亦不失為中策也。以樂山以南地區，現在必無大匪也。惟成都必須留少數兵力固守，以牽制匪，非萬不得已，切勿撤空為要。」二十一日又奉總裁電令：「如能在新津、成都堅持五日，將派飛機百架運送高級人員及必要官兵逕飛西昌。」至夜，得空軍王副總司令電，明日有機二十架飛至雙流機場。乃部署長官部部分人員遣至德陽，會合北來部隊，出敵不意，突圍北進，在大巴山豫鄂川交界處從事游擊；部分人員隨隊徒步西進，部分參謀、通訊、譯電、軍需暨重要文書密件款項，乘機先飛西昌。至夜一時，又得王副總司令電：昆明機場仍為盧漢叛軍所控制，須改飛海口或蒙自加油轉飛。二十二日晨，到雙流機場運輸機十九架，載運長官部部分人員至海口。

先是十二月八日改組西南長官公署，顧總長任長官，公任副長官兼參謀長，羅列仍代參謀長，撤銷西安綏靖公署，陝甘邊區綏靖主任則改由楊森代理。西南軍政長官公署原有人員已遣散，公乃就西安綾靖公署人員接充。至是已全部南飛，公仍留成都。九時半，偕羅列、沈策、裴世禹、趙寧國等至新津，與李文、陳鞠旅、盛文、李振、周士瀛、魯崇義、何滄浪、胡長青、吳永烈、吳俊等開會，宣布總裁號酉電指示行動，決定作戰方針：局部攻擊，以欺騙牽制匪軍，主力避戰，各軍以團為單位，化整為零，向敘瀘方面突圍，進入屏山、雷波、馬邊、峨邊大涼山區，再策後圖。並論不得已時，應向重慶方面突圍，乘虛進入華中，直搗敵後。經各軍長等研究，以為如向重慶突圍，須渡岷江、沱江、涪江及長江，而此四江不能徒涉，在匪區不易徵集渡河器材，部隊麕集，易受匪軍夾攻之危險，不如向西康方面突圍。公決仍遵總裁指示，沿岷江兩岸經敘瀘間地區南下，先進入大涼山區，再向西昌突進，決定二十三日晚間開始行動。軍隊區分：第五兵團司令官李文指揮第一、第三、第三十六軍及二十四師；十八兵團司令官李振指揮九十軍、六十五軍；第七兵團副司令官薛敏泉指揮七十六軍、十七軍。目標：第五兵團西昌，十八兵團昭通，第七兵團威寧。二十三日上午，空軍徐司令煥昇來告機場治安關係，必須速行，公乃於九時三十分偕參謀長羅列、副參謀長沈策、參謀蔡榮、參謀處長裴世禹、副處長楊蔭寰、祕書陳碩、第四處科長蔡劍秋，暨周士冕、李猶龍等至鳳凰山機場，十一時南飛。

是日午後三時，第三軍俘匪三十餘人中，有匪團指導人員供稱：匪軍已知我將向東南突圍現劉伯承第二野戰軍主力，已於二十二日夜開始向資陽、資中、威遠、井研、仁壽各地集結迎擊。二十三日拂曉，第五兵團李司令官所得情報亦同。時公已起飛，李司令官文、盛總司令文、李司令官振、陳軍長鞠旅、胡軍長長青等商決，改向西康突圍。是夕，盛總司令命第三十六軍一二三師師長雷振守備成都，牽制匪軍；命第三軍及三十六軍一六五師各殘置一部於現陣地，向當面之敵佯攻。二十四日拂曉，變更原來部隊區分：以第五兵團司令官李文為中央兵團，率六十九軍僅兩師新兵，二十七軍僅餘五個營，由新邛公路向邛崍前進；第十八兵團司令官李振為右兵團；率六十五軍僅有兩個團，九十軍有第五十三、第三三八兩個師，及三十六軍之四十八師，由雙流向邛崍與第五兵團會合後向雅安前進；第一軍軍長陳鞠旅率殘部在公路以南向蒲江前進，到達後以一部進據丹稜警戒，掩護左兵團前進；成都防衛總司令盛文，率第三軍及三十六軍之一六五師為左兵團，循第一軍經路，向蒲江以北前進，而留二十四師在新津掩護；其餘綏署特務團、砲兵團、輜汽團，及幹訓班等約五千人，皆在盛軍後跟進。是日二十四師在新津掩護各軍西進，盡力抵抗進犯之匪軍，全師壯烈犧牲，師長吳方正陣亡。

西向邛崍雅安各軍，自離新津後，即遭強大匪軍包圍阻擊。（第三軍於二十四夜俘獲匪第三兵團第十軍三十師八十九團第二連官兵十餘人中，有中尉排長覃某供稱：「前（二十二日）我軍得上級命令，說你們將向東南突圍，我軍奉令開仁壽、井研一帶，準備堵擊。昨（二十三）日我連正吃午飯，指導員說你軍改向西突圍，要我連趕快吃完飯去追。我團剛到此地，就遇了你們。我們這軍都來了，聽說還有很多部隊都要開來，林司令的隊伍，聽說也開來了。」）二十五日清晨，第一軍到達蒲江東北，遭匪二三軍之眾兵力攻擊，激戰五小時許，全部傷亡潰散，一六七師代師長譚文緯陣亡，軍長陳鞠旅率一部向北突圍被俘。我左兵團左縱隊一六五師汪承釗部，午後二時甫到蒲江附近之高橋，匪軍遂向我汪師攻擊，二十六日即被圍於蒲江北之高橋附近。而第三軍於是日遭強大之匪軍圍攻，十七師鄧宏義部被困於西來場以西地區，二五四師陳岡陵部被圍於松華鎮附近，軍部直屬部隊及盛總司令被圍於西來場東北地區，各部自行奮擊，但無法脫圍。二五四師七六〇團團長繆銀河、軍部人力輸送團長（已裝備為步兵團）饒石夫、警衛營營長皆陣亡。激戰至二十七日，我一六五師向西突進，只有一個團配以十七師之五十一團，共兩團之眾，已全部傷亡潰散，師長汪承釗陣亡。二十八日夜，十七師亦全部敗沒，副師長田淋，參謀長周兼皆負重傷，五十七團團長陳竟忠陣亡。中央兵團李文所部自新津突破七層包圍之匪軍，於二十六日到達邛崍，官兵犧牲殆盡。右兵團盛文所部艱苦支撐至二十九日，沈兼參謀長開樾，師長陳岡陵（皆負傷，除被俘外，餘皆四散。盛總司令已負傷，同數人避於古廟禾堆中得免。右兵團李振所部在新津開會後，即輸誠投匪，僅有其所兼六十五軍兩個團殘部從逆，其所指揮之第九十軍，及三十六軍之四十八師，均隨李文司令官由雙流向邛崍攻擊西進。（公十二月二十三日日記：「李振來告謂魯軍長、陳軍長、李文等皆擬坐飛機行，並謂六十五軍已不成軍，可否乘飛機隨行，答以救部隊為主，不能飛行，李即回雙流。」（按：李投匪後，匪初畀以成都市府參事閒職暨人代會特邀代表，四十五年被整肅自殺。）

公座機二十三日下午五時半至海口，有重霧不能下降，乃飛至海南島最南端三亞機場，連日電訊不暢，焦慮至深。公初以五指山阻隔，電訊不通，其實在海口之百瓦電台，亦無法與前方聯絡。蓋西進突圍各軍，日夜苦戰，卒無一二小時之停止，無法架設電台也。二十六日，將幕僚通訊單位移往海口，並派羅參謀長飛台北，向中央報告成都各部撤離情形。二十九日上午公飛至海口，下午一時飛西昌，以飛機漏油，仍降海口。奉總裁十二月二十八日函示：「王副總司令，羅參謀長來台面報軍情，日來憂患，為之盡息，此時大陸局勢，繫於西昌一點，而此僅存之點，其得失安危，全在吾弟一人之身。能否不顧一切，單刀前往，坐鎮其間，挽回頹勢，速行必成，徘徊則革命為之絕望矣。務望發揚革命精神，完成最大任務，不愧為吾黨之信徒，是所切盼。餘囑羅參謀長面達不贅。中正手啟。」三十日，公再偕副參謀長沈策，參謀處長裴世禹，參謀蔡棨、周士冕、李猶龍、祕書陳碩、第四處科長蔡劍秋等飛西昌，下午二時到達，住邛海新村。其餘西南長官公署人員在海口候機，俟羅參謀長由台返瓊後率同西飛。海口至西昌，自昆明、蒙自陷匪後，中途無加油站，飛機必須自帶回程油料，故每機一次僅載九人及其規定行李。

成都之役，第一軍第一六七師少將師長趙仁，同師上校代師長譚文緯，同師上校副師長高宗珊，同軍七十八師上校副師長梁德馨，七十六軍二十四師少將師長吳方正，五十七軍二一四師少將師長王菱舟（在邛崍積善橋奮戰力窮，夫婦同時自殺。）三十六軍一六五師少將師長汪承釗，第六十九軍少將參謀長陳壽人，第二十七軍三十一師上校參謀長劉禹田，已查確者計有九人，皆於是役陣亡。其餘團營連長戰死必眾，一時無法查得。

西進各軍艱苦力戰，部分突圍到達西昌

公於去年（三十八年）十二月三十日到達西昌時，僅有第一師朱先祖團七百餘人；至機場迎候者，亦僅朱光祖一人而已。本（三十九）年元月二日，參謀長羅列率部分幕僚人員，自瓊飛抵西昌，始展開各項幕僚工作。時各軍突圍西進者，大部被匪圍攻犧牲，其已突出西進者，又遭劉（文輝）鄧（錫侯）叛軍襲擊，困疲萬狀，行進甚緩。而電訊不通，公焦慮至深。如各軍不能進至西昌，一切將無所藉手。（於時幕僚人員研究爾後行動方案：「第一案：請求全體空運海口或附近海島，續策後

圖。第二案：全部向滇緬邊區轉進，建立根據地。第三案：控制有力一部四至五個連，保衛指揮機構行動，分散其他現行兵力，控制寧屬南北各縣，安定西昌，配合土司，利用漢人，展開全面游擊。第四案：不得已時，背城一戰，較之湮沒於窮山荒谷間稍勝一籌。」公反對第一案，以採用第三案為主，而以第二案輔之，遂以此為準備目標。）一月四日，得三三五師王伯驊團已過黃木廠，向白羊岡伍培英叛軍攻擊前進之訊，五日，王團擊破伍逆叛軍到達富林。先是三三五師在樂山接領新兵，半年以上，僅得一團，樂山陷匪時，師長仝斆曾投匪。（仝為西北軍馮玉祥舊部，曾任三十軍魯崇義之參謀長，魯曾力保仝之人才可用，乃任為第三三五師師長。）王時為團長，不直仝之所為，遂率新兵一團輾轉崇山峻谷間，至是來歸。時宋希濂兵團二一四軍軍長顧葆裕，亦率殘部二千餘人，自滇邊越金沙江至寧南縣。（顧葆裕，江蘇吳縣人，軍校四期，曾任中央軍校第七分校大隊長，故亦公之舊部也。民國四十五年在台病故。）公特派參謀長羅列，乘飛機赴寧南上空，投補給品及慰勞款函，藉致慰勉。第二十七軍軍長劉孟廉，亦率特務團到達錫蓋梁，有眾七百餘人，公曾於九日至禮州錫蓋梁，檢閱顧、劉兩部，予以慰勉。十二日，突擊總隊樊廷璜已突圍至松潘附近，尚有千餘人，武器較全。十三日，第三十八軍五十五師團長張天翔率數百人，與突擊總隊陶慶林，豫省部隊長田中田數百人，亦至松潘附近，並沿小金沙江南下，收復康定。（三月八日，公親筆函勉田中田、陶慶林、張天翔、任天鋒云：「當此大雪封山，道路險絕，強寇縱橫之際，而能突圍南下，克復康定，可歌可泣之雄風，砥柱中流之偉績，對革命之忠貞，行動之機警，求之當日，真不易多得，至為欽佩。茲特派機致送所需，並以欣慰奮發之忱，敬祝全體官兵勝利。胡宗南手啟。）六十九軍軍長胡長青，率殘部一千四百餘人，由邛崍突圍，經天全、蘆山亦至富林，與王伯驊團會合。先是一月九日下午二時，公接獲第七兵團無線電，連長許培人致機要室主任王徵電有云：第三軍、十七軍、三十六軍、七十六軍、五十七軍已先後覆沒，三十軍、三十八軍、九十八軍已隨裴昌會投匪，公頗為悲憤。至是旬月之間，各軍至西昌地區者已萬餘人，整理訓練，猶可以一戰。公於是發表胡長青兼第五兵團司令官，朱光祖為第一師師長，陶慶林為一三五師師長，田中田為三十七師師長，王伯驊為三三五師師長，資以黃金糧秣，使各整訓備戰。

竭力經營西昌，安撫夷胞，增強戰力

西昌為西康省東南十數方公里一小盆地，水土饒沃，四圍則高山深谷，皆夷胞所窟宅。生夷窟居窮谷，獉狉之俗未改，常虜漢人販賣為奴。熟夷則各有統屬，其酋長率多不能相處，常相攻伐，敗則懾伏，以力自雄，罔識禮義。而交通梗塞，糧食尤缺。抗戰時期，為瞰制康滇，乃於此設置指揮機構，聊示雄圖。自戡亂軍興以後，移西康省政府於此，賀國光為主席。公至斯土後，土司夷酋頗多來見者，公亦加意安撫。於是委鄧德亮為西南人民反共自衛軍第一縱隊司令，楊砥中（中央政治學校畢業）為邊務委員會主任，鄧如凱為反共自衛救國第一縱隊長，王文深為越巂特務大隊長，李幼軒為西南人民反共自衛軍第二縱隊第七團長，嶺光電為第二縱隊新編第四師師長，蘇國憲為西南人民反共自衛軍第三縱隊司令，李廷桐為金沙江南岸挺進司令。其餘孫仿、陳超、李元亨、陳子武、鄧海泉等，公皆給以名義，發給款項，使整理地方團隊。並派顧邦俊招致夷兵一千餘人，成立部隊。其由各地進入西康地區，各部隊長張桐森，一二四軍高超、田中田等，公皆資以金錢糧彈，熱忱撫慰，並以張桐森為第二軍軍長，一時聲勢頗振。

公以各軍幹部龐雜，漢夷思想智能未能一致，將來部隊擴充，幹部尤缺。乃呈准中央設置西南幹部訓練團，自兼團長，以羅列、賀國光任副團長，沈策為教育長，楊蔭寰為軍事幹部訓練班主任兼學生大隊長。

公又命羅參謀長於陰曆年前，購屯大批糧食於昭覺、大涼山、西昌、鹽源等地，並速購買騾馬成立運輸隊。又電台北催運銀元，調劑金融，安定物價，並擬成立經濟委員會，延攬有力分子，鞏固內部。

一月下旬，總裁派其長公子經國飛西昌視察，並手函指示：「雲南情況變化之後，西昌當更艱難，然最近匪似不致大部入康。最近如將台北軍火配運西昌為可能之事……如匪攻台灣，余必與台灣共存亡，而決不出國。」公即函呈：「此間情況至為艱危，但如能在二月十五日以前空運一個師之武裝彈藥到西昌，則大陸據點，西南局勢仍有可為。」自二月八日起至三月二十三日止，由台北空運武器彈藥七次，約四十架次，共運不足三分之一。至三月下旬，匪已猛向西昌地區進犯，不及續運矣！

匪犯西昌，各軍力戰後分散游擊

西昌原有之伍逆培英叛軍，經第一師朱光祖擊潰後，復糾合殘部遁入夷區。自雲南盧逆之叛，土共朱家璧數千人先入康境，其後龍純曾繼之，聞我軍已至西昌，遂徘徊金沙江上，時與伍逆殘部呼應襲擾，皆為我軍所擊追。三月中旬，匪軍大舉西犯，號稱十萬。十七日，龍純曾匪軍千餘人，由建烏渡江再犯會理，匪十二軍之四十三師繼之。而陳賡之十五軍，由匪酋余建勛者，亦於同日由龍街渡江。鹽源方面，朱家璧匪迫近城郊，與我諸葛士槐部對戰中。公令一二四軍高副軍長、第一師朱師長合力阻擊渡江之匪，保衛寧南；另令德昌第二警備分區司令吉紹虞策應鹽源作戰。二十二日，朱師向新場攻擊獲勝，而余匪之渡江者，已陷鳳山營以南地區。北路匪六十二軍，已由峨邊、滎經、天全、瀘定，分道入寇；主力則由峨邊金河口簑衣嶺直犯富林，與我王伯驊師鏖戰於黃木廠附近，匪新二軍則繞攻康定。於是匪遂以四面合圍之勢，攻我西昌一隅之地。二十三日，我朱師續向葫蘆口之匪進攻，遭匪十五軍主力反擊，傷亡過半。西昌警備團劉營掩護朱師退卻者，亦傷亡殆半，朱師遂向寧南轉進。高副軍長率一二四軍之主團，亦受鳳山營余匪之攻擊，孤軍無援，傷亡殆盡。六十九軍輿三三五師膨迎戰於黃木廠，而匪已分股千餘人，陷漢源，渡過流沙河，進逼農場，威脅側背，守農翁王伯驊師兩連，之眾，皆忠勇抵抗，全部犧牲，黃木廠二十三日棄守。田中田部孤懸西北瀘定，被圍呼援，已無兵支應。二十四日，六十九軍與三三五師轉進至大樹堡海棠之線，朱光祖師退至白水河，繼退普格；會理顧葆裕、張桐森亦受打擊，撤至黄水塘，會理失陷，至此形勢突變。二十六日，朱師退拖木溝，匪進益力，一部已迂迴河西，迫進西昌矣。於是分置劉孟廉、陳超於雷、馬、屏區域；田中田、陶慶林、張天翔於康屬區域；孫仿於寧東，鄧德亮母子於寧西；顧葆裕、張桐森於滇西，潛留兵力從事游擊。西南長官公署參謀長羅列，則率綏署人員及警衛部隊一營、第一師新兵兩營，於三月二十六日夜九時向渡沽北上，預期與胡長青由富林南下之部隊會合，東越大涼山夷區，會合雷波、陳超所部，再作後圖。

自匪號稱十萬之眾圍攻西昌後，總裁深知我軍新造，戰力未充，勢難抗禦，遂命空軍總部於三月二十六日派運輸機兩架，接公與賀主席回台北，惟公不願離去。於是參謀長羅列，祕書長趙龍文，於深夜陳說數四，堅請公乘機回台。羅參謀長並自請代公留在西昌指揮，公允之。是日深夜，公乃偕西康省主席賀國光，西南長官公署祕書長趙龍文，總務處代處長蔣竹三，參議蔡榮等十餘人，乘機在機場四週散匪濃密槍聲襲擾下起飛，夜離西昌。二十七日清晨在海口建立指揮所時，海口亦遭土共襲擊，空軍已準備撤離。僅留一週，乃於四月四日飛抵台南留一宿，次日飛抵台北。西南長官公署，於三月二十七日奉令撤裁。

留置西昌部隊之苦戰

當公於三月二十六日深夜離西昌之後，其夜羅參謀長即率警衛部隊一營，第一師新兵兩營北進，二十七日下午至瀘沽，而南面之匪已沿西瀘公路向北追至，瀘沽附近土共鄧宏，又召集夷兵準備襲擊，乃星夜離瀘沽，東向甘相營。（甘相營為鄧德亮故鄉，其母子為夷人所信服，由此亦可越大涼山出雷波。）二十八日到甘相營，議購糧米東出之計。北路胡長青、王伯驊主力連戰於大樹堡、平壩、臘梅嶺、觀音嶺等地，白双相接，匪遺屍滿途，我亦傷亡過半，匪仍增援相迫。二十八日，胡王兩部退至甘相營，匪亦追踪而至。時鄧家議糧米假道夷人諸事未就，匪已蟻聚。乃命胡部扼守西路，羅參謀長二十九日夜率部南移祭妖溝，數十里間迭遭夷人襲擊。三十日黎明，匪已大至，圍之數匝。鄧家幹部紛紛投匪，我警衛營及第一師新兵，以饑疲之眾，血戰三晝夜，困疲已極。而南北之匪愈集愈眾，我軍已三日未食。然以羅參謀長集眾激勵，手刃匪勸降代表，官兵感奮，益殊死戰。至四月一日中午，彈盡力竭，死亡枕藉，祭妖溝終於不守，官兵五百餘人，十九戰死。羅參謀長偕衛士十餘人，兩度突圍，脫離戰場後，僅餘衛士一人偕行。又被夷人，二百餘圍攻，被擊重傷，昏然罔知。後為忠義僕人所掩藏，旋獲川中幫會首領伍道遠等人之助，得離康境，入川西井研問養傷。傷癒後，與當地游擊武力連結活動數月，迄民國四十年三月，始逃離大陸輾轉來台。六十九軍軍長胡長青，三月二十八日與羅參謀長會於甘相營後，乃於甘相營西大風口佔領陣地，掩護羅參謀長之轉進。激戰一日，拒止東進之匪，而匪夷兵後至者益眾，度不能勝，與王伯驊師長西向分道突圍，期圖繞出敵後，相會皇姑廟。胡司令官激戰於孟獲山附近二日，團營長死者顏道遠、李騰蛟、李忠光、劉兆祥等及連長以下官兵七百餘人，兵漸少而圍不開。胡乃集中所部四百餘人，突圍至肖山，所部傷亡殆盡。胡足受重傷，流血甚多，而義不受辱，自戕未遂，匪舁之至越巂縣之皇姑廟。而王伯驊適苦戰突圍亦至，匪遂詐稱胡軍迎之，力屈被執，胡司令官見之，遂一痛而絕。王師長被俘後，在管訓時逃出，五月間至香港，旋來台。

二十七軍劉孟廉，四月間越大涼山至雷波與陳超會合。陳有眾近萬，劉亦收散卒數千，請濟械彈，將攻取瀘州為犄角。時西南長官公署已裁撤，歸國防部直接指揮，械彈不獲至。六月，匪陷雷波，二十七軍軍長劉孟廉，參謀長劉逢會力盡被執，囚於瀘州，誘降不屈，九月間遇害。南部顧葆裕、張桐森所部退出會理後，救援西昌被阻，乃繞出匪後，渡金沙江南入滇境。張桐森乃在滇境游擊，顧則於八月間輾轉至台。其餘如蘇國憲、李元亨、陳志武等所部多寡不一，其時仍在夷區游擊。

游擊總司令唐式遵忠貞不貳，川省淪陷，西入西昌，西昌長官公署資以械彈後，與西康國大，代表羅子州，隨羊仁安北進。羊仁安，劉文輝舊部也，在漢中時來見，詭稱可在川康號召數萬人，公委為新十三軍軍長，令招攜劉部。其後公又請西康省政府派為雅屬行署主任。留西昌匝月，觀望不就，迨西昌危急，乃隨唐式遵北去。三月二十八日中途遇匪，羊即先降；唐式遵、羅子州率部抗拒，身先士卒，同時陣亡。羅子州身中數十彈，叫罵而絕，其女良鳳隨侍在側亦同死。國大代表之殉國者，尚有高介夫、吳道遠。（按：匪第一次人代會，有四川代表羊純安，即為羊仁安，顯見其早與匪勾串也。）

成都防衛總司令部副總司令余錦源，於我軍突圍西進時，回至金堂原籍，糾合義勇鄉人從事游擊，一時聲勢頗盛。至七月間匪曾調大隊搜捕，其後情況不詳。

是役在西昌陣亡者，有六十九軍中將軍長兼代第五兵團代司令官胡長青，西南長官公署少將參議王維一；被俘不屈遇害者，有中將參議周士冕，第二十七軍中將軍長劉孟廉，少將參謀長劉逢曾，第一師少將師長朱光祖（朱力戰被俘，劉文輝恨之刺骨，要求匪解至成都殺害，死狀極慘。）其餘團營長以下官兵死亡者，約近萬人。

一八、成都保衛戰前後

盛文

編者按：本文為民國三十八年冬任成都防衛總司令盛文將軍所撰，總題目為「成都突圍痛定思痛」，於《中外雜誌》第九卷第二期起分五期刊載完畢。其中一、二兩段，敘述成都。保衛戰之經過，三至五段敘述盛將軍如何經歷艱險逃離匪區之情形。本文僅節載全文之第一、二段，並此註明。

中外雜誌社多次要我撰述民國卌八年冬，由成都突圍，脫離虎口的經過，爰將成都會戰最後一階段，及奉令突圍來台經過，自民國舟八年十二月十五日起，至卅九年二月十二日止，兩個月間的親身經歷日記，整理成篇，俾以交卷，追維往事，誠有白頭宮女，閒話天寶遺事之感！

最機密的軍事會議

從三十八年十二月十五日起，到二十一日止，整整一個星期，中共第二野戰軍劉伯承部的第三兵團，下轄第十、十一、十二，一共是三個軍，總兵力在十二萬人以上，從十五日拂曉起展開攻擊，猛犯錦江河防。我軍的守備部隊是第三十六軍一六五師汪承釗部，他們急起應戰，寸土必爭，和當面十倍之敵打了一場浴血苦鬥的硬仗。十五日，十六日，十七日，砲火猛烈，槍林彈雨，共軍屢次進撲，都被我抱必死決心的英勇健兒所擊退。然而，眾寡懸殊，難以為繼，一六五師傷亡慘重。我們陣亡了一員團長，犧牲了四個營的弟兄。弟兄們死拚到十七日下午三時，錦江防線終於被共軍所突破。

錦江防線易手，不但使共匪在成都西南，向丞相祠堂柏森森的錦官城，邁進了一大步。而且，連極關重要的新津機場，也陷於共軍的砲火控制之下，從而無法使用。這對當時的情勢來說，真是空前未有的嚴重。——三十六軍一六五師的殘部，退到了普興場的附近地區，固守待援，情況尤其相當的危殆。

我在總部檢討全盤情勢，不得已的作了一次重大的決定，我把成都保衛戰的城防主力部隊，亦即我兼長的第三軍全部抽調出來。命第三十六軍一百二十三師雷振所部接替城防任務。十二月十八日的淩晨，天色黯沉，寒風凜冽，我親自率領第三軍的弟兄，開始反攻，向共軍陣地猛撲。這是決定成都命運，生死存亡關鍵的一仗。將及四天四夜，槍聲砲聲，不絕於耳。我們反覆決盪，併力衝刺，使遼闊寬廣的成都平原，為之震悚撼動。四晝夜間，白刃交加，屢進屢出。最後，我在二十一日下達總攻擊令，又一場天崩地圻，日月無光的鏖戰，我們總算是用鐵與血，獲得了最後的一次勝利。素以驃悍善戰的共軍第三兵團，其主辦部隊第十軍的二十八、二十九、三十、三個師，以及十一軍的主力三十、三十三兩個師，共軍五師全部被我擊潰，我們終將突破錦江防線，侵入錦江和岷江間廣大平原的共軍，完全肅清。血流成渠，遺屍遍野，不足以形容這四日激戰的慘烈。當天，我親率指揮部人員，進駐新津以東十五華里的普興場。

自我率部出城展開反攻的十二月十八日起，我親自負起前敵指揮的重責大任，前方情勢一日數變，事實已不容許我回返成都坐鎮指揮。於是，我只好派總部參謀長沈開樾，代我負責總司令部的全盤業務。我交代過他，遇有重大事項，隨時電話聯絡。

十二月二十二日，西安綏靖公署主任胡宗南上將抵達新津，他在新津第五兵團司令部召開高級軍事會議，我準時前往出席。與會的高級將領，除了胡宗南將軍之外，還有參謀長羅列，副參謀長沈策，第五兵團司令官李文、第十八兵團司令官李振、第九十軍軍長周士瀛和我，一共是七個人。在那一次的會議席上，胡公神情肅穆，面色沉重。大家坐定以後，他便取出一份總裁蔣公的親筆函件，命令我們應將部隊化整為零，以團為單位，分向敘（敘府亦即宜賓）瀘（瀘州）方面突圍，進入川康滇交界的屏山、雷波、馬邊、峨邊大涼山區，再策後圖，或者突圍逕趨重慶，乘虛進入敵人後方，但是成都方面必須留下一支部隊，牽制敵軍，守到最後一刻為止。

當時　總裁蔣公指示我們兩條突圍路線，讓我們揆度當前形勢突出重圍，所以我們迅即展開討論。大家都認為乘虛直入重慶敵後誠屬上策，但卻苦於軍中全無制式器材，而自成都、新津直搗重慶，途中至少須渡過岷江、沱江、涪江和長江四條大河。這四條大河全都無法徒涉，何況沿江兩岸都有共軍防守，就地徵集渡河器材的可能性太小，尚且還有部隊麕集，腹背受敵的危險，似乎不如逕向西康方面突圍，成功的可能性較大。會議開到這樣，胡公使指定羅參謀長和我，還有李文、李振兩位兵團司令官，共同商榷突圍計劃。不過，他指示我們原則，仍以遵照總裁意旨向大涼山區撤退為原則。

晴天霹靂計劃外洩

我們四個人幾經籌商，方始釐訂了大兵團突圍的計劃。預定方案是各兵團沿沱江兩岸推進，經由敘府、瀘州渡過長江，先進入大涼山區，然後再向西昌方面突圍。照這個計劃進行，一方面固然完全遵照總裁的指示，另一方面，各兵團只需在長江強渡一次，遭受夾擊的危險性減到最低。

計劃經胡公裁可了，決定在十二月二十三日夜間開始行動，當天午後一時，各回原防，從事準備，胡公一行也要遄返成都。我們在新津同進午餐，席間大家的心情都極為沉重，因此也很少有人交談。一點整，胡公率領羅參謀長、沈副參謀長回成都去。臨別之際，他緊緊的握住我的手，語音黯然的說：

「希兄珍重！」

二十三日，預定自成都突圍之期。凌晨三時，第三軍猶然和共軍激戰；而且一舉俘虜了共軍官兵三十餘人，其中有一名共軍的團指導員。據他招供，共軍業已獲悉我軍即將向東南方突圍，此刻劉伯承的第二野戰軍主力部隊，早已在昨（二十二）日夜間展開行動，急向資陽、資中、威遠、井研、仁壽一帶部署，準備截擊我軍。

我聽到這個消息，起先是將信將疑。因為昨天胡公召集高級軍事會議，與會的都是西安綏靖公署最高負責人員，一共只有七個人，而且關防嚴密，斷無洩露的可能。怎麼我們昨天開的會，共方居然會在當天就偵知內情了呢？突圍計劃屬於最高軍事機密，所以當時我們僅只是口頭籌商，連紀錄都不曾留下，似乎根本就沒有情報外洩的可能性。

然而，大陸撤退時期，正值光怪陸離的現象層出不窮，像這樣重大的問題，我又怎敢掉以輕心呢？我立即下令第一線各師長，密切注意當面共軍的動靜。隔不了多久，各師長相繼的打電話來報告了，共軍確有向後移動集結的模樣，當下我這一驚，真是非同小可。這時候，天色已將破曉，共軍因為要掩護第二線的部隊後撤，幾次三番的向我軍發動逆襲，企圖轉移我們的注意，我的指揮所裡電話鈴聲此起彼落，響個不停，我自親臨前線指揮，已經一連五夜目不交睫，但是情勢之緊張則莫此為甚。我正一面指揮第一線部隊作戰，一面搖成都總部的電話，要向胡公報告突圍計劃可能外洩這一件機密大事。第五兵團司令官李文打電話來了，原來他也獲得了相同的情報，突圍計劃外洩。

李文在電話中請我同去成都，向胡公請示以後再採取行動。我很以他的建議為然，共諜無孔不入，實在太可怕了。除了面對面的商議緊急軍情，連軍用電話我們都不敢寄予信任。但是我請李文當我的代表，立刻趕到成都向胡公提出報告，並且面商請示變更突圍計劃。因為我這第一線戰況緊急，不容許我須臾輕離。

李司令官允諾立即離新津趕赴成都，我開始定下心來指揮越演越烈的前線戰事。

從拂曉時分一直鏖戰到上午十點多鐘，我軍與共軍白双相加，損失都是相當的重大，離開預定突圍的時間還有十二小時以上，我已經下定決心與前線的弟兄共存亡，與敵周旋到最後的一刻來臨。可是，成都方面李司令官打電話來了，他劈頭就說：

「主任已經因公飛往台灣，綏署找不到負責人。」

我忙不迭的問：

「那麼，你現在在那麼呢？」

「我在你的總司令部，」李司令官回答我說：「現在從匪軍的調動情況來判斷，我們的突圍計劃，的確有人洩露給敵方了。」

「計劃既已洩透，」我在電話中斷然的說：「那就決不可行了！」（後來查證突圍計劃是李振洩露的）

「是的，」李司令官同意的說：「所以我現在正在設法邀集陳鞠旅（第一軍軍長）和胡長青（第六十九軍軍長），大家一道商量一下。」

「很好，」我說：「那麼，改訂突圍計劃的事，我就靜候你們各位商量的結果了。你知道。我這邊戰況正烈，實在抽身不開。」

「我知道，」李司令官慨然的說：「成都方面，就靠你那邊好好的頂住，至少要頂到今夜我們這邊一商量定了，立刻打電話通知你。」

座車衣物付之一炬

又頂到了中午十二點鐘過後，前線軍情，真是險象環生，幾乎沒有一分一秒，不是在驚濤駭浪之中渡過。十二時許，成都方面李司令官的電話通知果然來到，他在告訴我說：

「我們已經商量好了，決定改向西康突圍，希望能在雅安附近會師。國輝兄所部最好能在明，天午前集結在新津機場。然後我們再將研商所得的突圍計劃細節詳加奉告。」

在強敵環伺，我部官兵業已連續激戰九晝夜的情況下，要我們再多頂住半天，竚候突圍計劃：細節的商定，誠然是十分的困難。但是捨此之外，又別無他法可想。於是，我只好一口答應了，我說：

「好，我們就這麼辦。」

二十三日一整天，我都乘指揮作戰的空隙，苦苦籌思如何將遭遇敵軍重大壓力的我軍主力從戰況劇烈的前線給拉出來，而且還要使損失減至最低程度。帶過兵的朋友都曉得，打勝仗誠屬不易，打敗仗卻比打勝仗更難。三十八年底的成都突圍，如欲順利成功，那才真是「難於上青天」呢。

就是在同一天裡，由於成都戰事逆轉，突圍殆告絕望。若干意志不堅的將領，紛紛作變節投匪的打算。一連串令人欲哭無淚的壞消息傳來，第四十一軍、第四十七軍，在成都東北方的金堂投匪了。如今，我們就只剩了第五兵團的第一軍一部，加上我那死拚纏鬥的第三軍，三十六軍，還有第九十軍。陷在成都城郊背腹受敵，處於四面楚歌聲中。

稍後傳來的噩耗，又有第十五兵團羅廣文、第十六兵團陳克非等，相繼投共，百萬大軍，正在分崩離析，土坼瓦解！

二十三日黃昏，落日昏黃，大地景色異樣的暗淡。我籌思已久，就此開始下達一道道的命令。我派三十六軍一二三師雷振部繼續守備成都，待命行動，希望他們能夠達成牽制共軍的任務。再抽調第三軍及第三十軍一六五師各一部，留置於現陣地，並且命他們向當面敵軍發動佯攻，轉移敵軍的注意力，有以祕匿我軍的突圍企圖，使主力部隊容易脫離戰場些。凡此都是我在下令突圍之前的預先部署。

深夜十時，前線槍砲之聲猶仍驚天動地，震耳欲聾。可是我卻已經在開始下達突圍命令。首先，我下令各軍師的主力，一律於翌日拂曉，到達新津機場，集結待命。然後，我再命令總司令部暨其他各直屬部隊官兵，立即採取下列各項緊急措施：除攜帶五日糧秣之外，必須儘量多帶彈藥。所有公文及公私物品，私人行李一概焚燬，官佐只准保留內衣褲一套，作為換洗之用。無法同行的騾馬；全部槍殺，以免資敵。

留下一師守備成都

夜深沉，大撤退即將開始，我為了以身作則，把我的衣物行李全給搬了出來，還有大批的文件，統統堆在我的座車週圍，澆上汽油，放一把火，連同座車悉數付之一焚。所屬官佐見我這麼做了，默默無言，相率將他們的私人財物，一一投入火中。焦臭氣味迅速瀰漫，這一堆熊熊的烈燄，居然也燃燒了好幾個小時。伴著自前方傳來的槍砲大作，構成一種使人感到窒息的沉重氣氛。鋒鏑餘生，區區財物又何足惜！只是本軍自建制以來，何嘗有過像這樣倉皇緊急的大撤退！所以大家都有悲憤莫名，極其錯綜複雜的感情，倘若不是奉命如此，寧願在原陣地和共軍拚到最後一人為止。尤其隨著我們部隊跋涉千山萬水，轉戰各地的那些騾馬。許多年裡真不知對於本軍作過多麼重大的貢獻。如今竟因山高路遠，不克隨行，留下牠們又唯恐有以資敵，不得不逐一槍殺，牲畜無辜遭此浩劫，更使我深感悲痛。

渡過了成都外圍據點最後的一夜，二十四日拂曉以前，我第三軍和第三十六軍一六五師，除了留置少數部隊，在第一線牽制敵軍之外，大隊人馬均已按照我的預定計劃，順利脫離戰場，自岷錦兩江之間的平原地區撤出，於上午十時抵達新津機場集結。敵前緊急撤退是何等艱難危險的一項舉措，我們居然就能夠圓滿達成，這一點適足以證明我部官兵的訓練有素，各級官佐都能切實的掌握部伍，完成任務。想到當面之敵在連續將及十天的苦戰後，驟然發現他們撲了個空，我們竟在他們輪番攻擊下從容轉進；一定會感到震驚錯愕，不知所措，直到這時，內心中方始略為欣慰。

我一直等到部隊用最快的速度在新津機場全部集結，作過適當的戰鬥部署後，到午間十一點鐘方赴新津和李文司令官會晤，他立即交給我一份會議記錄，我瀏覽一過，立即獲悉了這次突圍的詳細計劃。我們預定的會師地點是西康雅安，全部突圍部隊分為左、中、右三個兵團，以我居左，所率領的部隊為第三軍的兩個師，和第三十六軍的一六五師兩部。第三軍三三五師劃歸第二十七軍軍長劉孟廉指揮，令我至為愴悼的是，那一師弟兄後來在樂山全軍覆沒。

我所率領的左兵團，突圍路線是緊躡在中央兵團第一軍之後，經新津——邛崍間公路以南地區，向蒲江以北攻擊前進。

李文司令官所率的中央兵團；下轄第六十九師的兩師新兵，二十七軍僅餘的五個營，由新邛公路向邛崍公路攻擊前進。直到和右兵團會合後，再撤向雅安。另以第一軍在公路之南，赴攻蒲江，到達後分兵一支進據丹稜警戒，掩護我的左兵團通過。

右兵團係由第十八兵團令官李振率領，轄六十五軍僅餘的兩個團，九十軍僅餘的一個師，和三十軍殘部兩團左右，由雙流向邛崍攻擊前進。

由於我的左兵團最後轉進，李文司令官特地留下第二十四師在新津擔任掩護。我和他約定每天正午，暨午夜十二時各連絡一次，兩人緊緊的一握手，然後他便帶著右兵團先走。

正午十二點鐘，我從新津趕回機場，立即召集所部三個師長，汪承釗、鄧宏義和陳岗陵。通知他們轉進的目標，以及所經由的路線。並且將這三個師加以區分，大致的情形是左縱隊汪承釗，右縱隊陳岗陵，中央縱隊鄧宏義。各在新邛公路以南，和彭山、蒲江以北地區，協同中、右兩個兵團向雅安攻擊前進。我自己的位置則在中央縱隊之後。與此同時，我電令負責守備成都的三十六軍一二三師雷振，我叮嚀他要隨時和本部切取聯絡，指定他再堅守成都兩天，然後也向雅安方面突圍，歸還建制。

補給司令臨危變節

午後一點鐘了，我所屬的各級部隊陸續到達新津浮橋附近，開始準備渡河。忽然之間從成都方面湧來了大隊人馬，盈耳都是人語喧嘩，腳步雜沓，我連忙親自前往探視，問明白了是西安綏靖公署直屬的各單位，計有特務團、砲兵團、輜汽團和幹部訓練團等，人數約有五千餘眾。他們正群龍無首，乏人指揮，一致要求納入我的指揮系統，隨同我的總部行動。我實在不忍棄他們於不顧，因而頷首應允。可是又由於此行攀山越嶺，走的都是險巇山徑，汽車、重砲根本無法通行。只好拚著多耽擱些時間的危險，下令將所有的汽車、重砲一體破壞，然後命令各該團在本部中央縱隊之後跟進，由特務團負責隨我殿後。

就因為破壞汽車、重砲的巨大聲響和熊熊火光，使當面之敵發覺了我們的突圍意圖。我正奔走指揮，驀地砲聲隆隆，槍聲大作，共軍紛以大砲機槍，織成猛烈的火網，向我們這一支大軍唯一的通路──那座浮橋併力轟擊，他們決心以密集的砲火和機槍封鎖那座浮橋，阻止我軍渡河。這真是千鈞一髮的危急關頭，由於敵軍的砲火過猛，一座浮橋轉瞬間即被破壞無遺，麕集河岸的大軍正在走頭無路，望河興嘆，人人都顯得那麼樣的焦躁不安。堪恨我軍補給區司令曾慶積竟在這最緊張的時刻變節投共，他居心險惡的將十餘輛滿載彈藥的卡車，集中在浮橋橋頭，而且登時就放起一把火來。

十餘輛載滿彈藥的卡車發出天崩地裂的巨響，爆炸之聲震耳欲聾，燃著的槍砲子彈嗤嗤亂發，可恨的曾積慶在我們密集的隊伍之中，燃起了空前熾烈的火網。我睹狀之下立刻下達緊急命令，本部官兵儘速撤向上游，我知道浮橋上游約一千公尺的地方河水較淺，於是我下令全軍涉水渡河，全軍官兵整一天不曾進食，時值仲冬，又是天寒地凍的季節，腹內饑，河水冷，再加上敵軍的槍砲猶在毫不間歇的猛力轟擊，我們冒敵人的砲火，激發起最大的勇氣，咬緊牙關渡過河去。死神在每一個人的頭頂心上盤旋，人人隨時隨刻都有中砲中槍的危險。我們冷得混身發抖，當前的危迫正是間不容髮，可是我們還得小心翼翼的步步摸索探路，免得被凜冽的河水捲走，水深及腰了，誰能料得準下一步不會踏入河底的深穴？第二次世界大戰初期，傳誦宇內的敦刻爾克大撤退，英軍所遭遇的艱危，和我們當時的處境簡直不可同日而語。我竭盡所能的鼓舞在我前後左右掙扎前進的弟兄，只有領袖平時的教誨，和多年精良的訓練，方始可使我們激發出那麼大的勇氣。把槍枝和彈藥高高的舉過頭頂，我們繼續前進。官兵們面臨最嚴重的考驗，無時無刻不在向死神挑戰。我望著弟兄們堅毅不餒的神色，感佩他們大無畏的革命軍人精神，我認為他們都是頂天立地的男子漢，勇士們！

大隊人馬在槍砲轟擊，水流湍急的情況下終於渡過了河，有人中彈陣亡，有人負傷。也有人失足溺水，幸而傷亡的情形並不嚴重。我自己也安然無恙的，但卻週身濕淋淋的渡河進駐新津城北，沒有人來得及更換濕透了的棉軍裝，而且我們根本就沒有衣服可換，大家凍得牙齒格格的抖。我一上岸就開始指揮各級部隊繼續前進，趕快脫離敵人的火網，我親筆下了一道命令，我命第二十四師師長吳方正盡力抵抗追擊的敵軍，掩護我們的大軍順利脫圍。——往後的事實證明吳師長和二十四師的全體官兵果然不辱使命，他們固守陣地一步不退，就在這一天的薄暮黃昏，第二十四師自吳方正師長以下，於迫使敵軍付出重大代價後，全體壯烈殉國，碧血忠魂，永昭日月，二十四師全師弟兄用他們的生命，換取了友軍的安全轉進。然而二十四師的弟兄們，僅只給我們阻遏追擊的敵軍於一時，在該師全體官兵慷慨赴義，無一子餘後，從當夜十二點鐘起始，我們又陷於敵軍的不斷阻擊之中。

恃此孤忠死而後已

成都突圍之役，我率領一支轉戰千里，中流砥柱的孤軍，在敵軍重重圍困的絕境之中，奮力衝突，向西康方面轉進。但是四面八方蜂湧而來的敵軍實在是太多了，突圍的第一天，李文兵團的二十四師吳方正部便在眾寡懸殊的態勢之下，全部壯烈成仁，吳方正師長也力戰至死，與陣地共存亡。賴這一師英勇弟兄可歌可泣的光榮戰績，方始能掩護大軍緊急撤離，突破敵軍的包圍圈。掩護撤退，本來就要抱著「雖千萬人吾往矣」的犧牲精神，必死決心。戰局逆轉，這是萬不得已的事。然而，當我在轉進途中聽到來自後面的噩耗，我仍舊難以忍住悲憤的心情，在我的四週，更有不少的官兵為之悲痛不已。

十二月二十三日從下午直至午夜，大軍迤邐向西，鐵馬金戈，北風怒號，我們全都忘記了嚴寒，忘記了飢餓，懷著滿腔的悲憤，同時也在小心翼翼的眼觀四方，耳聽八面，隨時隨地都在準備著從事戰鬥。沒有任何人想像得到，敵軍會在何時何地大舉來襲？

剛過午夜，天地之間猶如潑墨，驀地槍砲大作，聲響來自我們的後方，然而，零零落落的槍砲之聲便從四面八方響起。幸虧我們的部隊飽經訓練，又有昂揚的鬥志，一連多次擊退了敵軍的夜襲，尚且頗有斬獲，還俘獲了十餘名敵軍。一問他們的番號，原來是共酋劉伯承所部的第三兵團第十軍第三十八師八十九團第二連的一批官兵，其中有一名中尉排長覃某，廣西人，可惜我把他的名字給忘記了。他雖然置身共軍行伍，但卻有嚮望忠義之心，他很坦率的向我透露了極珍貴的敵軍情報，他說：

「前天，十二月二十二日，我們奉到上級的命令，『判定』你們將向東南突圍，我們就奉令火速開到井研、仁壽一帶，準備加以堵擊。可是昨天二十三日我們正在吃午飯，指導員來通知我們，說你們已改向西面突圍了，叫我們趕緊去追。指導員還說上級有令誰能活捉盛文，馬上就可以連升三級，再發十萬現大洋的獎金。」

個人生死安危，誠已置之度外，但是聽到他這個說法，再證之以當天午夜之前沿途平安無事，午夜以後便開始遭受敵軍的襲擊，我立即判明我軍改向正西突圍的計劃，竟然又在昨天中午以前便已經有人洩漏給敵方。問題在於我是昨天午前十一時方始由李文親手交給我這一份突圍計劃的。由此可見最高機密之洩露還在我獲知內容之前，洩露者一定是相當高級的人員。前次是十八兵團司令李振，這次又會是誰呢？高級軍官變節投共，竟至出賣全體，其心腸之狠毒，比蛇蠍尤有過之，也許我們只能以人心大變勉作解釋。

那位共軍的覃排長，還在滔滔不絕的告訴我說：

「我們這一團剛剛追到此地，就遇見了你們。我們沒有想到你們在急行軍的時候，抵抗力還會那麼樣強，總之我們很吃了點虧。不過，我們這一軍（按指第十軍）全部在開上來了，聽說十一軍、十二軍也要追上來。除此以外，還有第五兵團和林司令員的隊伍。」

林司令員，係指共酋林彪。我聽完俘虜的供述，命人把他押下去，讓他隨同我們的部隊進止。然後，我默察當時情況，正是前有阻擊之敵，後有緊躡追擊之兵，左右兩翼還有隨時可以南北側擊的敵軍。而我們自己呢？久戰疲憊，殘缺不全，更嚴重的是糧絕彈盡，孤軍無援，要在這種四面楚歌的情況中突出重圍，安全抵達目的地，那真是戛戛乎難哉，巨大的陰影，橫亙在我們的面前，當時唯一的路，彷彿只有孔曰成仁，孟曰取義，恃此耿耿孤忠，死而後已！

叫你先走這是命令

十二月二十四日的後半夜，硬拚苦鬥，衝過敵軍的節節截擊，重重埋伏，將近拂曉，天色漸亮，顧不得天亮以後我們的位置將愈形暴露，不知若干倍於我的敵軍攻勢將益趨猛烈，我們仍然用最快的速度向前推進。天色方曙終於進抵牟場，一個擁有三百餘戶居民的市鎮，居然炊烟不起，闃無人跡，連野狗都找不到一隻。是張獻忠屠川慘事的重演？還是市鎮裡的男女老幼，都逃到別的地方去了？總而言之，這是我們在大轉進途中所目擊的第一個悽慘景象，也是淪於共軍之手城鎮鄉村的一般寫照。

牟場鎮西有一條河，約有六十公尺寬，二三公尺深，河上本來有一座木橋，早已被人破壞了，我揆度情勢大軍涉水而過決無可能，立命工兵架設便橋。但是我們的工兵苦於並無制式渡河器材，迫不得已，他們唯有拆下民居的門板架設橋樑，橋架好，搖搖幌幌，勉勉強強的可以通行。我下令十七師的一個營，首先渡過河去，佔領陣地，掩護大軍繼續通過。

那一營弟兄剛渡過了河，就跟逶道趕來的敵軍劈面相逢，兩軍臥地射擊，展開一場激戰。弟兄們竭力的阻止敵軍不讓他們接近河岸，幾度衝鋒肉搏，白刃交加，終於在殺聲震天聲中將敵軍全部擊退。這情形和昨天夜裡的幾度遭遇戰一一擊潰了敵軍，情形並無二致，那是因為敵軍剛到，人數還少。

憂心如焚的等到上午八時，第十七師官兵業已全部渡河完畢，總部人員催我火速通過，可是我念及殿後的一六五師尚未抵達，一來耽心他們不知究竟怎麼樣了，二來我也怕東岸無人防守，會有敵軍竄來把這一條生路加以破壞，所以我決心留在東岸，率領總部人員和衛隊，擔任短時間的掩護。

所幸不久以後一六五師的官兵便陸續開到，我命令他們順序過河，自己站在橋端，一直等到王承釗師長抵步，我才迎上前去高聲的喊他，他立刻就飛快的跑過來向我敬禮，我急於問汪師長，我說：

「昨天夜裡你那邊的戰況怎麼樣？」

「報告總司令，還好，」他面現苦笑的回答我說：「我這一師的損失不大。就是綏靖公署的特務團、砲兵團和輜汽團全被敵軍擊潰。」

我一聲長歎，內心中覺得非常沉重。這三個團的官兵訓練精良，忠貞自矢，昨天自動集合起來參與我們突圍的行列，方只一夜之間，便落了個全軍盡潰的下場，怎不令我傷心慘然。

我向汪師長揮揮手，我說：

「你趕快率部渡河，向蒲江方面轉進。」

汪師長卻在遲疑，他說：

「後面追兵來得太急，還是請總司令先渡河，讓我留在這裡擋一陣。」

時機緊迫，不容須臾耽擱，我眼望著他，厲聲的說：「我叫你先渡，這是命令！」

「是，總司令！」他神色黯然的向我敬過了禮後，又低聲的說了一句：「請總司令為國珍重，萬萬不可在橋這頭耽擱太久。」

突然襲來一陣傷感，我特意轉過臉去，注意著大軍徐徐通過便橋，漫聲的說：

「我曉得，你快走吧！」

早知道我該多望他一眼，再叮嚀幾句的，因為，這一瞥便是我們的永訣。

人人都殺紅了眼睛

渡河竣事，當天下午五時在風聲鶴唳，草木皆兵聲中進抵松華鎮附近，在那裡接到第十七師師長鄧宏義的報告：第一軍陳鞠旅所部業已潰敗，汪承釗的第一六五師刻在蒲江以北高橋一帶與優勢之敵激戰，一六五師誠然前進得很快，但是更令人驚異的，厥為敵軍怎麼來得這樣快法？居然遠遠抄到了我們的前面，我一面派參謀趕赴高橋和汪師長切取聯絡，一面麾師疾進，全速赴援。我正在往高橋方面趕，突然發現左方約四百公尺之處，一座山麓上的小村莊裡，一下子湧出了七八十名穿便衣的人，正向溪邊飛快的奔跑，當下我立命警衛營分兵一連，分向村落左右包抄威力搜索。這一連弟兄剛開步跑，便衣人登時就向我所往的方向開槍狙擊。俄頃，又復有漫山遍野而來的敵軍，向我蜂湧而至，展開猛攻。槍彈嗤嗤的在頭頂上飛過，又有呼嘯而來的砲彈在我前後左右落地爆炸，當時我身邊只有總部的直屬部隊，由我親自率領他們搶先佔據北側的山坡，我大聲喝令：

「我們要誓死抵抗，沉著應戰，打到最後一人，一彈為止！」

由於敵軍太多，我們又是猝然中伏，我唯恐官兵們心裡一慌，也來個一哄而散，後事那就不堪想像。因此我在指揮所部佔領陣地，部署火力的時候，不惜全身暴露在敵軍的槍林彈雨之中，屹立於火線最前面。參謀、副官和週近的官兵們，眼看我所站立的位置過於危險，都想過來把我挽到後面去，但都被我厲聲的喝止。因為他們越是這樣，被當面的敵軍覘知我是高級軍官，一定會集中火力，向我密集射擊，那只有使我的危險程度更加一層。

然而縱令敵軍不曾發現我的身分，我依然還是他們槍砲射擊的第一目標，足有好幾分鐘，我幾乎在火網裡面站著，任由敵軍交相射擊。只是直到我方陣地部署完成，我步向掩蔽物，和官兵們一道的奮力禦敵之後，我居然安全無恙，竟無一彈射中了我。所以當時我情不自盡的想要大叫：

「天生德於予，共匪其奈我盛某何！」

我們以那一座北側山坡為臨時陣地，以寡敵眾，負隅力抗，陣地之前彈落如雨，泥石四濺，敵軍幾次三番猛衝過來，都被我們的密集掃射，擊退回去。山坡之前，遺屍纍纍。堅強的鬥志，激昂的士氣，我們總司令部的各直屬部隊，全體官兵，深切憎恨中共的引狼入室，為虎作倀，充任俄帝侵略的先鋒，匪軍所至之處，十室十空，廬舍為墟，那些慘不忍睹的景象是我們親眼目擊的。如今整個大陸即將淪陷，每一個人的家鄉都落入中共的血腥統治之下。百萬精練的大軍，曾經揚威西北，力禦強敵，居然會被共匪的種種鬼蜮伎倆逼到了山窮水盡的地步。面臨土崩瓦解的危局，我們眼看著多年的袍澤、戰友被罪不容赦的共諜所出賣，東奔西走，依然逃不脫匪軍所佈下的無數陷阱，戰友們誓死不屈，從容赴義，讓我們耳聞目睹，凡是有血性的中華男兒誰能忍受得了這種奇恥大辱，驚心怵目？因此，我們上下一致，人人下定決心跟共匪拼了，從二十五日黃昏殺到黎明，又從二十六日凌晨殺到了二十八日深夜，小山坡上的每一個人全都殺紅了眼睛。我們不吃、不喝、不睡，沒有絲毫的休息，整整的三天一夜，我們所看到的只有火網和火光，我們所聽到的唯獨槍聲與砲聲。偶或槍砲之聲間歇，匪軍喊話一遍又一遍的在說我們是如何的陷身重圍，萬無逃生之望，他們膽敢要求我們投降，我們的回答則是厲聲的喝罵，正告他們，革命軍人不怕死，我們寧可與這小小的山坡共存亡。官兵之中沒有任何人起過變節的意念。

頭斷血流此身勿辱

然而，從無線電話裡傳來的友軍消息，卻又使我們悲憤莫名，血脈膨脹。敵軍既已在我們突圍之前藉由共諜偵知了我們的計劃，他們乃能以百倍於我的兵力，從容部署，各個擊破。這成都突圍最慘烈的西來場之役，我軍的損失是無比的重大。從二十五日開始，噩耗便在不絕如縷地傳來：一六五師汪承釗部在高橋附近被圍，第十七師鄧宏義部被敵軍圍困在西來場以西地區，第二五四師陳崗陵部被圍在松華鎮附近，我和總部直屬各部隊又在這座小山坡上苦於兵力太少衝突不出。我所率領突圍的左兵團，竟被共匪圍困在西來場週圍四處不同的地方。我用無線電話向各師一次次的催促，命令他們各以一部兵力牽制共軍，然後使主力脫離戰場繼續向西轉進，可是，汪師長、鄧師長和陳師長，全都用沙啞的聲音回答我說：

「報告總司令，圍住我們的敵軍多達數倍，我們的部隊已經無法脫離戰場，只有和敵軍拼到底了！」

每一次放下電話聽筒，我的內心都閃過一陣劇痛，多年相從的弟兄，難道每一個人都和我一樣的臨到絕路了嗎？在我嚴密注視的小山坡前，一方面由於敵軍獲知我們寧死不降，一方面又偵悉了我在山上。於是，他們不再喊話了，換上聲聲淒厲的——

「活捉盛文！活捉盛文！」

與此同時，當面的敵軍越聚越多，他們從早到晚，整日不停，一波接一波的發動攻勢，槍砲聲響震撼大地，「活捉盛文！」的喊聲響徹雲霄，終日不停的在我耳畔繚繞。當時我們所可依賴的唯有重迫擊砲營的那幾門重砲，它們正不斷的發出怒吼，重砲砲彈幾乎把迤邐而下的梯田泥土打翻，敵軍禁不起重賞的誘惑，真讓我們殺得遺屍遍野，血流成河，一層層的梯田裡橫七豎八躺滿了敵軍的遺骸。「殺人三千，自傷八百」，何況我們始終困在小山坡上，處於挨打的局面，敵軍大量增援，使我們當面之敵有增無減，而我們的忠勇官兵卻由於傷亡過眾，相反的是有減無增，漸漸的，連我自己都補充到了第一線，持槍猛轟面目可辨的敵軍。

又是一天一夜的浴血苦戰，勉力支撐到十二月二十七日中午，悲劇終於無可避免的來臨，據報三十六軍一六五師全部陣亡，汪承釗師長求仁得仁，力戰殉國。我和汪師長不但是同死生，共患難，多年以來一直都在併肩作戰的戰鬥伙伴，而且是志同道合，以身許國的同學好友，在軍校就讀期間，我們同期、同隊，上課的時候還共坐一張課桌。畢業以後，我倆曾轉戰冀、晉、陝、甘、川各省，說得上身經百戰。承釗兄尤其文武兼資，忠勇義烈，這一次我奉命保衛成都，他從我守備錦江，戰功彪炳；屢挫敵鋒，他中道捐棄，豈僅我陡使臂助，同時也使國軍損折了一員最優秀的將領。面對著猶在鼓勇直衝的敵軍，回首前塵，我不禁熱淚盈眶的在向那猙獰可怖，居心險毒的敵人猛烈掃射！

小山坡前敵軍紛集，而且調來的更多的大砲和機關槍，白熱化的火網，連續攻擊晝夜不停，使我軍的傷亡與時俱增，我們的陣地上人手不足，火力越來越弱，很顯然的已呈不支之勢，看情形我們再也頂不住了，然而，竟在這時出乎意外的來了援軍。那是二五四師陳崗陵師長聽說我這邊形勢危殆，他命七六團團長繆銀河率部一營馳來增援，繆團長和我兩路夾擊，終將業已逼近我陣地的敵軍逐退。可是當夜十二時起，敵方又厚結兵力，揮眾猛攻，幾度鏖戰，繆團長和總部人力輸送團團長饒石夫相繼陣歿。我自己的右手也被敵軍所擲的手榴彈破片炸傷，經過草草包紮，我拉起機關槍來再打。當時我抽暇環顧左右，自我警衛營營長孫鏞以下，全部官長傷亡殆盡，我們的陣地險象環生，簡直就沒法再支持下去。而敵軍的照明彈照耀如同白晝，敵軍仍在一波接一波的打衝鋒。這真是一場天崩地裂，鬼哭神嚎的激戰，——因為敵軍陣裡：「活捉劊子手盛文」的呼聲此起彼落，淒厲尖亢，倒是這些喊聲提醒了我，「頭可斷，血可流，此身萬不容被俘受辱」！我毫不遲疑拔出手槍，準備自戕殉國。但是在我身畔併肩殺敵的參謀長沈開樾、副參謀長羅庚南，侍從副官王建華早知我將有自裁的企圖，三個人合力的將我抱住，一連兩次把我的手槍奪去，急得我情急大呼：

「我答應你們不自殺，但是我們得趕緊射擊，莫為敵軍所乘呀！」

百餘官兵禦敵巨萬

就在這危急間不容髮時候，果然有好幾十名敵軍槍上刺刀，衝進了我們的陣地。當時我們還有兩百餘名官兵，一面密集掃射繼續在衝上來的敵軍，一面急起應戰；槍柄、刺刀、拳頭和彈腿，一陣血肉橫飛，斷脰裂腹的激烈肉搏，敵軍又在我們的陣地裡遺屍數十具。

竭力支撐到十二月二十八日凌晨三時，天色漆黑，慘烈的戰鬥有一個短時間的停歇，敵軍的照明彈也暫停發射，我分明聽見有人在喊：

「總司令，我是鄧宏義！」

當下我確曾驚詫萬分，十七師鄧宏義部在西來場以西被十倍之敵圍困，鄧師長怎麼會摸到我的陣地上來了呢？但是聽口音那分明是鄧師長無疑，於是我立刻答應，並且派人去把他接上來。相見之下，兩手緊握。三日之別彷彿恍同隔世，尤其是我如中雷殛般的在聽他向我報告；就在兩個鐘頭以前，十七師官兵力抗十倍之敵，戰到最後一刻，火力漸弱的陣地終被一哄而上的敵軍所突破，全師官兵無一變節投共，全部力戰至死。這是汪承釗悲劇的重演，十七師的副師長田琳，參謀長周兼身負重傷。四十九團團長李歌德、五十團團長陳竟忠相繼陣亡。第十七師還有一個第五十一團，因為一六五師在錦江戰後只剩下了一團官兵，被我調遣配屬於一六五師，早就在前一日全軍盡沒。

我懷著悲憤交集的心情，靜靜的聽完鄧師長的報告，他報告完了，第一線的戰壕裡一片靜默，間或聽見有人在欷歔歎息，國軍的精銳之旅，逐一的在大局逆轉中慘罹覆滅的命運。當時，除了我這個掛了彩的總司令，我週圍視死如歸的一兩百名勇士，整個左兵團，就只剩下了二五四師鋒鏑餘生的一支殘餘人馬。

半小時後，民國三十八年十二月二十八日凌晨三點半鐘，陳崗陵師長藉由無線電話通知我說：

「是否可以請總司令率領所部，向我這邊突圍，目標是二五四師指揮所。」

我問明白了二五四師指揮所當時所在的位置，再追問他一句：

「你現在還掌握有多少兵力？」

陳師長回答我說：

「報告總司令，我們跟敵軍激戰到現在為止，還有一團和一個營。」

我聽了以後當時便深感傷心慘然，中央兵團，成都防衛司令部，西安綏靖公署，從抗戰初期撐到大陸淪陷，聲勢顯赫，中外矚目的西北軍，，迄至三十八年歲聿云暮，就只剩下了一團一個營，外加上在我左右奮戰不休的一百餘名官兵。

然而我們以一百餘名官兵力抗敵軍數萬之眾，我們唯一的生路就只有突圍而出的一途，我亟於衝出重圍和陳崗陵師長的殘部會集在一起，然後再協同動作打開一條出路。所以我下令全體集合，先將帶不走的重武器全部破壞，俾免資敵。緊接著我們便以出其不意，攻其無備的打法，利用敵軍停止發射照明彈，一鼓作氣的突圍衝向東北方向。往後的事實證明，我這一次的臨機應變果然奏效，一百多人倖獲安全轉進。

驚濤駭浪危殆萬狀

又一個出乎意料之外的幸事，而且深切令人感受袍澤情深無二的瀕臨即將全軍覆滅的挨打局面，但他仍能在一團一營的劣勢兵力中，抽調出一個營，前來接應。當兩軍會合，喜悅歡欣之情，誠非筆墨所可言宣。

兩支殘餘人馬會師以後，唯一所可投奔的地方是二五四師七六二團團長崔旭洲死守不退的陣地。深夜行軍，自我以下一概步行，官兵們見我走起路來一瘸一瘸，彷彿不良於行。基於袍澤情深，眾人紛紛的來探問究竟。這才使我想了起來，昨天夜晚，當數十名敵軍突破我的陣地，敵軍們爭先恐後，悠不畏死的搶上前來想要活捉我，被我槍聲連響當場格殺了好幾個。可是仍還有一名敵軍突如其來的衝到了我身邊，可能是他當時直在想著活捉了我就能連升三級，獲賞十萬大洋，所以他不曾開槍，反倒把槍口向下伸張兩臂想把我緊緊抱住，我情急智生猛可的踢了他一腳，直把他踢下小山坡，然而他卻身手不弱，在下山坡的那一剎那，用槍托重重的掃了我一下，於是我繼右手中了手榴彈片擊傷以外，連右腳也掛了彩。只是當時並不覺得疼痛，一走起長路來就很有點吃不消了，所以我走起路來像是有點兒跛。

一直走到天亮，方始抵達第十七師七六二團團長崔旭洲部死守不退的陣地，我抵步以後，頭一件事情，就是緊急整理二五四師的殘餘部眾，把英勇禦敵，各自為戰的零星部隊，結為一個戰鬥總體。重加部署過後，再親自率領這一支孤島下的孤軍，突破敵軍的大包圍圈，賡續向高根子轉進。

我原想越過川康公路，進入川康邊區山巒起伏的高地，然後進入西康，再作打算。這一路之上，山高菁密，道路險巇，連李太白的「蜀道之難，難於上青天」都不足以形容。所幸的是，沿途遇到不少李文的第五兵團官兵，散散落落，三五成群都在惶惶然無所歸計，其中還有不少不知餓了多少天的。我但凡見了他們，無不善言撫慰，妥予收納，而且從他們的嘴裡，獲知中央兵團李文所部早於十二月二十六日在邛崍附近全部潰敗。中央兵團李司令官等高級將領下落不明，生死未卜。使我心中不勝感慨。「疾風知勁草，板蕩識忠臣」，豈此之謂歟？我益發覺得我部官兵壯烈成仁之可貴了。

正在埋頭疾走，轉進西康，突然有人高聲嚷叫，自邛崍方面有大隊卡車疾駛而來。我聽說了以後正待呵斥，川康道上山高路險，公路坎坷不平，那會有這等的事？然而，當我部下伸手指給我看，一看之下居然看清楚了竟有二百餘輛卡車，首尾相啣，車上滿載大批的共軍與裝備，毫無疑問的，他們是在啣尾急追，截擊我們，不讓我們向西康轉進。

處於緊急狀態，我唯有下達緊急命令，乘敵軍車隊尚未追上我們，我們無妨作適時應變的打算，出其不意，攻其無備，當卡車儎運而來的敵軍，在我們的正西方紛紛下車，乘他們立腳未穩，隊伍也不齊整，我便一聲令下，率領所部衝過去便是一場短兵相接的鏖戰，敵軍想不到我會這麼快的發動攻勢，猝不及防，手足失措，當場被我們殺傷不少，餘下來的敵軍也是陣腳大亂，東逃西散。然而畢竟他們的兵力，多過我們數倍，等他們恢復鎮定，重新集結，佈好了陣勢再跟我們糾纏，顯而易見的他們迅即又佔了上風。我親自在第一線督陣，連掛了彩受了傷的弟兄們全部參加了戰鬥行列，我部官兵的慷慨赴義，視死如歸，誠足以驚天地而泣鬼神。可是憑這麼高昂士氣，訓練有素，忠勇可風的部隊，卻落得置身陷阱而在作困獸之鬥，實在是令人言之傷心。

驚濤駭浪，危殆萬狀，我唯有一遍又一遍的叮嚀我部官兵：「頂住，頂住！再多頂一下，天色一黑，我們馬上突圍！」

區區難字拋之度外

天色終於在腥風血雨，矢石紛飛之中黑了下來，我立即下令利用夜幕掩護，向北突圍轉進。七六二團崔旭洲部卻已死傷過半，我的參謀長沈開樾，和二五四師師長陳崗陵都在激戰中負了傷。十七師師長鄧宏義尤且不知下落，生死未卜。自我從軍校畢業開始帶兵打仗以來，從沒有任何一仗損失如此其重。自十二月二十五日打到二十九日，整整五天五夜激烈的戰鬥一直不曾停歇。敵軍挾其優勢的兵力，給我們這一支孤軍佈下了天羅地網，打倒二十九日的早晨，隨我步步為營，繼續北進的官兵已經所剩無幾，寥寥可數。而在我們的前後左右，幾乎到處都是厚結兵力箍成鐵桶一般的敵軍。如今我所率領的左兵團殘兵剩卒，幾已被敵軍視為無足重輕，不成其為他們的攻擊目標。一舉吞噬掉我三個師的敵軍正在忙於押運俘虜，清理戰場，我們則被迫脫離了公路，穿行於山林田野間，竭力的睜大眼睛向四面八方搜索，避免被敵軍發現，與此同時還得拖著沉重不堪的腳步，支撐搖搖欲墜的身體、步伐踉蹌向北行進，因為，至少我就五天五夜不曾闔過眼，而所有的官兵，包括我這成都防衛總司令在內，四十八小時裡就沒進過任何食物。

途中，也曾遇見三五成群的潰散國軍，大都是友軍的部隊，從他們的口裡，我們聽到無數令人髮指，不勝憤慨的消息：第七兵團司令裴昌會投共，十五兵團司令羅廣文叛變，十八兵團司令李振變節……

儘管我們竭盡所能的避免和敵軍戰鬥，一心一意的只想鑽隙而出。然而，誰教我們早就陷入敵軍的大包圍圈內，在遍地都是敵軍的情況之下，零星戰鬥又何從得免？我們左衝右突，攀山越嶺，時刻都會跟敵軍猝然相逢，打上一場遭遇戰。開過火再迅速退離，方撤離又再度開火，便這麼且戰且走，勉強的又撐過了一天，到了十二月二十九日黃昏，將星雲集，擁有十萬雄師的成都保衛部隊，當時在我週圍的，就只剩下了副參謀長羅庚南，辦公室主任程正修、侍從副官王建華，和衛士梁書仁、劉敦幹，再加上我這位總司令，一共也只有六個人了。當落日啣山，大地昏黃，我環顧左右，撫今憶昔，當時的心情正是心摧膽裂，五內如焚。我沉沉的往硬冷的田塍上一坐，面對著悲號的北風，荒漠的田畝，沉重的悲哀，過度的疲憊，身上是嚴寒徹骨，體內竟然饑火中燒。五晝夜的西來戰之戰，已使我心力交瘁，萬念俱灰。所剩下的，只有不盡的悲痛，無窮的屈辱，我喃喃的在向僅餘的五位戰友說：

「你們倘能讓我自戕，反倒是救了我，至少你可以讓我內心寧貼。」

五位戰友卻不答話，他們多時以來，時刻嚴密監視我的一舉一動，這時候，他們又齊力的將我攙起，把我挾持到一座破廟，說是今夜就在這座破廟裡棲身。方踏入廟門忽然有一線靈光閃入我的腦海，那是領袖的昭示，我們既然受命艱危，掩護成都大撤退，那麼，我們就必須達成突圍轉進的任務，只要一息尚存，就得拼死衝出鐵幕，只要我們之間有一個人逃離虎口，就足以粉碎敵人要使我們全軍為墨的讕言。逃生，誠然艱難，但是作為一個革命軍人，早就把這區區的「難」字，置之度外了。

「對！」我很堅決的說：「我們非衝出去不可！只要我們能有一個人衝得出去，終有一天我們會向世人報導西來場之役的慘烈悲壯，讓萬萬千千弟兄們的血，不致白流！」

一九、成都淪陷目擊記

鍾樹楠

成都淪陷的正確時間是三十八年十二月廿五日下午一時四十分，街上叫賣「號外」，刊載著：所謂「成都和平解放」六個大字，我身歷其境，今天執筆追憶這段往事，回首前塵，真是感慨萬端！

十四年了！我得在此補述一段經過：三十八年夏西南軍政長官公署決定成立五個師，經國防部核定後，其番號是三六三至三六七師。三六七師師長貴州籍的艾紹珩，原任空軍地面警衛第五團團長，三六七師即由這個團擴編而成。師政工處長羅懷德是我軍校同學，重慶告急，艾師長和羅處長堅邀我參加該師工作，共同策劃打游擊。這樣，我又穿起了軍服。重慶淪陷前，白市驛九龍坡機場仍由本師布防。十一月卅日中午才撤退，十二月三日趕到成都，受盛文將軍的指揮。十二月十日奉命向西康推進，在邛崍縣與劉匪伯承所部二野三兵團陳匪錫聯部遭遇，我方友軍有四川省保安團五個團，胡宗南將軍所部胡長青烈士指揮的一個軍，軍校學生約一千五百名，盛文將軍指揮的部隊等大約四萬人，但匪軍則達二十萬以上。遭遇一戰，我軍一部挺進到達雅安，一部被迫退回成都，三六七師就是退回成都的部隊之一。

成都危急時，盛文將軍任成都防衛總司令，十二月七日，行政院發表唐式遵（子晉）為西南第二路游擊總司令，王纘緒（治易）為西南第一路游擊總司令，唐王兩人都向西南軍政副長官胡宗南將軍請領彈藥被服，公開招兵買馬，每天佈達的命令有數十道之多，委派無數游擊司令，縱隊長等。以後事實證明唐子晉是忠貞的，而王纘緒倒是利用游擊總司令替共匪暗中拉攏部隊，立功投靠。

十二月廿五日中午，王逆纘緒原形畢露，在成都蜀一電影院召開各人民團體會議，宣布所謂「解放」，公然叛變。其一第道命令，是委派原任川西補給區司令的曾逆慶集為所謂「成都城防司令」，維持臨時「治安」，直到十二月三十日賀匪龍入城為止。

十二月廿六日，熊克武突然發表談話，表示他並未參加所謂「解放」會議，自認是老同盟會會員，現在國家弄到如此地步，似乎只有歡迎共匪才是辦法，這當然是熊逆的一番自我掩飾，以後事實證明他仍出任匪職，可見言不由衷。廿六日至三十日這幾天，蓉城大致平安無事，先前各街修建的木柵，已完全拆除，鋪店大多開門營業。

廿六日清晨，成都各報已開始採用匪新華社的電訊。那天，正是毛匪第一次朝俄，簽訂匪俄主奴關係條約。報紙上也登載出共匪的所謂「政協宣言」，匪偽政府成立宣言等多篇。

十二月三十日，賀匪龍率領匪一野彭德懷部約兩個軍舉行所謂「入城式」。劉文輝、鄧錫侯、潘文華、黃隱、嚴嘯虎諸逆，均到北門外天迴鎮歡迎。匪軍以三路縱隊行軍隊形進北門、經北大街、上下草市街、上下鑼鍋巷街、玉帶橋街、順城街、東西御街、祠堂街，到少城公園集中後分別接收各機關地區，曾逆慶集於當日將所謂「城防」交匪一野李匪井泉接收。共匪於是成立所謂「成都市軍事管制委員會」，簡稱軍管會，設在督院街原四川省政府內，李匪任「軍管會」主任。

十二月三十一日，共匪偽人民幣開始在市面流通，大約最小單位是十元，通常以一萬元為計算標準。匪成都人民銀行設在我暑襪街中國銀行，黃金銀元均禁止流通，只准持往匪人民銀行兌換。市面物價十分波動，金銀美鈔黑市公開存在，共匪無力制止。

三十九年一月二日，賀匪龍發表了一篇對國軍將士偽裝笑臉的談話，有些意志不堅被迫投共的將領，有些想到台灣而未能飛台的政府官吏和民意代表，有些認不清楚共匪本質的知識分子，以及有些莫明其妙的商人，似乎對共匪的偽裝笑臉一時受到麻醉。這些人，以後被共匪清算處死或自殺的不知有多少！如劉元塘、向傳義、羅文謨、張凌高、冷開泰等，都是這幾種類型的人。

一月三日至十日，共匪在成都的形形色色就我記憶所及，約述如左：

(一)成都商會攤派慰勞匪軍款偽人民幣五千萬元，蓉垣商人，雖一時怨聲載道，但迫於淫威，只好忍痛繳納。

(二)賀龍招待靠攏分子劉文輝、鄧錫侯、裴昌會、李振、潘文華、王纘緒等數十人，當面毫不客氣地說劉逆文輝是地主階級，希望「為人民服務」，以後劉逆自動捐獻財產，已種因於此。這批降虜們的一副可憐相，絕非筆墨所能形容。

（三）到處查封以往軍政大員的財產，匪軍入城第二天，就開始這一舉動。同時，還出了一張布告，清查楊子惠、劉航琛兩先生的財產，包括他們在聚興誠、川康、川鹽、美豐等銀行以及民生公司等的股份。

（四）在我原有各機關、學校、部隊和公營事業各單位裡，共匪均派一名所謂「軍管會代表」，這是匪對於「接收」的通盤政策，是由陳匪伯達所擬訂的，即是不打亂原來的系統，先派軍管代表，摸清楚情況後再全盤接收。

（五）匪酋徵逐酒食，玩弄女人，志得意滿。成都各有名的餐館如頤之時、姑姑筵、樂樂園、和靜寧飯店等門口，每天中午晚間，總是擺滿大小匪酋的車輛。據餐館中人說，其豪華奢侈，使這些「新貴」的醜態暴露無遺。

一月十一日起，共匪開始檢查戶口、抓人、搜槍一連串的恐怖動作，陸續上演。自成都淪陷後，我眼看打游擊的客觀條件已不具備，遂決心逃往香港。經設法找到一張行商採購證，於一月十五日搭車離開成都，經重慶、漢口、廣州，終於二月初安抵香港。（載民國五十二年十二月一日《四川文獻》月刊第十六、七期合刊）

二〇、西康淪陷前後

——節錄民國五十三年十一月賀國光先生著《八十自述》

賀國光

二十五年二月，余奉令調為軍事委員會委員長西昌行轅主任，旋改任西昌警備司令及川康滇黔邊區邊務設計委員會主任委員，遂釐訂開發本邊區整套計劃，對於輯睦漢夷民族，發展交通，開闢資源，促進文化教育，建立民主政治諸大端，均有周詳計劃，呈請中央核定實施。三十八年一月，總統宣布暫時引退，余在西昌聞訊，繞室徬徨，恐有危及國本之慮，乃具申翊戴悃誠，無論任何驅使，唯命是從；急電俞局長濟時請代轉陳。蓋深信遺大投艱之反共救國任務，其他之人所能領導，而捨總統莫屬也。同（三八）年秋奉令為西南長官公署副長官兼西昌警備總司令，總裁於是時飛蒞重慶，余由防地趕往晉謁，建議國軍應轉守岷江延伸至雲南之線，以雅安、西昌、會理為後方基地，派重兵鎮守雲南，負固西南邊區，國事仍大有可為；並申述當抗戰勝利後，命國光馳赴西昌，竊意鈞長用意深遠，旨在鎮守邊區，經營邊區，當承首允；進而報告已建立相當基礎，又承問糧食如何？答以經常擔任三個軍以上者，不成問題；亦蒙嘉許，並擬先派大本營及戰鬥內閣遷駐西昌；另令胡代官長部隊飛運西昌，已到一營又兩連；詎四川局勢急變，未及實施，殊為可惜。同（三八）年十二月，雲南盧漢、西康劉文輝兩逆叛變，竟不知人間尚有羞恥事，一再對余廣播及來書挑撥離間，要求合作；余在重慶拜別總裁時，已決心殉職，視死如歸，一概置之不理。劉部師長伍逆培英駐西昌一帶，其師部設於城內，陰謀響應共匪而忌有我在；乃強迫紳耆三十餘人來見，語言吞吐，不敢直陳；但言外之意，一聽便知。余正告彼輩曰：「君等受伍培英威脅來講和平：㈠所謂和平，即附逆投匪，我豈可不顧人格，不講正義；況就立場言，我必須制裁其行動，以伸法紀。㈡所謂和平不要打仗，免得糜爛地方，但也要看情勢如何演變而定。」彼輩見我態度堅決，義正詞嚴，皆面有愧色而黯然辭出。伍逆以狡謀不逞，立即布防，準備武力解決。余亦趕緊部署，占領城內高地，得瞰制之利，暗定在十二月十三日乘夜，半月色初起時，即分途向彼夜襲而期先機消滅之。伍逆見勢不佳，乘夜盡將所部撤至郊外以北地區，選定陣地，意在再行調集部隊與團隊，合力圍攻。不料我決心迅速，令朱團長光祖與邱團長蒓川各率兵一營，實行分途截擊，遂在飛機場東西兩側方將其擊潰，拂曉追至禮州掃蕩，獲得伍逆之衣帽圖章，其狼狽情形可以想見。其在沿途遺有大量銀錠與鴉片，多被鄉民拾去，所獲俘虜七百餘人，大都為臨時所抓之鄉民店夥，其平日之腐敗與貪污，亦可由此得一證明。此役以寡擊眾，而為時又甚短暫，實余平生最富意義之最後一次勝仗。在擊敗伍逆之翌午，曾用無線電話接台北親向總裁報告，頗蒙嘉許！旋又蒙派現任國防部蔣部長經國持親筆書飛西昌慰勞，書曰：「元靖吾兄主席！茲派經國來寧慰勞，並面達一切，望予詳談為荷；順頌政祺！中正手啟；一月二十八日。」書中「來寧」之「寧」，即指西昌；因西昌在前清為寧遠府之首縣，又係府治所在地，故在習慣上皆以「寧」稱之。又書中之「一月，」屬於民國三十九年；因其上（三八）年十二月，劉逆文輝在康定叛變投匪，中央即任余為西康省主席，而總裁亦以此名稱之也。惟余遵令成立省府於西昌，為期有補大局，乃延攬當地漢夷與友黨知名之士而能起領導作用者為委員，旨在先求團結安定再圖發展。當擊破伍逆培英後，因劉逆文輝在西康駐軍與執政十有餘年，黨羽自多，遂布告事變經過，歸罪於伍逆一人，與其部屬及地方人士毫不相干，以安人心。而中央聲勢，亦因擊破伍逆而大振；夷族首領孫子汶，土司吉紹虞，諸葛世槐，張玉麟等，及會理團隊蘇大隊長國憲，均陸續親來西昌請訓，願聽命反共。三十九年三月，有前西康省議會高副議長上佑與建設廳王廳長夢周自康定逃抵西昌，帶有劉逆文輝親自簽署蓋章寄交其西康部屬傳閱之對匪報告書一冊送余；始悉劉逆與匪已勾結有年，匪方亦早在雅安設有電台。其報告書詳述為匪向各方運動與作戰部署及阻礙國軍作戰之經過；並有派伍逆對賀某監視，相機予以消滅，不料反被其機先擊敗一段記載。余復尋繹而檢討之，得知國軍在川失敗，多因劉逆與匪暗中靠攏，四處為虎作倀，運動軍隊，並多方阻擾國軍行動有以致之，殊堪痛恨！

三十九年一月，胡代長官宗南由海南島飛抵西昌；旋有顧軍長葆裕率隊約六百人，槍三百餘枝；劉軍長孟廉率隊約四百人，槍百餘枝；潘副主任佑強率王團；國防部休養總隊長金克明率三百餘人，槍二百餘枝；及張振國，張選澄，諸將官三十餘人；一同由四川沿樂西公路擊退富林劉逆守軍而到達西昌。又有胡軍長長青率游擊幹部數十人由天全繞道而至富林；田師長中田率部數百人由松藩繞道草地，經康定加以佔領，後被劉逆所部擊敗；張師長桐森率部在昭通反正來歸；王團長伯驊不願附匪，脫離其本師反正，由樂西公路而擊退富林劉逆守軍，並留駐其地。另有老友唐式遵上將與伍道源，周瑞麟諸君，分別由四川來西昌請領械彈，仍各回四川事遊擊，此時歸來之部隊整編及爾後之作戰，均由胡代長官直接指揮之。似此情形，如稍假時日，實不難成為一種反共力量。無如匪方以三個軍之眾，較我絕對優勢兵力，分由雅安、昭通、昆明三路來攻；三月二十六日晚匪軍兵臨西昌城下，余奉總統電令，同胡代長官宗南偕本部王副總司令夢熊等飛離此反共孤城；神州大陸亦從此期待恢復。而余自二十四年一月十二日率參謀團到重慶，於役至此，已十五年又兩個月有半矣。西昌方面所有部隊，統歸羅列將軍率領游擊共匪，後雖失利幾至身死，其忠勇實足欽佩。旋聞唐式遵上將，胡長青軍長均在越嶲遇難，為國捐軀；顧軍長葆裕與張軍長桐森部隊，亦均在會理一帶為匪軍所破；王伯驊一團，亦被匪軍擊潰；良堪浩嘆。惟回憶當四川緊急時，中央軍在川將領成一群龍無首現象，假使立得有機宜之指示，或可保全一部實力於康邊境，不難與匪周旋，或可挽狂瀾於既倒。又如李彌將軍反攻昆明時，假使我軍校學生七千餘人，憲兵四個團及胡部空運，均能照原計劃到達西昌、會理，必可支援李彌反攻成功，而雲南獲得保全，則大局變化自又不同矣。古人信有天數，並謂：「智可以謀人而不可以謀天；」豈其然乎？

三十九年三月二十六日之夜，余飛離西昌，二十七日晨五時抵海南島之海口，二十八日，由海口轉飛台北。時總統已順天應人而復職，蒙任為總統府國策顧問，自當一本追隨初衷，力謀反攻復國，以贖前愆而雪國恥，余之願也。

二一、滇變身歷記

周君亮

——載民國三十九年一月三十一日《新聞天地》一〇二期

這次昆明之變，盧漢將張岳軍先生扣留了兩夜一天，然後送出昆明，其變幻有如傳奇。筆者在西南軍政長官公署服務，事變發生時，與張先生同在昆明，同被監視於盧漢之新公館客廳中。同時乘環亞公司的飛機被送到香港，所以對於雲南政變的原委，粗粗知道其概略。現就筆者身歷所知所見，作一較有系統的報導。

從和談開始

想明瞭滇局，必先知道盧漢的個性。盧漢是一個粗獷多疑無定見，而賦有中國舊思想的軍人。他既然多疑無定見，又患著嚴重的胃病，遇事不免流於悲觀。處在中國不斷動盪的環境當中，意思不免隨著局勢而一再動搖，因此他便成了這一曲悲劇的主角。

檢討雲南問題，可以從三十八年春初蔣總裁引退和談開始之時說起。在那時和談能夠成功，雲南可以免於戰禍，對於雲南各派反動分子，採取放任態度，雲南省參議的態度，昆明報紙的態度，都急遽左傾，雲南各地的土共，也迅速膨脹起來。到和談破裂，戰事延伸到江南，政府重申戡亂決策，盧漢自感雲南力量薄弱，不能自保，共黨及其外圍以及盧左右的親共分子，對盧也包圍裹脅，雲南的局勢，遂一發難收。政府正集中全力於全面的戰爭，不想輕在雲南發動事端，曾先後三次派國防部次長蕭毅肅，一度派政務委員徐永昌去到昆明。盧對政府指示表示接受，但事實上卻沒有實行。盧漢也曾兩次派代表楊適生到重慶，西南長官公署兩次派第二處處長徐遠舉赴昆明視察。駐昆明中央軍第二十六軍軍長余程萬，隨時向中央及長官公署有報告。根據他們的陳述判斷，那時盧漢有消極的表示，但尚沒有圖謀異動的徵兆。張長官七月中旬到廣州，當時中央各方對滇事的看法，如果盧漢丟手不幹，龍雲的勢力可能在滇復起。雲南局勢將更為棘手，認為應該鼓勵盧漢，不獨使他效忠政府，並要他積極起來，加強雲南的反共力量。張岳軍先生從廣州回渝之後，對雲南的措施，便是根據上述的方針進行。

盧漢飛重慶

到三十八年八月間，華中局勢惡化，川黔已受威脅，雲南問題，已到了必須解決的階段。蔣總裁於八月下旬到重慶即電召盧漢，是時政府也正商討對滇用兵的計劃。但這個計劃，經過西南長官公署縝密研究的結果，顧慮很多。第一，中央正忙於應付各主副戰場的戰爭，其餘可供機動使用之兵力太少，如分兵入滇，勢必減弱了其他戰區的兵力。第二，無論從廣西貴州四川向雲南進兵，除貴州一路也須要一星期以上始能達到霑益，其餘兩路都是道途遙遠，交通困難，不能收相互策應迅速襲取昆明之效，反迫盧漢與共黨及龍雲在滇的力量合流，共同抵抗政府，徒然增加了一個敵對力量。即使國軍能佔領昆明，盧漢引兵向西撤退，國軍曠日勞師，仍然不能夠戡定雲南。因此，用政治方法來醫治盧漢，應該是最經濟而周妥的辦法。在蔣總裁電召盧漢的時候，西南軍政長官公署已準備令第八和八十九兩軍於必要時入滇。計劃與中央大致相同，但其用意仍在於以軍事壓力貫徹政治手段。蔣總裁派俞濟時局長赴昆明迎盧漢，盧初以有病不能離昆明為詞，於九月一日派雲南省祕書長朱景暄，省委楊文清到渝請訓，張先生與朱楊兩人商談結果，朱景暄於九月三日回昆明勸盧，九月四日，張長官接著盧漢一個電報，第一句話是：「嗟夫，漢邊鄙之一血性男兒也。」以下便是一篇牢騷話，主要的意思是倘如雲南局面撐持不下去，便將一走以謝滇人。張先生接著這一通電報後，再以長途電話勸盧不要存消極之念，並勸他最好到重慶來面談，俾可解決雲南問題。盧在電話中表示願到重慶。五日，張先生託楊文清回昆，說明中央對雲南政治和軍事的要求，第二天，（九月六日）盧便飛渝晉謁總裁和張長官。當面談話的結果，盧接受了政府的提示，政府也允許解決雲南的困難。八日盧回昆明，同日張先生飛廣州，在九日的行政院會議，和次日的中央非常委員會中，報告滇事處理原則，均被認為可行。盧回昆明後，遵照中央及長官公署的指示，解散了雲南省參議會，封閉了昆明的反動報館，逮捕了三百多個反動分子，取消省參會所通過的停止徵實徵借案，發表反共反龍文告，改組雲南省政府，國軍第八和第八十九兩軍也陸續分路開進雲南，政府並允許恢復兩個軍的番號，將滇省保安團隊改編為國軍，盧漢這個轉變，使當時西南的局面，解除了不少的威脅。

貴陽陷落後

但盧漢這種傾向中央的積極態度，並沒有能夠維持多久，剿匪計劃剛剛核定頒佈，第八和第八十九軍兩軍還沒有能夠完全開到指定的地區，規定駐在昆明的一個師，也尚未到達，華中華南的戰局，已日形險惡。十月中旬，廣州陷落，政府遷到重慶，川黔已受戰火威脅，宋希濂十七軍重兵，不戰而瓦解，盧漢的衷心憂鬱，便情見於詞。在貴陽陷落之後，盧電請中央加調兩個軍到川滇黔邊區，保衛雲南，但那時中央在西南可供機動使用的兵力已不敷。即業已調進雲南的第八十九軍，也調回貴州作戰。國防部派蕭毅肅次長赴昆明指導作戰，並商量雲南省政府改組的問題，盧漢意態消極，自請辭去省政，盧的眷屬也於是時送到香港，並催發他本人和眷屬的出國護照。政府對於盧的辭職懇切慰留，並遷就盧所擬的名單，改組省府。十一月三日張先生隨李代總統赴昆明時，對盧漢復多方予以鼓勵，但盧並不改變他的消極態度。自李代總統離昆後，即稱病請假，將綏署和省政府的業務，分別交由馬瑛和楊文清代行，一直到投共時，他始終沒有銷假到府視事。十一月底，政府從重慶遷成都辦公，並商討政府此後應該遷到何處，蔣總裁的意思，縱使四川不保，也必力守川康，政府與統帥部駐地，應該在昆明或者西昌，但雲南如果不能確保，西昌也減少了軍略的價值，因此，必須盧漢積極努力，切實鞏固雲南的局面，這一件事，因為張先生與盧和雲南的關係都很好，只有請他去商量，於是張遂有十二月七日昆明之行。他自政府遷渝後即辭職，十一月一日以後，西長官公署也不再負指揮軍隊作戰的責任，由國防部直接指揮，此時張氏已奉准辭卸了西南軍政長官的職務。

回溯九月初間，盧漢轉向中央之後，在昆明被逮捕的三百五十多人，原定是由雲南綏署主審，西南長官公署派員會審，十一月初李代總統到昆明，徇地方的請求，批示從寬辦理，盧遂將全案嫌疑人犯，逕予開釋。這一件事，在盧固然可以將責任推在李代總統身上，但也可以明瞭盧不願幹得過於徹底，保留著向左轉的餘地，因此張先生此行，多少是會有一點冒險性的。張先生業已意識到，但認為把握雲南，乃是政府在大陸上必要的一著，不能作太多的顧慮，便毅然飛到昆明瞭。

遷昆和補充

張先生到昆明之日，即與盧漢長談四小時之久，張的談話重點，在於政府遷往昆明，而盧的談話重點，卻在解決雲南的困難。他認為昆明難保，即作西撤之計。綜合當時盧漢與余李龍三軍長的陳述，其要求以補充西遷計劃各種需要為中心。張允設法解決，至於政府遷昆的問題，盧不贊同，他的意思，依當時局勢，昆明至多不過保持一個月，政府遷昆，徒勞無益。當夜張先生急電成都蔣總裁，報告與盧漢談話的內容，並主張暫行擱置政府遷昆之議。這一電報，遲至次日午后才到。原來余李龍三軍長本奉命赴蓉，定於七日飛往，因張長官到昆明而中止。八日晨成都來電話，蔣總裁囑張仍偕三軍長即日飛成都，張以為七日晚間之電必已到達，率同三軍長於同日下午飛成都，謁蔣總裁，當晚並約主管會商解決有關各事項。總裁本擬赴西昌，因氣候太壞，又擬赴昆明，因準備不夠，張先生均不贊同，總裁因囑張先生再赴昆明一行。次（九）日上午十一時，張遂再率三軍長飛昆明，想將在成都商承所得的結果，與盧漢詳細商談，作一決定。

機場情況有異

張先生於九日下午三時到昆明，盧漢沒有到機場去接，張下機後，即聞盧派汽車三十輛將機場汽油運去二萬五千加侖，又派兵監視油庫，並禁止飛機起飛。張囑咐龍澤匯迅速予以解決，久久龍無答覆。張又囑楊文清轉告盧漢，楊文清旋來答復說，盧允翌晨開放。盧是日下午六時在他的另一住宅中，（與招待張氏住之新公館毗連）宴請美國領事。席後亦未來見，張派人去問晤見時間，也無答覆。將近九時，余李兩軍長和空軍第五軍區沈副司令延世來新公館，謂盧是晚九時召集會議，並拿出綏總署總務處通知，大意是奉主任諭：長官張由蓉蒞昆，定本晚九時召開會議，希屆時出席，如有議案，亦請屆時提出云云。但張先生事前並不知道有此會議，當時李余等亦已知道盧有異謀，但為時甚迫，不及走避，他們遂同往開會，張先生坐在新公館的客廳中，留我研究會議可能發生的意外事變。

約莫在九時半左右，客廳門忽開，進來了三個黑短衣的特務人員，手持短槍，顧盼非常。張先生問：「你們是找誰的」，黑衣人答：「沒有什麼」，即回身出去，事情已很明顯，我們已從上賓一變而為俘虜了。張先生目我一笑，旋即慨歎說：「我此次到昆含有一點冒險性，我是業已預想到的。在川黔被攻，西南殘破之後，盧永衡的意志，自然不免動搖，此來想扯住盧永衡，穩定雲南，為政府在西南保持一個最後根據地，明明知道沒有什麼把握，但不能不盡其最後的努力。現在情勢既有此變化，我個人也無所顧恤了。」十時左右，又進來一個軍官，對張先生說：「我是九十三軍龍營長，奉令來保護，請你們不要出去，外面有衛兵守著，雲南人對長官無惡感，但大局這樣壞，我們已不能再戰了，你現在是盧主席的客人，已不是長官，請不要驚慌，有武器請繳出。」張先生答：「我身邊無武器，有一支槍在我的副官手裡，請向他們去取。」張先生想到外室中去休息，龍營長不允，旋赴外室取來一床棉被，一個枕頭與張先生。一條毛毯給我，請張先生和我都睡在沙發上。另外一個痰盂，為便溺之用。總之一切活動，不得出那一間小客廳的範圍，客廳外巷道內和屋外院子內滿佈著特務人員與衛兵，三支長槍，從院外指向客廳，客廳門，時時有人窺探，簡直如臨大敵。隨從張先生那兩個副官都不見了，事後知道，他們早已被禁錮在側面一間小房中，槍已被搜繳了。

俘虜睡沙發

新公館的客廳，富麗堂皇，沙發都是第一等的沙發，漂亮而柔軟，但張先生所睡的沙發夠長不夠寬，我睡的沙發，夠寬不夠長，用來給俘虜睡覺，很極天下之優待，但事實上並不理想。而且電燈通明，求稍暗而不可得，只能勉強入睡。

十日清晨六時，我們都醒來，張先生寫了一封信與盧，請與他見面，或派一可信託之人代表來一談，此信託龍營長送去，到了九時半，尚無音訊，恐未送到，又寫一封信，找盧漢的副官來親自送盧，要求與他見面一談。到下午一時半，省府代主席楊文清，祕書長楊適生來，一進門便連聲道歉，隨即從楊文清的口中，得知盧與共黨已接洽停戰，擬組織一個臨時軍政委員會作為過渡機構，俟中共派員接收，盧即告退。楊文清並說：「長官對雲南甚好，與盧私交也很厚，盧主席無意羈留長官，準備明天早晨用外國商機送長官赴香港。」張先生要求即乘原坐來昆明的軍用機到台北，楊表示不可能。張先生要求與盧見面一次，楊答應轉達，要求放寬監視範圍，楊即召龍營長來，囑咐將監視的士兵，撤到室外。而楊知我們尚未用飯，臨時囑咐勞工購辦了幾樣菜，他們陪著吃了一頓午餐。此時一同隨從張長官來昆的還有吳君與董君兩個人，都住在省府四樓，我要求楊文清陪同到省府取行李，並將董吳兩君接來同往。在省府四樓外室中，見余程萬李彌沈延世皆監視此處，內房亦有被監視的人，因預受監視者之警告不敢與交談。也不敢到內面一間房中去探望。匆匆回到新公館，是日仍住新公館中，監視範圍已放寬，可以到盥洗室中去，可以到外室中去，也不必再在沙發上睡眠，龍營長的態度也較禮貌了，可是盧漢仍舊避面不見。楊文清楊適生本約今晚來同進餐，臨時派人來通知，因事不能到。今晚黑衣人已不見，但有士兵，從黑衣人的監視變為灰衣人的監視，雖同一喪失自由，但空氣已較鬆弛，俘虜情趣，已減低不少。

次（十一）日上午九時，忽發空襲緊報，龍營長要求我等到郊外疏散，張先生不願出，但龍營長的堅持不可卻，遂同乘一汽車出北門，在田野中休息。久久，上空既無機聲，亦無解除警報，徵得龍營長的同意，乘原車折返新公館，時已十時半，楊文清楊適生已先在，匆匆收拾行李，趕到機場，財政廳長林毓棠和軍長龍澤匯也趕到機場送行。雲南黨部主任委員裴存藩先生亦附此機得行。裴本被列為臨待軍政委員會委員之一，但他不願就，聞知有機，不及回家徑自來到機場著一個棉袍，其餘一無所有，機場中談及雲南局勢和他的情形，涕淚橫流，不勝其身世之感。

送公亦以報德

到機場後，盧漢派人送來一書為別，略謂：「兩手書遲報為歉，軍事牽羈，亦未得面候訓誨，中懷尤耿耿也。隱以還，明公於滇省，多所庇護，不第漢中心銘感，而滇人頌德惠，此次明公來滇，任務至重，大勢已去，而望挾滇省作孤注一擲，誰無桑梓，稍有良心，何忍出此，所以毅然而謀自救也。以是公情私誼，唯有送公赴港，亦以報德。臨時未及恭送，並冀曲諒」云。全文皆盧用鋼筆藍墨水親筆所書。

在機場一間破爛的接待室中，張先生對林毓棠說：永衡這回的事，業已幹了，我無從挽回他，但今天我有議意見：一，李彌余程萬雖然已被監視在昆明，但第八軍與第二十六軍，都在外面，國防部仍然可以直接指揮他們，永衡想使雲南免於戰爭，恐怕還不能避免，監視他們毫無用處。二，現在留昆的機架飛機，都是疏散中央公務人員赴海口所需要的，如果不放行，空軍總司令部勢必要派空軍來炸燬，使無法再被利用，這些飛機留著無益，何不就這些飛機將中央滯留在昆明的人員和眷屬送出去。三，永衡既然意在求退，何不就此交卸了省府綏署，保持自己的政治立場，何必又組織甚麼臨時軍政委員會，不乾不淨，多此一舉？這一段話，林自然無法作答，此時始聽說共黨代表曾要求將張先生扣留。但盧漢沒有同意。上機之前，得到一份當天的正義報，載有盧在九日晚間所發的文告，知臨時軍政委員會業已組織成立，盧已自任主任委員。

海防困頓之夜

經過了一些週折，飛機起飛已下午一時十分，原定直飛香港，因時間太遲，不能在香港機場關閉以前到達，中途改飛海防。這一架機在港昆間係屬初航，航線不熟，且與海防無聯絡，不知海防氣候，飛近海防時，天色已漆黑，濃雲密佈，在上空盤旋至一點四十分之久不敢降落，汽油已將告罄，至下午六時半，始於雲霧中看見兩點白光，似是探照燈，飛機朝著白光衝下，居然是在機場。時海防方大雨，乘客三十餘人，冒雨至機場之辦事處，在接待室內草草不眠，過了一夜。

次（十二）晨雨止，因乘客都沒有越南護照，每人均須經過填報身分的手續，十時許來了一位法籍的海防警察局長，多方留難，幸中國領事趕到機場交涉，仍須經過行李檢查，躭擱到十二時半才起飛，下午四時到港，二十一日轉船到台灣。

一年來四轉向

綜計一年以來，盧漢先後轉了四回向：（一）和平運動開始之後，他期待和談的成功，對各派反動分子的活動不加干涉，到和談破裂，他的意思惶惑動搖，又受包圍誘脅不能自拔。（二）九月到渝謁見總裁後，期望政府能給以大量的補充，加強力量，足夠保衛雲南，遂轉向中央。（三）及西南局勢惡轉，政府在財政械彈軍糧軍力各方面都不能夠滿足他的要求，他遂由失望而轉向悲觀，不是打算出國就是計劃西撤。（四）重慶陷落之後，他由悲觀消極又轉向共黨。事後知道，在重慶陷落之前，有人在香港為盧漢聯絡共方，重慶陷落後，盧則派人前往洽商條件，張先生赴昆明之前兩三天，盧漢的代表才由廣州與葉劍英簽定條件回到昆明。原來九月初盧漢到重慶接受了政府提示之後，政府本是決定了開調第八和第八十九兩軍入滇，控制雲南各軍略據點，並以第八軍之一個師，駐在昆明鎮懾，如若這個部署完成，盧漢即有異心，亦不能有異動。不幸戰局轉變，兩軍不及完成其部署，第八十九軍反調回貴州，規定駐在昆明的一個師，也未開到昆明，於是政府對昆明便全然沒有監視盧漢的實力。被開釋出來的三百多人，重複活動起來，盧漢左右的附共分子，與相結納，盧漢便終於叛離政府了。

至於盧漢何以輕於放走張先生，理由很簡單，前面已說過，盧漢是一個具有其中國舊思想的軍人，他的道德觀念，多少滲雜些水滸三國演義的成分在內。張先生對盧對雲南，向來有恩無怨，他之毅然放走張先生，正是連環套中竇爾墩「擺隊山門送天霸」的綠林豪情，只要看過舊戲的人就可以領略到的。據盧的左右告我，盧在扣留張先生之前夕，以手撫胸，呻吟了一夜，顯然是徘徊抉擇於厲害恩怨之間，衷心之苦悶躊躇可想。盧本是雲南的原始種族而開化了的，倘如他再原始一點，便可蠻幹一下，不必多所顧念；反之，倘如們竟非常近代化，他便可能十分現實，要幹便幹徹底，正不必懷念甚麼恩情。又：九日張先生被扣留，十一日便放出，當時昆明還全在盧漢控制之下，他一下決心便放了，倘略稍遲一二日，中共力量已控制昆明，盧漢便不能作主，或北平方面的電報廣播堅持扣留張先生，使盧漢不敢不從，那麼事態便很難料了。如此想來，此中也莫非有點命運的。

Do歷史45　PC0536

1949，國共最後一戰

原　　著／劉　錦
編　　者／周開慶
主　　編／蔡登山
責任編輯／辛秉學
圖文排版／莊皓云
封面設計／蔡瑋筠

出版策劃／獨立作家
發 行 人／宋政坤
法律顧問／毛國樑　律師
製作發行／秀威資訊科技股份有限公司
地址：114 台北市內湖區瑞光路76巷65號1樓
電話：+886-2-2796-3638　傳真：+886-2-2796-1377
服務信箱：service@showwe.com.tw
展售門市／國家書店【松江門市】
地址：104 台北市中山區松江路209號1樓
電話：+886-2-2518-0207　傳真：+886-2-2518-0778
網路訂購／秀威網路書店：https://store.showwe.tw
國家網路書店：https://www.govbooks.com.tw

出版日期／2015年10月　BOD一版　**定價**／400元

|獨立|作家|
Independent Author
寫自己的故事，唱自己的歌

1949,國共最後一戰 / 劉錦原著 ; 蔡登山主編. -- 一版. -- 臺北市 : 獨立作家, 2015.10

面 ; 公分. -- (Do歷史 ; 45)

BOD版

ISBN 978-986-92064-5-7(平裝)

1. 國共內戰 2. 民國史

628.62 104014085

國家圖書館出版品預行編目

讀者回函卡

感謝您購買本書，為提升服務品質，請填妥以下資料，將讀者回函卡直接寄回或傳真本公司，收到您的寶貴意見後，我們會收藏記錄及檢討，謝謝！如您需要了解本公司最新出版書目、購書優惠或企劃活動，歡迎您上網查詢或下載相關資料：http:// www.showwe.com.tw

您購買的書名：＿＿＿＿＿＿＿＿＿＿＿＿＿＿＿＿＿＿＿＿

出生日期：＿＿＿＿年＿＿＿＿月＿＿＿＿日

學歷：□高中（含）以下　□大專　□研究所（含）以上

職業：□製造業　□金融業　□資訊業　□軍警　□傳播業　□自由業

□服務業　□公務員　□教職　□學生　□家管　□其它＿＿

購書地點：□網路書店　□實體書店　□書展　□郵購　□贈閱　□其他

您從何得知本書的消息？

□網路書店　□實體書店　□網路搜尋　□電子報　□書訊　□雜誌

□傳播媒體　□親友推薦　□網站推薦　□部落格　□其他＿＿＿＿

您對本書的評價：（請填代號　1.非常滿意　2.滿意　3.尚可　4.再改進）

封面設計＿＿　版面編排＿＿　內容＿＿　文／譯筆＿＿　價格＿＿

讀完書後您覺得：

□很有收穫　□有收穫　□收穫不多　□沒收穫

對我們的建議：＿＿＿＿＿＿＿＿＿＿＿＿＿＿＿＿＿＿＿＿

＿＿＿＿＿＿＿＿＿＿＿＿＿＿＿＿＿＿＿＿＿＿＿＿

＿＿＿＿＿＿＿＿＿＿＿＿＿＿＿＿＿＿＿＿＿＿＿＿

＿＿＿＿＿＿＿＿＿＿＿＿＿＿＿＿＿＿＿＿＿＿＿＿

請貼
郵票

11466
台北市內湖區瑞光路 76 巷 65 號 1 樓
獨立作家讀者服務部 收

（請沿線對折寄回，謝謝！）

姓　　名：＿＿＿＿＿＿＿　年齡：＿＿＿＿　性別：□女　□男

郵遞區號：□□□□□

地　　址：＿＿＿＿＿＿＿＿＿＿＿＿＿＿＿＿＿＿

聯絡電話：(日)＿＿＿＿＿＿＿＿　(夜)＿＿＿＿＿＿＿＿

E-mail：＿＿＿＿＿＿＿＿＿＿＿＿＿＿＿＿＿＿